2025년 을사년(乙巳年) ···

시급 1만원 시대 ··· 2025년 최저임금 시간당 1만 30원

2025년 1월부터 적용되는 최저임금이 시간당 1만 30원으로 제도 시행 37년 만에 처음으로 1만원을 넘어섰다. 이는 2024년 9,860원보다 170원(1.7%) 인상된 금액으로서 월급으로 환산하면 209만 6,270원(월 209시간 근무 기준)이 된다. 최저임금은 업종별 구분 없이 전 사업장에 동일하게 적용된다. 고용노동부에 따르면 현재 최저임금을 활용하고 있는 법령은 국민기초생활보장법, 사회보장기본법 등을 비롯해 26개에 달해 최저임금위원회의 최저임금 심의과정을 두고 노동계에서는 사실상의 '전국민 임금협상'이라고 표현하기도 한다. 매년 협상대에 오르는 최저임금이 상당수 국민에게 영향을 미치는 셈이다. 다만 1.7%라는 낮은 인상률은 지난해 소비자물가 상승률 전망치인 2.6%에 못 미쳐 노동계는 "사실상의 실질임금 삭감"이라며 반발했다.

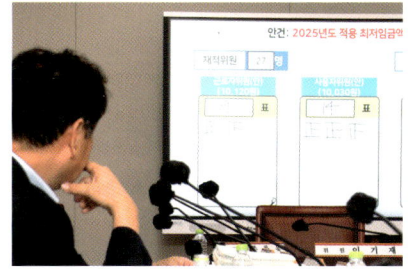

고교학점제 전면 시행 ··· AI 디지털교과서도 단계적으로 도입

2020년 마이스터고를 시작으로 부분적으로 도입됐던 고교학점제가 올해부터 전면 시행된다. 이에 따라 학생들은 대학생처럼 진로와 적성에 따라 원하는 과목을 골라 이수하고 누적 학점을 채우면 졸업을 인정받을 수 있다. 내신 산출방법도 기존 9등급 상대평가제에서 5등급 상대평가제로 개편된다. 학교생활기록부에는 과목별 절대평가(성취평가)와 상대평가 성적이 함께 기재되지만, 대학입시에는 상대평가 성적만 활용되므로 사실상 상대평가에 해당하는 셈이다. 이는 상위 4%만 1등급을 받을 수 있었던 기존의 9등급 평가체제가 학생 수가 감소하는 상황 속에서 과도한 경쟁을 유발한다는 지적이 계속된 데 따른 조치다. 아울러 초등학교 3·4학년, 중학교 1학년, 고등학교 1학년을 대상으로 영어·수학·정보 과목부터 단계적으로 디지털교과서가 도입될 예정이다.

육아휴직 급여 최고 월 250만원 ··· 출산·육아휴직 동시신청 가능

올해 1월부터 육아휴직 급여 상한액이 월 150만원에서 250만원으로 100만원 오른다. 배우자 출산휴가를 포함해서 출산휴가 신청 시 육아휴직을 함께 신청할 수 있으며, 육아휴직을 신청했지만 사업주가 2주 내 허용하지 않을 경우에는 사업주의 의사표시가 없어도 근로자가 신청한 대로 휴직할 수 있다. '부모 함께 육아휴직제' 사용 시 첫 달 급여 상한액과 한부모 노동자 첫 3개월 급여도 각각 250만원과 300만원으로 기존보다 50만원씩 인상된다. 급여인상에 따라 12개월 육아휴직 시 받는 급여는 2,310만원으로 510만원 늘어나며, 부모 함께 육아휴직제를 사용한 부부가 1년간 휴직 시 받는 급여는 총 5,920만원이 된다. 직원을 육아휴직 보낸 중소기업에 대한 지원도 늘어나 육아휴직으로 공백이 발생하는 경우 기업에 최고 월 120만원의 대체인력 지원금이 지원된다.

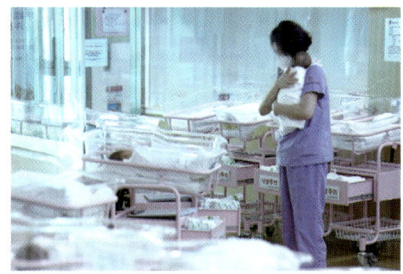

달라지는 대한민국

분양가 80%까지 '주택드림대출' 지원 … 청년도약계좌 매칭액 상향

청년들의 내 집 마련의 꿈을 실현하기 위해 2025년 청년전용 저리대출인 청년주택드림대출이 출시된다. 청년주택드림대출은 청약에 당첨된 청년에게 분양가의 80%까지 최저 2.2%의 금리로 자금을 빌려주는 제도다. 청년주택드림청약에 가입한 뒤 1년 이상 돈을 납입한 청년 중 연 소득이 7,000만원(부부는 1억원) 이하인 사람이면 청약 당첨 시 청년주택드림대출을 이용할 수 있다. 저소득 청년의 목돈 마련을 지원하기 위해 청년도약계좌의 '정부 매칭 지원'도 상향된다. 기존에는 청년도약계좌 가입자에 대해 소득구간에 따라 40만~70만원 한도로 기여금이 지원됐지만, 소득과  무관하게 기여금 매칭 한도를 70만원까지 일괄 상향하고, 기존 한도 외의 추가분에 대해서는 3%를 보조해주는 방식으로 바꾸기로 했다. 이에 1월 지급분부터 연 소득 2,400만원 이하 청년의 월 최대 정부기여금은 3만 3,000원으로 늘어났다.

악성 임대인 임대사업 등록 말소 … 안전진단 없이 재건축 가능

2025년부터 상습적으로 임대보증금을 반환하지 않아 보증회사가 대위변제한 악성 임대인에 대한 등록말소가 가능하게 된다. 등록말소 대상은 보증회사가 2회 이상 대위변제한 후 6개월이 경과한 후에도 보증채무 전액을 상환하지 않은 임대인이다. 임대사업자는 말소 즉시 세제혜택을 상실하게 되며, 그동안 받은 세제혜택은 추징된다. 아울러 비아파트 공급 활성화를 위해 2020년 8월 폐지했던 단기등록임대 유형을 6월부터 재도입한  다. 이에 따라 비아파트에는 의무임대기간 '6년'이 적용된다. 또 준공 30년 이상 된 아파트는 안전진단 없이도 재건축이 가능해진다. 이전에는 안전진단을 통과하지 못하면 사업을 시작할 수 없었다. '재건축 안전진단'이라는 명칭도 '재건축 진단'으로 변경되며, 사업시행계획인가 이전까지만 통과하면 가능하도록 바꿔 재건축 사업기간이 기존보다 3년가량 줄어들 것으로 전망된다.

주택담보대출 중도상환수수료는 줄고 신생아특례대출 요건은 완화

올해 1월부터 주요 시중은행의 주택담보대출(주담대)과 신용대출의 중도상환 수수료가 절반 수준으로 줄어든다. 기존 주담대 수수료는 1.2~1.4%, 신용대출 수수료는 0.4% 수준이었으나 각각 0.6~0.7%, 0.4% 수준으로 조정된다. 또 이미 주택 한 채를 보유한 사람이 수도권·광역시 제외, 수도권 내 접경지역 및 광역시 내 군지역을 포함한 인구감소 지역에 공시가격 4억원 이하의 주택 1채를 신규로 취득할 경우 1주택자로 간주해 세제혜택을 받을 수 있다. 비수도권에서 전용면적 85㎡ 이하·취득가액 6억원 이하인 미분양 주택을 취득하는 경우에도 동일한 혜택이 적용된  다. 2027년까지 출산하는 가구에 대해서는 신생아특례 구입·전세자금대출 소득요건이 기존 부부 합산 연 소득 2억 5,000만원으로 상향되며, 특례대출기간에 추가로 출산한 경우에는 0.2%포인트(p)에서 0.4%p까지 추가 우대금리를 적용한다.

2025년 을사년(乙巳年)…

제2금융권에서도 비대면 금융사고 자율배상제도 시행

2025년 1월 1일부터 증권사나 보험사, 저축은행 농·수·신협과 새마을금고 등 제2금융권에서도 비대면 금융사고에 대한 자율배상제도가 시행된다. 제2금융권에서 보이스피싱 등을 통해 개인정보가 유출돼 제3자에 의해 본인 계좌에서 금액이 이체되는 등 비대면 금융사고로 금전적 피해가 발생한 경우 피해배상 신청이 가능하다. 신청할 때는 피해가 발생한 금융회사의 상담창구에 문의해 배상신청서와 수사기관 사건·사고 사실확인원, 진술조서 등 필요서류를 제출해야 한다. 배상금액은 전체 피해금액 중 피해환급금을 제외한 금액에서 금융회사의 사고예방 노력과 소비자 과실 정도를 종합적으로 고려해 결정된다. 배상금은 피해환급금 결정과 피해발생에 대한 금융회사의 사고조사 후 최종결정이 이뤄진 뒤 지급돼 3개월 이상 소요될 수 있다.

백일해부터 B형 간염까지 … '6가 혼합백신' 영아 무료접종

6가지 질환을 동시에 예방할 수 있는 '6가 혼합백신'의 영아 무료접종이 1월 2일부터 시작됐다. 6가 혼합백신(DTaP-IPV-Hib-HepB)은 기존 5가 혼합백신을 통해 예방할 수 있던 디프테리아, 파상풍, 백일해, 소아마비, b형 헤모필루스 인플루엔자(Hib)에 B형 간염까지 6개 질환을 한 번에 예방할 수 있는 신규 백신이다. 기존에는 5가 혼합백신을 생후 2·4·6개월에 한 차례씩 3회 맞고 B형 간염 백신을 출생 시와 생후 1·6개월 3회 맞아 총 6회 접종해야 했지만 올해부터는 총 4회로 단축된다. 이에 따라 출생 시 B형 간염 백신을 한 번 맞고, 생후 2·4·6개월에 6가 혼합백신으로 접종할 수 있다. 다만 B형 간염 양성 산모에게서 태어난 아기는 B형 간염 수직감염 예방을 위해 기존과 동일하게 6회 접종을 해야 하며, 이미 5가 혼합백신으로 1·2차 접종을 완료한 경우엔 교차접종 가능 여부를 미리 확인해야 한다.

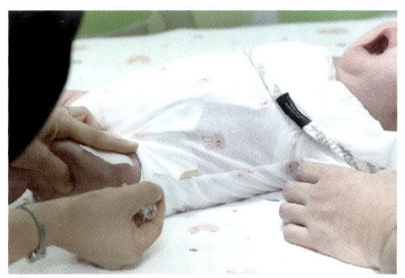

5월 15일은 '세종대왕 나신 날', 5월 27일은 '우주항공의 날'

올해부터 5월 15일은 '세종대왕 나신 날'로, 5월 27일은 '우주항공의 날'로 국가기념일이 된다. 1397년 5월 15일 세종대왕 탄생일을 기념해 제정된 '세종대왕 나신 날'은 세종대왕의 애민사상·자주정신·실용정신을 계승하고 발전해나가기 위해 지정됐다. 앞으로 문화체육관광부와 국가유산청은 세종대왕 나신 날에 다양한 기념행사를 개최할 예정이다. 그동안 한글주간(10월 4일~10월 10일)에 시행하던 '세종문화상' 시상식을 세종대왕 나신 날에 진행하고, 세종대왕의 위업을 기리기 위한 '숭모제전' 등 각종 행사도 추진한다. 우주항공청 개청일을 기준으로 제정된 '우주항공의 날'은 우주항공 5대 강국을 실현하고 향후 우주항공 경제 시대를 선도하고자 마련됐다. 우주항공청은 제1회 우주항공의 날에 과학·기술·문화 프로그램을 연계한 기념행사를 기획하고, 우주항공 문화 저변을 확대하기 위해 노력할 방침이다.

달라지는 대한민국

인스타그램 청소년 계정 비공개 전환 ··· "부모가 관리감독"

이미지 중심의 소셜네트워크서비스(SNS) 인스타그램의 10대 계정이 기본적으로 비공개로 전환되고, 팔로우하거나 이미 연결된 사람에게만 개인 메시지를 받을 수 있도록 제한된다. 페이스북 모회사 메타플랫폼(이하 메타)은 지난해 청소년 이용자들을 위한 이러한 내용의 안전사용 강화 방안을 발표했다. 이에 따라 미국과 영국, 캐나다, 호주 등에서는 이미 인스타그램에 가입하는 18세 미만의 청소년은 '제한적인' 10대 계정으로 전환됐으며, 올해 1월부터는 우리나라를 비롯한 나머지 국가에도 확대 적용된다. 10대 계정은 청소년들에게 민감한 콘텐츠 노출을 제한할 수 있고, 부모의 감독 권한을 강화하는 '부모 감독 툴'이 적용돼 부모가 자녀의 연령을 고려해 비공개 계정 설정을 풀어주거나 자녀의 인스타그램 사용시간을 제한할 수 있도록 했다.

CJ대한통운 '주7일 배송' 서비스 도입 ··· 택배기사는 주5일 근무

CJ대한통운이 2025년 1월 5일 부터 일요일과 공휴일을 포함해 주7일 배송을 핵심으로 한 '매일 오네(O-NE)' 서비스를 시작하고, 택배기사에게는 주5일 근무제를 단계적으로 확대 적용한다. 이를 위해 CJ대한통운과 대리점, 택배기사, 전국택배노동조합은 상호 협력하기로 합의했다. CJ대한통운은 주7일 배송을 통해 소비자 편익 증진은 물론 이커머스(전자상거래) 선택의 폭이 넓어지면서 건전한 경쟁을 촉발해 산업 전반의 발전과 소비자 혜택 증가로 이어지는 '선순환'을 기대하고 있다. 기존에는 쿠팡 등 자체 배송망을 갖춘 일부 플랫폼에서만 가능하던 휴일배송이 보편화되고 있어 최근 성장둔화와 경쟁격화로 고심하던 이커머스에는 새로운 돌파구가 될 전망이다. 아울러 택배기사에게는 주6일 근무 때와 대비해 수입감소가 없는 주5일 근무제를 도입해 실질적인 휴식권 확대도 함께 추진한다는 방침이다.

피해자 울리는 '기습·먹튀 공탁' 방지법 시행

올해부터 범죄자가 가벼운 처벌을 받기 위해 피해자 의사와 무관하게 선고기일 직전 법원에 일정액을 기습공탁하거나, 공탁을 이유로 감형받은 후 공탁금을 몰래 회수해 '먹튀'하는 일이 불가능해진다. 원래 형사공탁은 피해자의 피해회복을 돕기 위해 도입된 제도로 형사사건의 피고인이 피해자의 인적사항을 알 수 없을 경우 합의금 등을 법원에 맡겨 수령하도록 한 것이다. 그러나 감형을 목적으로 제도를 악용하는 사례가 증가하면서 개선이 필요하다는 목소리가 커졌다. 이에 법무부는 피해자의 의사가 반영되지 않은 상태에서 양형이 이뤄지는 것을 방지하기 위해 관련 조항을 신설하기로 했다. 개정 형사소송법·공탁법에 따르면 판결선고 전 형사공탁 시 법원은 피해자 의견을 의무적으로 청취해야 하고, 형사공탁금 회수는 원칙적으로 제한하되 상대방이 회수에 동의하는 경우 등에 한해 예외적으로 허용한다.

부록 **칠교놀이 1**

7개의 색조각을 잘 뜯어내어 63쪽의 퍼즐을 맞춰보세요.

부록 **칠교놀이 2**

7개의 색조각을 잘 뜯어내어 135쪽의 퍼즐을 맞춰보세요.

부록 **칠교놀이 3**

7개의 색조각을 잘 뜯어내어 207쪽의 퍼즐을 맞춰보세요.

편집부 통신

여느 때보다 더 다사다난하게 느껴졌던 2024년이 지나고 2025년 을사년(乙巳年)의 해가 밝았습니다. 매년 이맘때가 되면 으레 신년 소망이나 목표, 다짐 등을 주변 사람들과 공유하며 밝고 희망찬 한해를 기대하곤 했는데요. 지난해 연말 연이어 전해진 충격적인 뉴스들로 인해 올해는 사회 전반적으로 다소 차분한 분위기 속에서 새해를 맞이하게 되었습니다. 특히 정치적 이슈의 영향으로 우리 사회도, 경제도 모두 차갑게 얼어붙은 상황에서 갈등과 대립이 이어지는 모습을 지켜보며 이번 겨울은 유독 더 춥다고 느끼는 분들이 많은 것 같아 안타까운 마음이 듭니다.

영국의 낭만파 시인 중 한 사람인 퍼시 비시 셸리의 시 '서풍의 노래'에는 "겨울이 오면 봄도 멀지 않으리"라는 구절이 등장하는데요. 현재 한국사회가 처한 상황과 어쩌면 조금 닮아있지 않을까라는 생각이 들어 짧게나마 소개하고 싶었습니다. '어떤 시련에 직면하더라도 늘 희망은 있다'라는 의미가 담담한 문체 속에 담겨 있죠. 지금 우리가 마주한 차가운 현실 역시 결코 녹록지 않지만, 희망을 잃지 않는다면 머지않아 봄은 반드시 찾아올 것이라 믿습니다. 최신이슈를 독자 여러분께 전해드리는 '이슈&시사상식'의 편집자이자 국민의 한 사람으로서 부디 현 정국이 하루빨리 안정을 되찾아 혼란스러운 상황이 마무리되고 모두가 걱정 없이 편안한 일상을 보낼 수 있게 되기를 간절히 바라봅니다.

발행일	2025년 2월 5일	발행인	박영일	책임편집	이해욱	편집/기획	김준일, 이세경, 남민우, 김유진, 우지영, 류채윤	표지디자인	김지수
편저	시사상식연구소	내지디자인	장성복, 임창규, 김휘주, 고현준	동영상강의	조한	창간호	2006년 12월 28일	발행처	(주)시대고시기획
홈페이지	www.sdedu.co.kr	대표전화	1600-3600	주소	서울시 마포구 큰우물로 75[도화동 538번지 성지B/D] 9F	등록번호	제10-1521호
인쇄	미성아트	마케팅홍보	오혁종						

※ 이 책은 저작권법에 의해 보호를 받는 저작물이므로 동영상 제작 및 무단전재와 복제를 금합니다.
※ 잘못된 책은 구입하신 서점에서 바꾸어 드립니다.

HOT - 취업테크

2024년 채용시장 결산

"올해는 다를까?"

2024년의 채용시장도 험난했다. 취업플랫폼 인크루트가 기업회원을 대상으로 진행한 설문조사 결과에 따르면 '대졸 신입사원'을 정규직으로 채용한 기업이 10곳 중 6곳에 불과한 것으로 나타났다. 이번 호에서는 2024년 채용시장을 되돌아보고, 새로이 열린 2025년의 채용전망은 어떠할지 알아보도록 하자.

정규직 대졸 신입사원을 뽑은 기업은?

1. 정규직 대졸 신입사원, 갈수록 줄어

인크루트의 설문조사에 따르면 2024년 한해 정규직 대졸 신입사원을 채용한 기업은 기업회원 707곳 중 64.6%에 불과했다. 이러한 수치는 2021년 조사 때부터 갈수록 줄어들고 있는 실정이다. 다만 2024년 대기업의 대졸 신입사원 채용은 74.1%로 전년대비 0.8% 소폭 증가한 것으로 나타났다. 한편 중견기업은 76.0%, 중소기업은 61.6%로 조사됐다.

2. 채용은 전반적으로 축소

채용규모는 전반적으로 줄어들었는데, 먼저 한 자릿수 채용의 비율이 전년 21.9%에 비해 61.9%p 증가해 83.8%로 나타났다. 기업 규모별로 보면 대기업이 11.7%p 늘었고, 중견기업과 중소기업도 전년 대비 각각 16.9%p, 5.2%p 증가했다.

3. 여전히 강세인 '수시채용', 3월과 1월 채용 많아

기업 전체로 볼 때 수시채용 비율은 전년에 비해 4.2%p 증가한 78.8%를 기록했다. 특히나 경기에 민감한 중소기업의 수시채용 비율이 크게 늘어나 83.6%를 기록했다. 대기업과 중견기업도 각각 13.4%p, 12.2%p 상승했다. 아울러 정기공채 채용시즌인 9월 대신 3월(26.7%)과 1월(21.7%)에 채용이 가장 많이 진행된 것으로 나타나기도 했다.

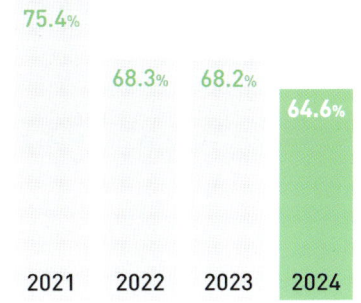

2024년 정규직 대졸 신입사원 채용기업
인크루트 기업회원 707곳 대상 설문조사

- 2021: 75.4%
- 2022: 68.3%
- 2023: 68.2%
- 2024: 64.6%

대기업 채용비율 74.1%
전년 대비 ▲ 0.8%p 증가

자료 인크루트

2025년 채용 전망은?

1. 채용계획인원 줄어 전망은 밝지 않아

고용노동부가 발표한 2024년 하반기 직종별 사업체 노동력 조사결과에 따르면 2024년 4분기부터 2025년 1분기까지 종사자 1인 이상 사업체들의 채용계획인원은 52만 7,000명이었다. 이는 작년 동기 대비 3만 3,000명(5.9%) 줄어든 규모다. 작년에 비하면 감소폭은 줄었으나, 절대인원은 더 줄어든 것으로 나타났다. 특히 300인 미만 사업체의 채용계획인원은 47만 8,000명으로 지난해 같은 기간과 비교해 3만 2,000명(6.2%) 감소했다.

2. 경영·행정·사무직 등에서 채용계획인원 많아

직종별로 채용계획인원을 보면 경영·행정·사무직이 7만 2,000명으로 가장 많았고, 영업·판매직 5만 6,000명, 음식·서비스직 5만 2,000명, 운전·운송직 4만 7,000명 순으로 나타났다. 산업별로 보면 제조업이 11만 5,000명, 보건 및 사회복지서비스업 6만 5,000명, 도소매업 6만 2,000명, 숙박 및 음식점업이 5만 3,000명의 채용계획을 갖고 있는 것으로 조사됐다.

부족인원 및 채용계획인원
(24.4~25.1분기)

부족인원 552천명 ▼ -23천명

인력부족률 2.8% ▼ -0.1%p
24.10.1 기준, 전년 동기대비

채용계획인원 527천명 ▼ -33천명
24.4~25.1분기(6개월), 전년 동기대비

자료 고용노동부

공모전·대외활동·자격증 접수/모집 일정

2 February

SUN	MON	TUE	WED	THU	FRI	SAT
						1 천안도시공사 필기 실시
2 인천공항 SNS 서포터즈 모집 마감	3 KT그룹 대학생 마케팅 서포터즈·대전도시재생지원센터 서포터즈 모집 마감	4 인천광역시체육회 필기 실시	5 대한민국 대표축제박람회 한빛 서포터즈 모집·일러스트코리아×인스티튠 접수 마감	6 한전MCS 필기 실시	7 경청센터 청소년활동 서포터즈·멘탈헬스 캠페인 브랜드 서포터즈 모집 마감	8 국립세계문자박물관·한국문화방병역원·서울교통공사·인천항보안공사 필기 실시
9 토익 제535회 실시	10 연수구청소년수련관 서포터즈 청년터즈 모집 마감·경상국립대 숏폼 콘텐츠 공모전 접수 마감	11 광역구시설관리공단·부산기술창업투자원 필기 실시	12 대방청소년센터 자치활동단 모집 마감·한국항공협회 필기 실시	13	14 상계청소년문화의집 대학생기획단 모집 마감	15 한국교육과정평가원 필기 실시·KBS 한국어능력시험·토익 제536회 실시
16	17 대학생 서포터즈 옥심단 모집 마감·별마당도서관 엘리아트 공모전 접수 마감	18 충북문화재단 필기 실시	19	20 부천시청소년센터 청소년동아리 모집 마감·일동제약 신사업 기획 아이디어 공모전 접수 마감	21 해남군 인구감소 위기극복 미디어 공모전 접수 마감	22 한국원자력통제기술원 필기 실시
23 2025 보훈콘텐츠 공모전 접수 마감·토익 제537회 실시	24	25 은평역사한옥박물관 문화상품 공모 접수 마감	26	27 대한민국 대학생 패키징·청년 바다마을 조성 설계 아이디어 모집전 접수 마감	28 대구광역시청소년수련정 및 청소년운영위원회 모집 마감	

대외활동 Focus   3일 마감

KT그룹 대학생 마케팅 서포터즈

KT그룹이 공식 대학생 마케팅 서포터즈 'Y유치리스트'를 모집한다. KT그룹의 실무형 마케팅 인재양성 프로그램으로 실무진들과 마케팅 아이디어를 논의하고 실무 프로젝트에 참여한다.

채용 Focus   8일 실시

서울교통공사

서울교통공사가 올해 정규직 신입·경력직을 채용한다. 총 586명의 다양한 직렬을 선발할 계획이다. 8일 필기시험을 치르며 인성검사와 면접전형으로 이어진다.

3
March

SUN	MON	TUE	WED	THU	FRI	SAT
						1
2 공 로레알 브랜드스톰 공모전 접수 마감	3 대 2025년 글로벌리더십 챌린지 모집 마감	4	5	6	7 대 시립양우청소년센터 대학생 자치조직 신규 단원 모집 마감	8 채 서울여성가족재단 필기 실시 자 제23회 경매사 필기 실시
9 자 토익 제38회 실시	10 대 괴산군청소년위원회 위원 모집 마감	11	12	13	14	15 자 한국수용글쓰기 실시
16	17	18	19	20	21	22
23/30	24/31	25	26	27	28	29 자 산업안전지도사 1차 시험 실시
대 미디어유스 기자단 모집 마감 자 토익 제39회 실시						

대 대외활동 채 채용 공 공모전 자 자격증

공모전 Focus 2월 마감

로레알 브랜드스톰 공모전

글로벌 뷰티 브랜드 로레알에서 청년들 대상으로 하는 대규모 공모전을 연다. 로레알의 실제 비즈니스 사례가 미션으로 제시돼 아이디어를 제공하고, 실무진의 멘토링을 받을 수 있다.

자격시험 Focus 29일 실시

산업안전지도사

사업장 내의 안전과 문제점을 규명하고 개선해 안전대책수립에 도움을 주는 산업안전지도사 자격이 1차 시험이 29일 실시된다. 1차 공통과목수, 2차 전 공과목수, 3차 면접시험을 치른다.

❖ 일정은 향후 조율될 수 있습니다. 참고 용으로 사용한 뒤 상세일정은 관련 누 리집을 직접 확인해주세요.

2025 이슈&시사상식
VOL.206

CONTENTS

HOT ISSUE

1위 실패한 친위쿠데타 … 12·3 비상계엄 사태	10
2위 저무는 한 해에 벌어진 비극 … 제주항공 여객기 참사	16
3위 더 세진 '미국 우선주의' … 트럼프 2기 출범	20
4~30위 최신 주요 이슈	24

간추린 뉴스	66
포토뉴스 | 한국 첫 노벨문학상 수상 … "친애하는 한강"	74
팩트체크 | 헷갈리는 상설특검과 일반특검, 뭐가 다른가?	76
뉴스픽! | 다시 만난 세계 … 새로운 K-집회	78
이슈평론 | 윤석열 대통령, 체포 불응 … 대통령은 법 위에 있나	82
세계는 지금 | 화마의 상처 씻어낸 노트르담 대성당	84
찬반토론 | 청소년 SNS 사용금지, 공휴일 확대	86
핫이슈 퀴즈	90

▍필수 시사상식

시사용어브리핑	94
금융상식 실전문제	100
시사상식 기출문제 MBN, 경인일보, 뉴시스, 대전광역시공공기관, 광주광역시공공기관	106
내일은 TV퀴즈왕	112

▍취업! 실전문제

최종합격 기출면접 ｜ LH 한국토지주택공사, 한국중부발전	116
기업별 최신기출문제 ｜ 서울교통공사, 건강보험심사평가원	120
한국사능력검정시험	130
면접위원을 사로잡는 답변의 기술 ｜ 협업을 위한 의사소통능력	140
합격으로 가는 백전백승 직무분석 ｜ 마케팅(Marketing)	144
센스있는 신입사원이 되는 비법 ｜ 상사의 '알아서' 융단폭격을 피하는 방법	148
최신 자격 정보 ｜ SNS광고마케터 자격 정보 소개!	150

▍상식 더하기

생활정보 톡톡! ｜ 과도하면 큰일 나요! 올바른 목 스트레칭	154
초보자를 위한 말랑한 경제 ｜ 급격한 환율상승, 우리 경제에 미치는 영향은?	156
유쾌한 세계사 상식 ｜ 거대한 배의 등장, 대홍수 신화	158
세상을 바꾼 세기의 발명 ｜ 인간을 부품으로 전락시키다 … 컨베이어벨트	160
지금, 바로 이 기술 ｜ 잘 썩거나, 썩게 만들거나 … 플라스틱 분해 기술	162
잊혀진 영웅들 ｜ 나는 펜으로 싸운다 … 이길용 지사	164
발칙한 상상, 재밌는 상식 ｜ 독사도 제 독에 죽을까?	166
일상을 바꾸는 홈 스타일링 ｜ 우리 집의 첫인상을 결정하는 공간, 현관	168
문화가산책	170
3분 고전 ｜ 천시불여인화(天時不如人和)	172
독자참여마당	174

HOT ISSUE

최신 주요 뉴스	10
간추린 뉴스	66
포토뉴스	74
팩트체크	76
뉴스픽!	78
이슈평론	82
세계는 지금	84
찬반토론	86
핫이슈 퀴즈	90

이슈&시사상식
최신 주요 뉴스

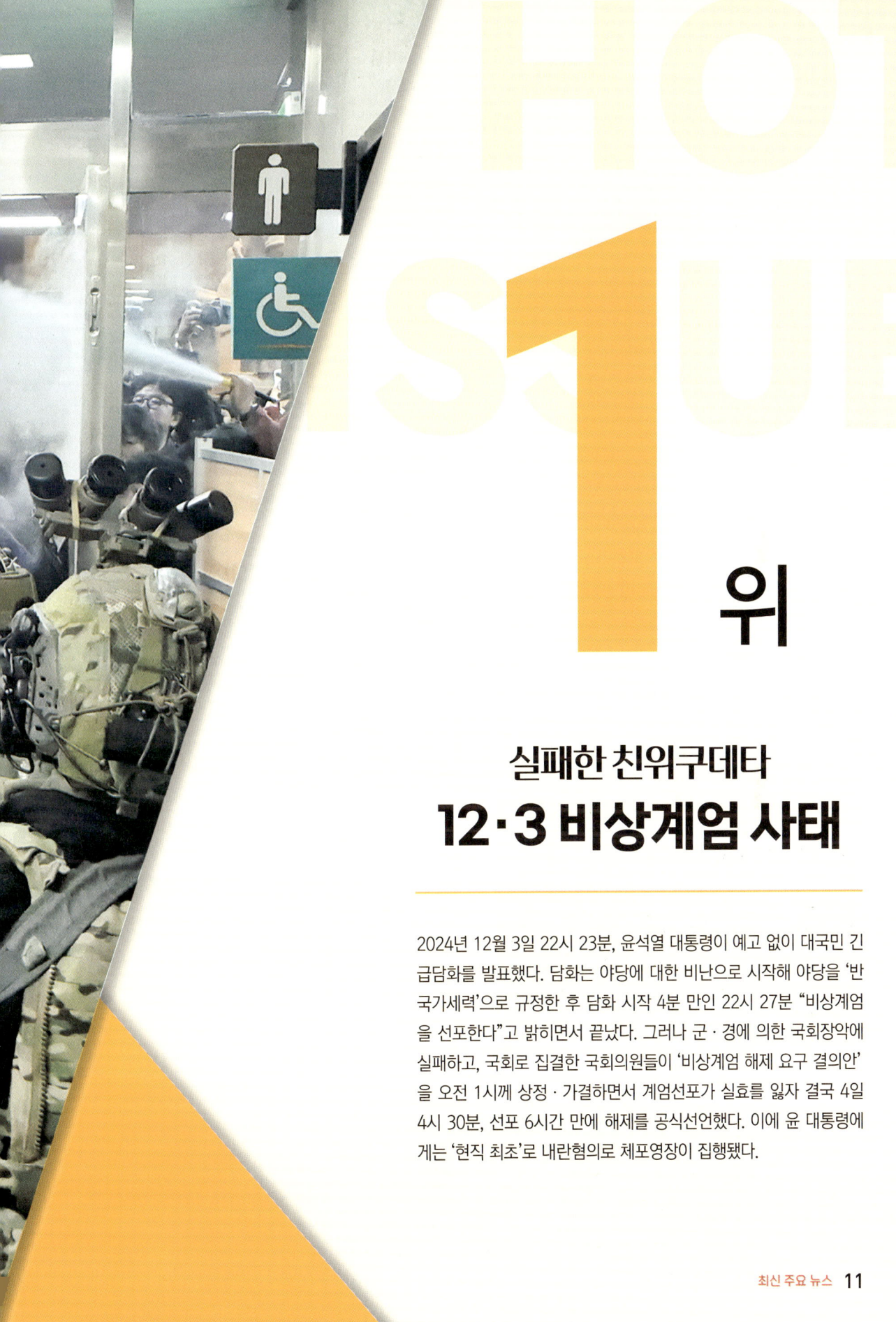

HOT ISSUE 1위

실패한 친위쿠데타
12·3 비상계엄 사태

2024년 12월 3일 22시 23분, 윤석열 대통령이 예고 없이 대국민 긴급담화를 발표했다. 담화는 야당에 대한 비난으로 시작해 야당을 '반국가세력'으로 규정한 후 담화 시작 4분 만인 22시 27분 "비상계엄을 선포한다"고 밝히면서 끝났다. 그러나 군·경에 의한 국회장악에 실패하고, 국회로 집결한 국회의원들이 '비상계엄 해제 요구 결의안'을 오전 1시께 상정·가결하면서 계엄선포가 실효를 잃자 결국 4일 4시 30분, 선포 6시간 만에 해제를 공식선언했다. 이에 윤 대통령에게는 '현직 최초'로 내란혐의로 체포영장이 집행됐다.

비상상황 없는, "반국가세력 척결" 내건 비상계엄

계엄령은 국가비상 시 국가의 안녕과 공공질서를 유지할 필요가 있을 때 법률이 정하는 바에 따라 대통령이 선포하는 국가긴급권으로 군 당국이 통치권을 행사하는 임시체제다. 그중 비상계엄은 대통령이 전시, 사변 또는 이에 준하는 국가비상사태 시 적과 교전상태에 있거나 사회질서가 극도로 교란되어 행정 및 사법 기능의 수행이 현저히 곤란한 경우에 군사상 필요에 따르거나 공공의 안녕질서를 유지하기 위해 선포한다.

우리나라에서 계엄령은 1948년 10월 21일 여순사건으로 발효된 것을 시작으로 그해 8월 15일 남한 단독정부 수립 이후 12·3 비상계엄 사태까지 모두 10번 선포됐다. 마지막 비상계엄은 1979년 장기군사독재를 이끌던 박정희 대통령이 피살(1979년 10월 26일)된 다음 날인 10월 27일에 선포된 것으로 전두환·노태우를 우두머리로 하는 쿠데타 세력이 권력을 장악하는 결과로 이어졌다. 1987년 민주화 운동의 성과인 대통령직선제로 전환한 이후 한 번도 발효되지 않았다.

전국 비상계엄을 선포하는 윤석열 대통령

하지만 12월 3일 윤석열 대통령은 국회를 장악한 더불어민주당이 정부관료에 대한 탄핵소추를 연달아 발의해 "행정부를 마비"시키고, 정부예산안을 대폭 삭감해 "국가 본질의 기능을 훼손"했다면서 "이는 자유대한민국의 헌정질서를 짓밟고 헌법과 법에 의해 세워진 정당한 국가기관을 교란시키는 것"이자 "내란을 획책하는 명백한 반국가행위"라고 규정했다. 그리고 "우리 국민의 자유와 행복을 약탈하고 있는 파렴치한 종북 반국가세력을 일거에 척결하고 자유 헌정질서를 지키기 위해"서 계엄령 카드를 꺼내 들었다고 했다.

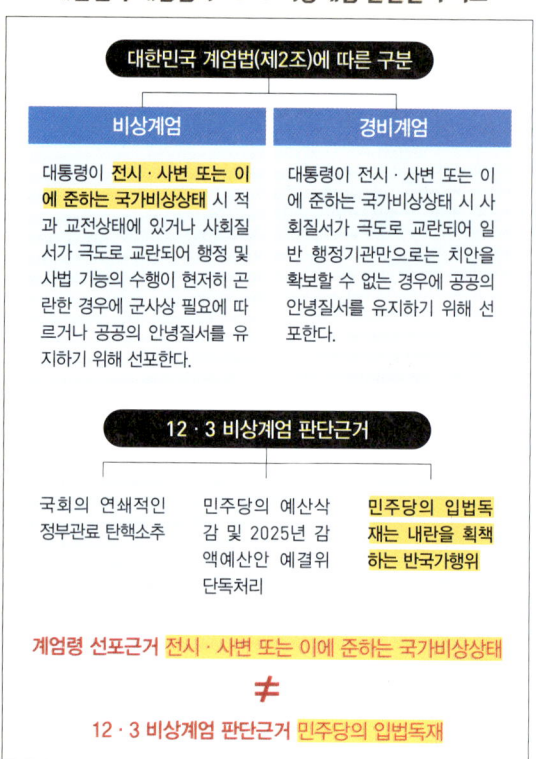

대한민국 계엄법과 12·3 비상계엄 판단근거 비교

무장 계엄군, 여의도 국회 진입 시도

비상계엄이 선포되자 민주당은 당내 의원들을 국회로 긴급소집했고, 우원식 국회의장도 "헌법적 절차에 따르겠다"며 국회의원 전원에게 "국회 본회의장에 모여달라"고 했다. "국회가 재적의원 과반수의 찬성으로 계엄의 해제를 요구한 때에는 대통령은 이를 해제하여야 한다"는 헌법(제77조 5항)에 따라 계엄령 해제를 위한 본회의를 개최하기 위해서였다.

계엄군의 본청 진입을 막는 국회의원 보좌관 및 국회직원들

그러나 비상계엄 선포 직후 경찰이 국회 출입을 통제하고 나선 데다 헬기로 국회에 진입한 무장 계엄군이 국회의사당 본청 진입을 시도하면서 충돌이 벌어졌다. 국회 본회의장에 일부 의원들이 모인 가운데 본청 앞에서는 국회의원 보좌진 등이 진입을 시도하는 계엄군에 맞서고, 국회의사당 앞으로 모여든 시민들은 국회 출입문과 담장을 막아선 경찰들에 맞서 의원들의 국회 진입을 도우며 "계엄철폐"를 외쳤다. 특히 시민들은 수도방위사령부(수방사) 작전차량과 장갑차 등의 군차량을 맨몸으로 막으며 이들의 여의도 진입을 막아냈다.

여의도에 진입하는 수방사 작전차량을 막아서는 시민들

이런 중에도 김용현 국방부 장관은 윤 대통령의 비상계엄 선포에 맞춰 전국 주요지휘관 회의를 개최해 전군에 비상경계·대비태세 강화 지시를 내렸고, 윤 대통령은 계엄사령관으로 육군 대장 박안수 육군참모총장을 임명했으며, 박안수 계엄사령관은 "국회와 지방의회, 정당의 활동과 정치적 결사, 집회, 시위 등 일체의 정치활동을 금한다"를 앞세운 계엄사령부(계엄사) 포고령 제1호를 발표했다.

계엄사령부 포고령(제1호)

자유대한민국 내부에 암약하고 있는 반국가세력의 대한민국 체제 전복위협으로부터 자유민주주의를 수호하고, 국민의 안전을 지키기 위해 2024년 12월 3일 23:00부로 대한민국 전역에 다음 사항을 포고합니다.

① 국회와 지방의회, 정당의 활동과 정치적 결사, 집회, 시위 등 일체의 정치활동을 금한다.
② 자유민주주의 체제를 부정하거나, 전복을 기도하는 일체의 행위를 금하고, 가짜뉴스, 여론조작, 허위선동을 금한다.
③ 모든 언론과 출판은 계엄사의 통제를 받는다.
④ 사회혼란을 조장하는 파업, 태업, 집회행위를 금한다.
⑤ 전공의를 비롯하여 파업 중이거나 의료현장을 이탈한 모든 의료인은 48시간 내 본업에 복귀하여 충실히 근무하고 위반 시는 계엄법에 의해 처단한다.
⑥ 반국가세력 등 체제전복세력을 제외한 선량한 일반 국민은 일상생활에 불편을 최소화할 수 있도록 조치한다.

이상의 포고령 위반자에 대해서는 대한민국 계엄법 제9조(계엄사령관 특별조치권)에 의해 영장 없이 체포, 구금, 압수수색을 할 수 있으며, 계엄법 제14조(벌칙)에 의해 처단한다.

2024.12.3.(화) 계엄사령관 육군 대장 박안수

12·3 비상계엄 포고령 전문

군 병력도 즉시 움직였다. 특전사 소속 707특임대·1공수여단·3공수여단·9공수여단·특수작전항공단 및 수방사 소속 군사경찰단과 1경비단은 국회로, 정보사는 중앙선거관리위원회(선관위)로, 방첩사는 국회와 선관위 모두에 투입됐다. 또한 당시 국회에 투입된 계엄군이 준비한 실탄이 18만발이 넘었다는 제보도 나왔다. 1월 14일 국회에서 열린 윤석열정부의 비상계엄 선포를 통한 내란혐의 진상규명 국정조사특별위원회(국조특위) 첫 기관보고에서 민주당은 제보를 받아 이같이 폭로하고 "서울을 제2의 광주로 만들려고 했던 것 아닌가"라고 비판했다.

그러면서 "9공수특전여단이 적재한 탄약 탄종 중에는 세열수류탄 240발, 클레이모어*(M18 Claymore mine) 18발도 포함됐다"고 주장했다. 무장하지 않은 일반인이 근무하는 선관위로 출동한 정보사령부마저도 1인당 10발씩 총 100발의 실탄을 준비했다고 알려졌다. 소지한 무기가 단순 위협용이 아닌 살상용이었다는 의혹을 낳는 이유다. 이는 윤 대통령이 지난 12월 12일 계엄해제 이후 첫 대국민담화에서 "실무장하지 않은 병력으로 그 넓디넓은 국회 공간을 상당 기간 장악할 수 없다"고 주장한 것과 정면으로 배치되는 정황이어서 향후 내란혐의 수사에 향방을 가를 중요증거가 될 전망이다.

클레이모어

미군이 사용하는 대인용 지향성 산탄지뢰로 1952~1956년 사이 미국에서 개발됐다. 1960년대 베트남전쟁에 첫선을 보인 이래 지금까지도 사용되고 있는 대량살상무기이며, 대한민국 국군의 정식명칭은 'KM-18A1 수평세열지향성지뢰'다. 땅위에 설치하며 공중에서 폭발하는데, 폭발과 함께 약 700여 개의 쇠구슬이 전방을 향해 튀어 나가 일반 지뢰보다 인명살상 규모가 더 크다.

국회, 150분 만에 계엄해제 요구 결의안 가결

12월 4일 오전 1시 1분, 국회는 본회의를 열고 비상계엄 해제 요구 결의안을 재석의원 190명 전원의 찬성으로 가결시켰다. 군이 철수하는 가운데 우 국회의장은 곧바로 윤 대통령과 국방부에 계엄해제 요구 통지를 보냈다. 계엄법 제11조에 따르면 국회가 계엄해제를 요구한 경우 대통령은 지체 없이 계엄을 해제하고 이를 공고해야 한다. 하지만 윤 대통령이 통보한 지 한 시간이 지나도록 침묵하자 국회에는 '대통령실이 거부권 행사 요건을 검토 중이고, 계엄군이 철수하지 않은 채 인근에서 대기 중이며, 다시 국회에 재진입할 수도 있다'는 정보가 돌면서 긴장감이 높아짐에 따라 의원들은 귀가하지 않고 본회의장을 지켰다.

결국 선포 6시간 만인 4시 30분 윤 대통령은 국무회의를 통해 공식해제를 선언했다. 이에 외신은 우리나라의 비상계엄 사태를 "굴욕적으로 끝난 셀프 쿠데타"로 보도했다. BBC는 계엄령을 윤 대통령으로서는 "져서는 안 되는 고액의 도박"이었다며 "결코 효과가 없을 것 같은 매우 과격한 움직임"이었다고 평했고, 뉴욕타임스는 "한국 역사상 가장 짧고 기괴한" 계엄령이었다며 "충동대로 행동하고 격노하는 자신에게 '아니요'라고 말하지 못하는 소수의 사람들에게 둘러싸인" 윤석열 대통령이 끝내 "자신의 발에 스스로 총을 쏜" 것이라고 비판했다.

하지만 계엄 선포 150분 만에 계엄해제 요구안이 국회에서 가결되고 무장군인들이 국회를 빠져나가는 상황을 보며 외신들은 한국 민주주의가 가진 위기가 표출됐으나 회복력 또한 확인됐다고 평가했다. 특히 계엄 당일 밤 국회 앞으로 달려와 국회 담장을 넘는 의원들을 돕고 군인을 막아선 시민들에 주목하며 5·18과 1987년 등 "민주주의를 향해 길고 고통스러운 여정을 걸어"온 저력이 "대한민국의 민주주의를 지켜냈다"고 평가했다.

정치인, 언론인 등 암살 및 소요사태 획책 정황

계엄해제 후 등 야당들은 "헌법기관인 국회의 권한 정지를 위해 비상계엄을 선포한 것은 국헌을 문란할 목적으로 폭동을 일으킨 것"이라며 12·3 비상계엄을 '친위쿠데타 및 내란'으로 규정하고 즉각 윤 대통령과 관련 군·경 인사들을 고소·고발하는 한편 윤 대통령의 탄핵소추를 추진했다. 형법 제87조에 따르면 국토를 참절하거나 국헌을 문란할 목적으로 폭동한 자는 사형, 무기 또는 5년 이상의 징역에 처한다고 내란을 규정하고 있는데, 내란죄의 구성요건인 '대한민국 영토의 전부 또는 일부에서 국가권력을 배제하거나 국헌을 문란하게 할 목적으로 폭동을 일으킨 자'라는 구성요건 가운데 '국헌을 문란하게 할 목적'이 인정된다고 본 것이다.

국회에 출석해 증언하는 방송인 김어준

또한 국회는 각 상임위원회 전체회의에 관계자들을 출석시켜 증언을 잇게 했다. 이 과정에서 12·3 비상계엄 해제 의결 이후 군에 추가출동 명령이 있었으며, 북파공작원(H.I.D)과 블랙요원을 동원해 소요사태를 획책했다는 의혹도 불거졌다. 방송인이자 언론인으로 활동 중인 김어준 씨도 민주당이 요청한 참고인으로 국회에 출석해 12·3 당시 "국내에 대사관이 있는 우방국"으로부터 '북한군 위장 암살조 가동' 관련한 제보를 받았다고 발언해 충격을 줬다. 김 씨가 폭로한 제보에는 ▲ 한동훈 국민의힘 대표를 체포하여 이송 도중 사살한다 ▲ 조국·양정철·김어준을 체포한 후 호송부대를 공격한 뒤 북한의 소행으로 꾸며 발표한다 ▲ 미군을 사살해 미군의 북한 폭격을 유도한다 ▲ 북한산 무인기에 북한산 무기를 탑재해 사용한다는 등의 내용 등이 담겼다.

윤 대통령 2차 체포영장, 마침내 집행

한편 계엄사태 43일 만인 1월 15일, 경찰·고위공직자범죄수사처(공수처)의 1차 체포시도를 군·경 및 경호원을 동원해 막았던 윤 대통령의 체포영장이 마침내 집행됐다. 준비 없이 갔다가 3~4시간 만에 후퇴했다는 1차 체포영장 집행시도에 대한 비판을 의식한 듯 공수처와 국가수사본부(국수본)는 2차 영장만기 일주일 전인 이날 새벽 4시 10분 서울 용산구 한남동 관저 앞에 모여 체포작전에 착수했고, 오전 10시 33분 체포영장을 집행했다. 다만 수갑과 포승줄은 하지 않고 호송차량 대신 경호차량을 타고 공수처로 이동했다. 이로써 윤석열 대통령은 적법한 절차에 의한 영장집행을 "총이 안 되면 칼"이라도 써서 막으라고 지시하며 2주간 지연시킨 우리 헌정사상 첫 피의자이자 현직으로서 체포된 헌정사상 첫 대통령이 됐다. 또한 현직 대통령이 자국 수사기관에 의해 체포된 세계 첫 사례라는 기록도 남겼다.

공수처에서 서울구치소로 이송된 윤석열 대통령

체포 직후 윤 대통령은 사전녹화된 영상에서 "법이 너무 무너졌다"로 말문을 열고 "불미스러운 유혈사태를 막기 위해 출석"하기로 했다고 밝혔다. 이에 공수처의 출석요구를 세 차례 묵살한 윤 대통령이 체포를 피할 수 없게 되자 '출석'을 언급함으로써 마지막 꼼수를 쓰려 했던 게 아니냐는 비판이 나왔다. 하지만 출석의 경우 조사 후 귀가하지만 체포되면 조사 후 구치소로 이송되는데, 공수처에서 진행된 첫 조사 후 윤 대통령은 서울구치소에 구금됐다. 한편 윤 대통령은 공수처에서 진행된 첫 조사에서 이름과 주소를 묻는 인정신문에도 대답을 하지 않는 등 10시간 40분 동안 진술거부권을 행사했으며, 건강상의 이유를 들어 재조사에 응하지 않았다.

2위

저무는 한 해에 벌어진 비극
제주항공 여객기 참사

2024년 12월 29일 오전 9시경 무안국제공항에서 탑승객 181명을 태운 제주항공 여객기가 착륙 중 활주로 외벽에 충돌한 뒤 화재가 발생해 179명이 숨지고 2명이 다치는 대형참사가 발생했다. 사고 여객기는 착륙 직전 관제탑으로부터 '조류충돌'을 주의하라는 경고를 받았고, 이후 관제탑에 구조요청 신호를 보낸 것으로 전해졌다. 정부는 현장에서 사망한 희생자를 수습하는 동시에 사고 원인규명에 나섰으며, 2025년 1월 1일 사망자 179명의 신원을 전원 확인했다.

승무원 2명 제외한 탑승객 전원 사망한 대참사

소방청에 따르면 12월 29일 오전 9시 3분께 태국 방콕발 제주항공 7C2216편 여객기가 무안국제공항 활주로로 착륙을 시도하던 중 사고를 당했다는 신고가 접수됐다. 여객기 기체는 활주로 주변의 시설물인 콘크리트 둔덕(로컬라이저*(LLZ) 설치 둔덕)에 충돌하면서 반파됐고, 불길에 휩싸였다. 사고가 난 기종에는 승객 175명과 객실승무원 4명 및 조종사 2명 등 총 181명이 타고 있었다. 승객 175명은 한국인이 173명, 나머지 2명은 태국인이었다.

로컬라이저

국토부 고시에서는 이·착륙하는 항공기의 항법에 기초를 제공하는 지상 항행 안전시설의 구성장비 중 진로를 제공하는 방위각제공시설이라고 정의한다. 다시 말해 항공기가 공항에 이·착륙할 때 정확히 활주로 중앙에 착지할 수 있도록 유도하는 방위각을 제공하는 시설물이다. 본래 로컬라이저를 지지하는 하부시설은 부서지기 쉬운 물질로 구축하나, 무안공항의 경우 로컬라이저의 지상고를 높이기 위해 단단한 콘크리트 재질로 만들었다.

여객기 기체는 꼬리 칸을 제외하면 형체가 남지 않을 정도로 불에 탔다. 소방당국은 오전 9시 46분쯤 초기진화를 마쳤고, 기체 후미에서 부상자 2명을 잇달아 구조했다. 부상자 2명은 모두 승무원이며 생명에는 지장이 없어 병원으로 이송됐다. 소방 당국은 오후 8시 38분께 나머지 탑승자 179명 모두 사망한 것으로 확인했다. 이번 제주항공 7C2216편 사고는 ==국내에서 발생한 역대 항공기 사고 가운데 가장 인명피해가 큰 참사==로 남게 됐다.

2024년 세밑에 발생한 이번 참사의 희생자에는 성탄절 휴일과 연말을 맞아 해외 나들이에 나선 가족이 다수 포함돼 안타까움을 더했다. 최상목 대통령 권한대행 부총리 겸 기획재정부 장관은 무안을 특별재난지역으로 선포하고, 무안군청에서 중앙재난안전대책본부 회의를 주재했다. 정부는 이날부터 2월 4일 24시까지 7일간을 국가애도기간으로 정했다.

제주항공 참사 합동분양소에서 추모하는 시민들

사고원인은 '조류충돌', 참사원인은 '둔덕'에 초점

해당 제주항공 여객기는 오전 1시 30분께 방콕에서 출발해 오전 8시 30분께 무안공항에 도착할 예정이었다. 사고는 예정했던 도착시간에 활주로 착륙을 하지 못한 여객기가 랜딩기어 고장으로 '동체착륙'을 시도하던 중 났다. 국토교통부(국토부)에 따르면 오전 8시 54분께 관제탑은 사고기에 조류활동을 경고했고, 이어 8시 59분께 사고기 기장이 관제탑에 구조요청 신호인 '메이데이'를 보냈다. 사고기는 오전 9시께 당초 착륙해야 하는 방향의 반대방향을 통해 착륙을 시도했다. 이후 3분 후인 9시 3분께 랜딩기어를 내리지 못한 채 활주로에 착륙하다가 사고가 발생했다.

당시 사고기는 급격한 2차 착륙시도로 총 2,500m 활주로의 시작점이 아닌 중간지점부터 동체착륙했고, 속도를 줄이지 못한 상태로 미끄러져 활주로 끝단 로컬라이저가 설치된 콘크리트 둔덕에 충돌하면서 폭발했다. 동체 착륙과정에서 사고기는 착륙장치인 랜딩기어, 날개 고양력 장치인 플랩(Flap)을 작동시키지 못한 모습을 노출했다.

이런 정황으로 미뤄 사고의 최초 원인은 조류충돌 때문인 것으로 보인다. 생존 승무원도 구조 직후 "조류충돌로 추정된다. 한쪽 엔진에서 연기가 난 후 폭발했다"고 증언했고, 사고기에 조류가 충돌해 엔진이 이상을 일으키는 장면이 찍힌 동영상도 여럿 나왔다. 다만 조류충돌로 인해 사고기에 어떤 기체 문제가 발생했는지는 조사대상이다. 한쪽 엔진이 조류충돌로 손상됐더라도 다른 한쪽 엔진으로 순항, 접근, 착륙이 가능하기 때문이다. 따라서 2개 엔진 모두 손상, 전원 셧다운, 화재발생 등 가능성이 제기됐으나 지금까지는 모두 추정에 불과하다. 동체착륙 과정에서도 랜딩기어와 플랩이 작동하지 않은 이유에 대해서도 유압시스템 상실 등 다양한 추측이 쏟아졌지만, 이 또한 규명대상이다.

로컬라이저 길이를 확인하는 미국 합동조사팀

한편 '사고'를 '참사'로 키운 요인으로는 콘크리트 둔덕이 지목됐다. 무안공항은 사고지점인 19 활주로 끝단(01 활주로 시작점)에 높이 2m 콘크리트 구조 둔덕 위에 2m 높이 LLZ가 있었다. 사고기는 동체착륙으로 활주로에 안착했지만, 속도를 줄이지 못하고 이 둔덕과 충돌했다. 콘크리트 둔덕 뒤에는 충격에 약한 외벽만 존재해 둔덕이 없었다면 인명피해를 줄일 수 있었다는 주장이 나왔다. 둔덕 안에는 10여 개의 콘크리트 기둥과 상판이 설치됐다. 무안공항은 이 둔덕을 2007년 개항 당시부터 양쪽에 설치했으며, 2023년 개량공사 때는 30cm 콘크리트 상판을 얹어 강화했다.

둔덕 설치가 규정위반이라는 지적도 나왔다. 국토부 고시 '공항·비행장시설 및 이착륙장 설치기준'에는 방위각 제공시설(LLZ)까지 종단 안전구역을 연장하도록 해 문제의 둔덕이 이에 위배된다는 해석도 나왔다. 국토부는 'LLZ 설치되는 지점까지'는 '둔덕 앞단까지'로 볼 여지가 있다며 규정해석이 필요하다는 입장이다.

사고기 블랙박스, 마지막 4분간 기록 없어

한편 참사원인을 조사 중인 국토부 항공철도사고조사위원회(항철위)는 1월 11일 미국 국가교통안전위원회(NTSB)의 분석결과 사고기의 블랙박스인 비행기록장치(FDR)와 조종실 음성기록장치(CVR) 둘 모두 충돌 전 마지막 4분간의 기록이 저장되지 않았다고 밝혔다. 항철위 설명에 따르면 블랙박스에는 기장이 메이데이를 선언한 무렵부터 고도를 높였다가 착륙을 시도할 때까지의 상황을 담은 자료가 남아 있지 않았다. 이들 장치에 기장의 메이데이 선언 순간이 기록됐는지는 확인되지 않았다고 전했다.

항공운항 전문가들은 사고기가 조류와 충돌한 이후 양쪽 엔진이 모두 고장 나 기체가 전원 셧다운(공급중단) 상태에 빠지면서 기록이 끊겼을 수 있다고 분석했다. 정윤식 가톨릭관동대 항공운항학과 교수는 "사고 4분 전부터 일괄적으로 데이터 저장이 중단됐다는 것은 전기적 결함일 가능성이 크다"고 해석했다. 그러면서 "정확한 자료저장 중단의 원인을 밝히고 다른 자료들과의 교차검증을 거치면서 사고 조사기간이 좀 더 길어질 수 있다"고 내다봤다. 과거 국내 항공사 여객기 사고의 경우 조사결과 발표까지 짧으면 11개월, 길면 수년이 걸렸다.

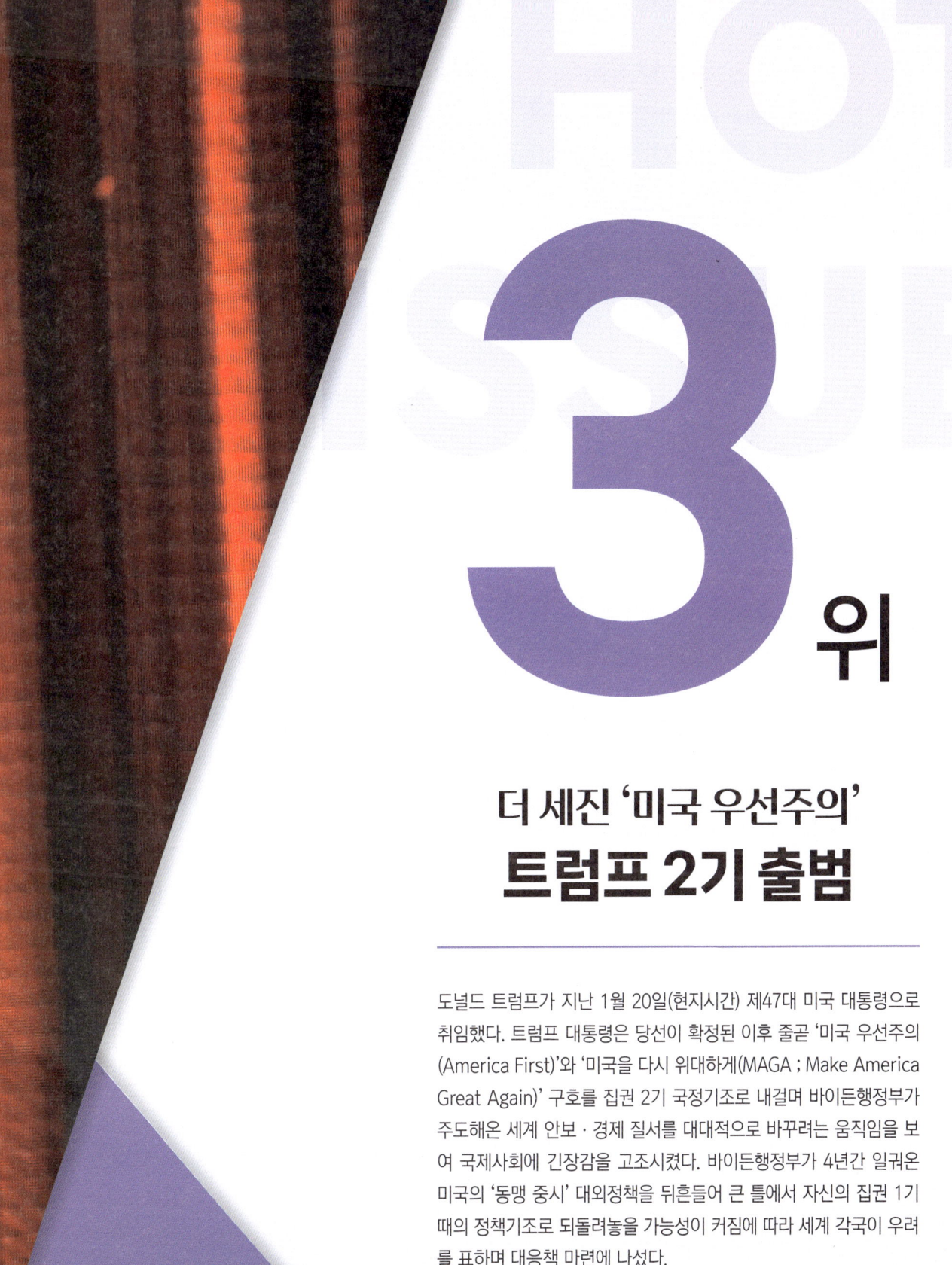

HOT ISSUE 3위

더 세진 '미국 우선주의' 트럼프 2기 출범

도널드 트럼프가 지난 1월 20일(현지시간) 제47대 미국 대통령으로 취임했다. 트럼프 대통령은 당선이 확정된 이후 줄곧 '미국 우선주의(America First)'와 '미국을 다시 위대하게(MAGA ; Make America Great Again)' 구호를 집권 2기 국정기조로 내걸며 바이든행정부가 주도해온 세계 안보·경제 질서를 대대적으로 바꾸려는 움직임을 보여 국제사회에 긴장감을 고조시켰다. 바이든행정부가 4년간 일궈온 미국의 '동맹 중시' 대외정책을 뒤흔들어 큰 틀에서 자신의 집권 1기 때의 정책기조로 되돌려놓을 가능성이 커짐에 따라 세계 각국이 우려를 표하며 대응책 마련에 나섰다.

'관세폭탄' 선전포고 … 전 세계 무역전쟁 암운

트럼프행정부 2기 출범을 지켜보는 국제사회가 가장 우려하는 부분은 트럼프 대통령이 수시로 강조한 '관세문제'다. 그가 대선 선거운동 과정에서 줄곧 고율관세 부과를 핵심공약으로 세웠기 때문이다. 이에 트럼프 1기 때 ==미중 무역갈등으로 시작된 자유무역주의의 쇠퇴가 더욱 속도를 내고, 주요 경제권역 간 무역전쟁이 격화할 수 있다는 우려==가 크다.

트럼프 대통령은 대선기간 유세 때마다 집권 시 '관세 카드'를 전방위적으로 사용할 것임을 강조해왔다. 그는 ▲ 모든 수입품에 대한 10~20% 보편관세 ▲ 중국산 수입품에 대한 60% 관세 ▲ 멕시코 생산 중국기업 자동차에 대한 100~200% 관세 등을 공약으로 내건 바 있다. 트럼프 1기 때 이미 기틀이 흔들린 세계 자유무역 체제는 트럼프의 재집권으로 다시금 심각한 도전을 맞게 된 셈이다.

실제 자유무역과 다자주의를 표방하는 세계무역기구(WTO) 체제는 올해로 출범한 지 30년이 됐지만, 트럼프 1기 당시 미국의 강력한 보호주의 정책으로 이미 껍데기만 남았다는 평가를 받고 있다. 미국은 지난 2019년 WTO의 분쟁처리 절차를 담당하는 상소기구 위원 선임 승인을 거부, 무역분쟁을 다루는 상소기구를 사실상 무력화했다. 전 세계 국가 간 자유무역협정(FTA) 체결 건수도 최근 몇 년 새 크게 줄어든 상태다.

2기 행정부에 관세론자 대거 포진

트럼프 대통령의 관세정책이 정치적인 지지를 얻게 된 배경은 미중 간 패권경쟁 구도가 뚜렷해지면서 중국과의 자유무역 확대가 미국의 안보위기를 초래한다는 인식이 커진 게 주된 원인이 됐다. 아울러 중국의 불공정한 무역관행 탓에 미국 내 중산층과 노동자들이 피해를 봤다는 인식이 커진 것도 보호무역주의 득세에 힘을 보탰다.

중국처럼 정부 개입으로 불공정무역을 지속하는 국가들이 존재하는 현 국제무역 시스템은 '진정한 자유무역'이 아니며, 관세부과를 통해 불균형의 조정이 필요하다는 게 트럼프 대통령과 측근 인사들이 공유하는 생각이다. 실제로 트럼프 대통령은 관세 강화 및 제조업 기반 강화 공약을 적극 옹호해온 하워드 러트닉을 상무장관으로, 집권 1기 대중국 고율관세 부과 작업을 이끈 제이미슨 그리어를 미국무역대표부(USTR) 대표로 각각 지명하며 중국과의 일전을 벼르는 모양새다.

그러나 트럼프 2기의 관세정책은 결국 글로벌 무역전쟁 확대에 불을 붙일 것이라는 게 전문가들의 공통된 관측이다. 폴 크루그먼 뉴욕시립대 교수는 뉴욕타임스 칼럼에서 관세부과가 달러화 강세로 이어져 수출감소를 통해 오히려 미국 제조업에 타격을 줄 수 있으며 무역 상대국들의 보복을 불러일으킬 수 있다고 지적했다. 관세부과가 공정한 경쟁을 유지하려는 목적이라는 명분을 내세우더라도 결국은 '맞불관세', '보복관세'를 불러일으키며 악순환을 초래할 것이라는 지적이다.

1930년대 이후 최악의 무역전쟁 코앞

트럼프 대통령의 취임식 전부터 관세전쟁을 예고하는 선전포고는 이미 시작됐다. 트럼프 2기의 첫 재무장관 지명자인 스콧 베센트는 앞선 언론 기고문에서 관세정책을 펼 때 시장에 적응할 시간을 주고 협상력을 극대화하기 위해 사전예고(선제적 안내)가 명확히 이뤄져야 한다고 강조했다. 트럼프 대통령 역시 지난해 11월 25일 트루스소셜에 글을 올려 멕시코와 캐나다에서 미국으로 들여오는 모든 제품에

25%의 관세를 부과하고 중국 제품에 대해서도 10% 관세를 추가로 부과할 것이라고 밝혀 '관세폭탄'을 직접 예고하기도 했다.

이에 클라우디아 셰인바움 멕시코 대통령은 곧바로 트럼프 대통령에게 전화해 멕시코를 통해 미국으로 들어오는 불법이민자 차단을 약속했고, 쥐스탱 트뤼도 캐나다 총리도 트럼프 대통령의 마러라고 자택으로 날아가 일단 '고개'를 숙여야 했다.

무엇보다 트럼프 대통령의 발언들이 무역 이외 다른 목적을 달성하는 수단으로 관세부과를 동원하는 '관세의 무기화 전략'을 공개적으로 밝힌 것이라는 점에서 국제사회를 더욱 긴장시키고 있다. 트럼프 대통령은 12월 30일에는 "브릭스 국가들(브라질, 러시아, 인도, 중국, 남아프리카 공화국)이 달러에서 벗어나려고 하는데 미국은 옆에서 지켜보기만 하는 시대는 지났다"며 "새로운 자체 통화든 기존 통화든 브릭스가 달러 패권에 도전하면 100% 관세를 부과할 것"이라고 경고했다. 또 1월 7일에는 그린란드 주민들의 독립 및 미국 편입 의사가 투표로 확인될 경우 그린란드를 자치령으로 두고 있는 덴마크가 그것을 저지하지 못하도록 덴마크에 대한 고율관세를 도입할 수 있다고 언급하기도 했다. 그는 상대국의 강한 반발에도 아랑곳하지 않고 오히려 군사력이나 경제적 압박수단의 사용을 배제한다고 약속할 수 없다면서 위협수위를 끌어올렸다.

트럼프의 이런 언급으로 사실상 무역전쟁의 도화선에 불이 붙은 만큼 수출 의존도가 높은 우리나라 역시 언제 이 같은 '관세돌풍'이 몰아칠지 안심할 수 없는 상황에 놓였다. 특히 바이든행정부가 인플레이션감축법*(IRA)이나 반도체법을 통해 다른 나라 자동차 관련 기업이나 반도체 기업들이 미국에 대규모 생산시설을 투자하도록 유도한 것에 대해서도 트럼프 대통령은 부정적인 입장을 표명한 상태다. 고율관세를 부과하면 보조금이나 저리대출의 특혜를 제공하지 않아도 이들 기업이 스스로 미국에 와서 공장을 설립했을 것이라는 논리다. 이에 트럼프 2기에서 IRA와 반도체법을 폐기할 경우 바이든행정부 시절 미국에 대규모 투자를 한 우리나라를 비롯한 전 세계 기업들에는 직격탄이 될 수 있다는 우려가 제기된다.

인플레이션감축법

전기차 구매 시 일정 조건을 만족해야 보조금을 받을 수 있도록 한 미국의 법안으로 2022년 8월 16일 조 바이든 당시 미국 대통령이 법안에 서명하며 발효됐다. 미국정부가 급등한 인플레이션을 완화하기 위해 마련한 것이다. 발표된 법안에 따르면 전기차 구매 시 보조금(세액공제 혜택)을 받으려면 중국 등 우려대상국의 배터리 부품 및 광물을 일정 비율 이하로 사용해야 하고, 북미에서 최종 조립된 전기차에만 보조금을 지급한다는 조건을 걸었다.

미국으로의 수출길이 좁아진 중국이 다른 수출시장을 모색하는 과정에서 관세전쟁의 전선이 전 세계로 확대될 가능성도 거론된다. 유럽연합(EU)이 중국산 전기차에 추가 관세를 부과하자 이에 대한 맞불 조치로 중국이 EU산 제품에 대한 반덤핑 조사를 개시했는데, 트럼프 2기에서 이런 사례가 더욱 확산할 수 있다는 것이다. 영국의 주간 이코노미스트는 "과거 역사는 보호무역주의자들이 경제적 혼란을 초래한 많은 사례를 보여주고 있다"라고 지적하며 세계가 1930년대 이래 최악의 무역전쟁에 직면해 있다고 분석했다.

HOT ISSUE

국회, 윤석열 탄핵소추 가결 … 대통령 권한대행도 탄핵

윤석열 대통령에 대한 탄핵소추안이 12월 14일 국회 본회의를 통과했다. 현직 대통령에 대한 탄핵안 가결은 2004년 노무현 전 대통령, 2016년 박근혜 전 대통령에 이어 헌정사상 세 번째다. 윤 대통령 탄핵안은 이날 오후 본회의에서 재적 300명 중 300명 전원이 참여한 가운데 찬성 204표, 반대 85표, 기권 3표, 무효 8표로 가결됐다.

윤석열 대통령 탄핵안 가결된 국회

204명 찬성으로 가결 정족수 넘겨

탄핵안이 가결되려면 재적의원의 3분의 2(200명)가 찬성해야 하는데, 204명의 찬성으로 가결 정족수를 넘겼다. 범야권 192명이 탄핵 찬성의사를 밝힌 점을 고려하면 '부결당론'을 유지한 국민의힘에서 찬성과 기권 및 무효 등 이탈표가 232표 나온 것으로 추정됐다. 탄핵소추안에는 '국민주권주의와 권력분립의 원칙 등 헌법과 법률을 위반한 비상계엄'이 탄핵 사유로 적시됐다. 국회로부터 탄핵소추의결서를 전달받은 윤 대통령은 즉시 대통령 직무가 정지됐고, 한덕수 국무총리가 대통령 권한대행*을 맡았다. 이에 탄핵의 공은 헌법재판소로 넘겨졌다. 헌법재판소는 헌법에 따라 탄핵소추 의결서를 접수한 날로부터 180일 이내에 대통령 탄핵 여부를 결정해야 하고, 헌재가 국회의 탄핵소추 결정을 받아들이면 윤 대통령은 헌법에 따라 파면되고 60일 이내에 대선을 치러야 한다. 헌재가 기각할 경우 탄핵안은 즉시 파기되고 윤 대통령은 국정에 복귀한다.

대통령 권한대행

대통령이 궐위나 사고 등 모종의 이유로 대통령직을 더 이상 수행하기 어려울 때 그 직무를 대신하여 수행하는 직위다. 궐위(闕位)는 대통령이 임기 중 사망, 하야, 탄핵소추 인용으로 파면된 경우가 해당한다. 사고는 대통령이 중병 등으로 의식불명 상태에 빠지거나, 국회에서 탄핵소추안이 의결되어 직무를 수행할 수 없는 경우에 해당한다.

탄핵안 통과는 윤 대통령이 비상계엄을 선포한 지 11일 만이었다. 가결 일주일 전인 12월 7일에도 표결이 있었지만 국민의힘이 집단으로 불참하면서 정족수 미달로 투표가 성립되지 못했다. 반면 14일 본회의에는 국민의힘이 전원 표결에 참여했다.

한편 여야는 1월 4일 국회 탄핵소추단이 윤 대통령 탄핵소추 사유에서 내란죄를 철회한 것을 두고 강하게 충돌하기도 했다. 국민의힘은 탄핵소추문을 수정하려면 국회에서 탄핵소추안을 다시 의결해야 한다고 주장했지만, 민주당은 형법 위반이 아닌 헌법 위반을 집중적으로 다루기 위한 절차라고 반박했다.

사상 초유의 대통령 권한대행 탄핵

그런데 12월 27일에는 한덕수 대통령 권한대행 국무총리에 대한 탄핵소추안까지 범야권 주도로 국회 본회의에서 가결됐다. 대통령이 탄핵소추로 직무가 정지된 상태에서 대통령 권한대행을 맡은 총리까지 탄핵소추로 직무가 정지된 것은 헌정사상 처음이다.

민주당이 제출한 소추안은 재적의원 300명 중 192명이 참석한 가운데 찬성 192표로 가결됐다. 해외 체류 중인 김문수 민주당 의원을 제외한 야당 의원 191명과 조경태 국민의힘 의원이 표결에 참여했다.

권한정지 후 청사를 떠나는 한덕수 국무총리

한 대행의 탄핵사유는 ▲ '김건희 특검법', '채해병 특검법' 거부 ▲ 비상계엄 내란 행위 공모·묵인·방조 ▲ 한동훈·한덕수 공동 국정운영 체제 ▲ 내란 상설특검 임명 회피 ▲ 헌법재판관 임명 거부 등 총 5가지다. 앞 세 가지는 국무총리 직무집행 중에, 나머지 두 가지는 대통령 직무집행 중에 발생한 탄핵 사유다. 탄핵안 가결로 한 대행의 직무는 정지됐고, 최상목 부총리 겸 기획재정부 장관이 권한대행을 맡았다.

한편 최 권한대행은 12월 31일 국회가 선출한 헌법재판관 후보자 3인 중 2명을 임명했다. 국민의힘 추천 조한창 후보자와 민주당 추천 후보자 2명 중 정계선 후보자만 우선 임명했다. 다만 민주당이 추천한 후보자 가운데 마은혁 후보자 임명은 보류했다. 이에 야당 등은 국회 선출몫인 3인에 대해 대통령 및 행정부는 형식적 임명을 수행할 뿐 그 외 권한이 없는데도 이미 여야 합의로 선출한 후보자의 임명을 반려한 것은 "삼권분립에 대한 몰이해이고 위헌적 발상"이라고 비판했다.

HOT ISSUE **5위**

초유의 초유 ··· 영장불응·구속·법원침탈

내란죄 피의자로 적시된 체포영장에 공권력을 동원해 2주 넘게 불응하다 체포된 윤석열 대통령에게 법원이 구속영장을 발부했다. 그러자 구속영장 기각을 요구하며 법원 앞에서 시위하던 일부 지지자들이 발부 직후 경찰 저지를 뚫고 법원에 난입, 폭동을 일으켰다. 이들은 법원 청사 시설과 집기를 부수고, 영장을 발부한 판사를 찾기 위해 7~9층에 위치한 판사실을 뒤지고 다녔으며, 이 과정에서 탈취한 경찰 방패와 경광봉 등으로 폭행을 해 전치 3주 이상의 중상자 7명을 포함해 모두 경찰관 42명을 다치게 했다. 또한 촬영 중이던 기자를 폭행하고 영상기기의 메모리카드를 약탈하기도 했다.

서부지법에 난입하는 윤석열 대통령 지지자들

20분 만에 뚫린 서부지법 ··· 경찰 "전원 구속수사"

윤 대통령의 구속영장 실질심사가 이뤄지던 서울서부지방법원(서부지법) 앞에서 집회시위를 하던 윤 대통령의 지지자들이 집회참가자에서 폭동가담자로 돌변한 것은 1월 19일 새벽 2시 50분 윤 대통령 구속영장이 발부된 직후였다. 이들은 3시 21분께 법원 정문 및 유리창을 깨부수며 법원 내부로 진입했고, 내부에서 입구에 내려진 철문을 힘으로 뜯어 올리고 대규모 인원이 난입을 유도했다.

난입한 후에는 소화기 등을 던지며 내부 이동경로상에 있는 유리창을 모두 깨고 집기 등을 부수는 등의 난동을 부렸다. 또한 일부는 영장발부 판사를 찾으며 판사 개인집무실이 모여 있는 청사 7층까지 올라가 수색하듯 돌아다닌 것도 법원 CCTV 및 함께 난입한 극우 유튜버들의 영상으로 확인됐다.

더불어민주당은 당 내부 총의를 모아 이번 윤 대통령 지지자들의 '서부지법 난입'을 '사법부에 대한 폭동'으로 정확하게 정의하기로 결정했다. 조국혁신당도 "(지난해) 12월 4일 새벽 군 병력이 국회 유리창을 깨고 난입한 데 이은 제2의 내란 사태"라며 "군의 입법부 침탈에 이은 폭도의 사법부 침탈이자 헌정질서와 법치주의에 대한 중대한 도전"이라고 규탄했다. 반면 국민의힘은 "폭동이나 폭도 같은 자극적·정쟁적 용어를 남발하는 등 극단적 갈등을 유발해서는 안 된다"고 발언해 '폭동을 방조하는 것을 넘어 오히려 부추기고 있다'는 비판을 받았다.

현직 대통령, 체포영장 불응·체포·구속

앞서 ==윤 대통령은 법원이 발부한 적법한 체포영장에 불응하는 첫 피의자이자 첫 대통령이라는 선례를 남겼다.== 비상계엄 선포 한 달 만인 1월 3일 고위공직자범죄수사처(공수처)와 **국가수사본부*** (국수본)이 윤 대통령의 체포영장 집행에 나섰으나 대통령 경호처의 저지에 가로막혀 다섯 시간여 만에 불발된 것이다. 1·2차 저지선을 뚫고도 관저 외곽경비를 담당하는 육군 수도방위사령부 소속 55경비단과 대통령경호처의 저지에 막혀 관저 건물 앞에서 윤 대통령의 신병을 확보하지 못한 채 발길을 돌려야 했다.

> **국가수사본부**
>
> 경찰수사의 독립성과 수사역량 제고를 위해 2021년 1월 1일 공식출범한 수사기관이다. 검경 수사권 조정 이후 경찰이 1차적 수사종결권을 갖게 되면서 경찰청 산하에 신설됐다. 치안경찰과 수사경찰을 분리해 경찰의 수사 컨트롤타워 역할을 수행하여 '한국판 FBI'라 불린다. 경찰청 산하에 있지만 수사의 독립성을 보장하기 위해 경찰청장도 국가수사본부의 수사를 구체적으로 지휘·감독할 수 없도록 했다.

윤 대통령이 남긴 선례는 또 있다. 자국 수사기관에 의해 체포된 세계 최초의 국가지도자이자 구속된 대한민국 헌정사상 첫 국가수반이 됐다. 박근혜 전 대통령도 구속이 됐지만, 탄핵이 된 이후여서 현직이 아니었다. 이로써 윤 대통령은 '체포'상태에서 '구속' 상태로 처지가 바뀌었다. '미결수용자'로 신분이 바뀜에 따라 '구인 피의자 대기실'에 머물며 사복을 입고 생활했던 이전과 달리 수감시설로 옮겨 신체검사를 한 뒤 수용번호가 달린 수용자복으로 갈아입게 됐다. 수용자 명부 기재를 위한 사진, 이른바 '머그샷(Mug Shot)'도 촬영했다.

불법폭력이 휩쓸고 지나간 서부지법

한편 공수처는 내란죄로 구속된 윤 대통령에게 구속 다음 날일 20일 조사를 받으러 나오라고 거듭 통보했다. 19일 구속 뒤 조사를 위해 출석하라고 통보했지만, 윤 대통령이 불응하자 다시 출석을 요구한 것이다. 하지만 윤 대통령의 변호인단이 조사에 출석하지 않겠다는 뜻을 밝혔다. 다만 헌법재판소에서 진행 중인 윤 대통령 탄핵심판 변론기일 출석에 대해선 "곧 출석"할 것이라고 답했다. 이에 일각에서는 윤 대통령이 이번 서부지법에서처럼 제2의 폭동 사태를 노리는 것 아니냐는 의혹까지 나왔다.

HOT ISSUE

6위

탄핵 충격에 트럼프 리스크까지… 저성장 경고등

새해 한국경제가 리더십 공백과 통상환경 급변이라는 대내외 악재를 만나 사상 초유의 고빗길로 접어들 것으로 전망됐다. 이미 지난해 하반기부터 내수 부진의 그늘이 짙어지고 수출산업이 내리막을 타기 시작하면서 저성장 공포가 드리운 가운데 미국 트럼프행정부 2기의 관세정책과 보호무역주의* 충격이 수출둔화를 가속할 수 있다는 우려가 제기됐다.

> **보호무역주의**
>
> 자유무역에 반대되는 개념으로 자국의 경제적 이익과 산업의 보호를 위해 무역 수출입에 정부가 관여하는 것을 말한다. 국가가 특정 산업을 육성하고 싶으나 국제경쟁력이 떨어져 조치를 취하지 않으면 자연히 도태될 우려가 있는 경우에 실시하게 된다. 보호무역을 시행하는 방법으로는 수입 경쟁물품에 강한 관세를 매기거나 수입량을 제한하는 방식, 수입업체에 페널티를 가하는 방식 등이 있다.

트럼프발 직격탄 우려… 정국불안은 설상가상

우리 경제는 2024년 1분기 1.3%의 '깜짝' 성장이 무색하게 2분기부터 부진한 흐름을 보여왔다. 전 분기 기저효과로 2분기 -0.2%의 이례적인 역성장을 기록했고, 3분기 들어서도 수출이 기대에 못 미치면서 다시 성장률이 0.1%에 그치고 말았다. 한국은행(한은)은 11월 28일 이런 흐름을 반영해 2024년 성장률 전망치를 기존 2.4%에서 2.2%로 0.2%포인트(p) 하향조정했다. 새해 전망도 그다지 밝지 않다. 한은은 2025년 연간 경제성장률을 1.9%로 예상했다. 잠재성장률(2.0%)을 밑도는 저성장 국면에 본격적으로 진입할 것이라는 의미다.

한은은 특히 재화 수출증가율이 지난해 6.3%에서 올해 1.5%로 크게 하락할 것으로 내다봤다. 올해 한국의 성장률 전망치를 골드만삭스가 1.8%로, 씨티가 1.6%로 각각 제시하는 등 해외 투자은행(IB)들의 시각은 더 혹독하다. ==삼성전자 반도체 실적부진 등으로 경제 기초체력에 대한 의구심이 커진 가운데 미국 트럼프행정부 2기 경제정책의 영향 우려==가 고조된 상황은 이런 전망을 뒷받침한다. 도널드 트럼프 미국 대통령이 세계국가를 대상으로 관세를 올릴 경우 수출의존도가 높은 한국경제가 직격탄을 맞을 수 있다는 우려와 함께 미국과 중국 간 무역전쟁이 격화할 경우 우리 기업들의 어려움이 한층 가중될 수 있다는 관측도 나왔다.

이런 상황 속에서 12월 3일 발발한 비상계엄 사태는 경제위기론에 기름을 끼얹은 모양새가 됐다. 달러강세에 극심한 정국불안이 겹치면서 <mark>원/달러 환율이 글로벌 금융위기 이후 최고치를 돌파하며 민생에 시름이 더해졌다.</mark> 12월 소비자심리지수가 코로나 팬데믹 때인 2020년 3월(-18.3p) 이후 가장 큰 폭(-12.3p)으로 하락하는 등 경제심리가 얼어붙고 '연말 특수'도 사라졌다. 정부 기능이 마비되다시피 하면서 트럼프 2기 대응을 위한 대미 협상창구가 제대로 가동되지 못하고 있다는 지적도 제기됐다. 이 밖에 나날이 깊어지는 저출생·고령화 등 인구문제, 가계부채 누증과 수도권 집중현상 등 구조적 요인들 역시 우리 경제를 짓누르는 변수들로 거론된다.

재정역할론 부상 … 연초 추경 추진하나

대내외 악재로 불확실성이 짙어지면서 결국 추가경정예산(추경) 편성 목소리에 힘이 실리고 있다. 야권을 중심으로 계속된 추경편성 요구는 최근 비상계엄 사태 이후 이창용 한은 총재 발언으로 탄력을 받는 분위기다. 이 총재는 지난 12월 18일 저성장 우려를 타개하기 위한 처방으로 "경기를 소폭 부양하는 정도의 재정정책이 필요하다"는 입장을 피력해 주목받았다. 그는 "추경안이나 중요한 경제법안이 여야 합의로 빨리 통과되는 모습을 보여줘야 한다"며 재정의 적극적인 역할을 강조했다.

정부는 이 총재가 밝힌 추경론에 표면적으로 적극 동의하지는 않았지만, '정부의 적극적인 역할이 필요하다'는 점에는 공감했다. 지금까지 '건전재정' 기조를 강조하면서 추경편성에 일관되게 부정적 입장을 견지해온 점에 비춰보면 분위기가 사뭇 달라진 셈이다.

예산을 당겨쓰는 수준의 대응으로는 얼어붙은 경기심리를 반등하기는 역부족일 것이라는 회의론도 많다. 추경론에 점점 힘이 실리는 이유다. 문제는 시기인데, 추경 필요성을 강조하는 측은 가능한 한 빨리 재정을 풀수록 효과가 더 크다는 점을 들어 늦어도 1분기에는 어느 정도 윤곽이 잡혀야 한다는 입장이다. 그러나 헌법재판소의 탄핵심판, 차기 대선정국과 겹치면 선거셈법이 부각되면서 추경 논의가 뒷순위로 밀릴 가능성도 있다. 대통령 탄핵소추로 리더십 공백이 계속되는 상황 역시 추경논의가 속도를 내지 못하는 요인이 될 수 있다.

HOT ISSUE 7위

국민의힘 또다시 비대위 출범 … '탄핵·체포 반대'로 똘똘 뭉친 여당

9개월 만에 또다시 비상대책위원회(비대위) 체제를 꾸린 국민의힘이 12월 24일 탄핵정국에서 당을 이끌 '비상 사령탑'으로 수도권 5선의 권영세 의원을 택했다. 이는 '안정형' 비대위를 꾸리겠다는 뜻으로 해석된다. 권성동 국민의힘 원내대표와 '투톱' 체제를 유지하되, 안정감 있는 중진인선을 통해 윤석열 대통령의 12·3 비상계엄 사태 이후 탄핵국면에서 일단 '내부 리스크'를 최소화하겠다는 판단이다.

"권영세, 풍부한 경험과 안정적 리더십 갖춰"

권 원내대표는 이날 "새 비대위는 국정안정과 당의 화합과 변화라는 중책을 맡아야 한다. 어느 때보다 풍부한 경험과 즉시 투입할 수 있는 전략이 필요하다"며 '안정적 리더십'을 강조했다. 권 원내대표는 한때 '원톱체제' 내지는 쇄신형·원외인사 인선 등도 고민했지만, 경험과 경륜이 있는 중진이 맡아 당을 안정시켜야 한다는 의원들의 의견을 수용해 권영세 의원이 비대위원장직을 수락했다고 자평했다.

대통령 관저 앞에 모인 국민의힘 의원들

의원총회에 참석하는 권영세 국민의힘 의원

이번 비대위는 윤 대통령의 비상계엄 사태와 8년 만의 대통령 탄핵소추안 가결로 또다시 궤멸위기에 몰린 당을 수습해야 하는 막중한 과제를 안았다. 계엄·탄핵으로 차갑게 돌아선 민심 앞에서 반성과 쇄신을 통해 어떻게든 당을 재건할 발판을 마련해야 하고, 탄핵심판 결과에 따라 조기대선을 치를 가능성에도 대비해야 한다. 권 원내대표는 이날 "탄핵보다 더 무서운 것은 분열"이라고 강조했다. 한편 권 원내대표와 함께 당 '투톱' 모두 친윤 주류라는 점에서 당내에서는 지도부가 의식적으로 '윤석열 프레임'에서 벗어나야 한다는 목소리도 나왔다.

"탄핵·체포 반대" 주장하는 여당 의원들

한편 중진을 비롯한 국민의힘 의원들은 윤 대통령의 탄핵심판을 위한 헌법재판관 임명과 내란혐의 수사를 위한 체포영장 집행을 공식적으로 반대하고 나섰다. 또한 국민의힘 의원들은 1월 6일 윤 대통령에 대한 **고위공직자범죄수사처***(공수처)의 체포영장 집행(1차)을 저지하기 위해 한남동 대통령 관저 앞에 집결했다. 이날 관저 앞에는 친윤(윤석열)계 및 영남권을 중심으로 40여 명의 의원이 모였다. 일부 의원들은 관저부지 안으로 들어가는 모습도 포착됐다.

> **고위공직자범죄수사처**
>
> 기존 사법기구로부터 독립돼 3급 이상의 고위공직자의 비리를 고발하는 수사기관이다. 흔히 '공수처'라고 불리며, 수사권 및 기소권을 갖는다. 수사대상은 현직 및 퇴직 2년 이내의 대통령, 국무총리, 국회의원, 법관, 검사 등이다. 그러나 2021년 출범한 이후 2025년 1월 현재까지 공수처가 기소한 사건은 단 3건에 그쳐 그 수사 여력과 능력에 대해 적지 않은 비판이 나오고 있다.

집결한 의원 중 김기현 의원은 "공수처는 대통령에 대해 수사할 권한도, 체포영장을 집행할 권한도 없다"며 "불법적 영장은 당연무효로 그 효력이 이미 상실된 것이나 마찬가지"라고 주장했다. 김 의원은 공수처가 경찰에 체포영장 집행 관련 업무를 일임하려고 했던 데 대해 "대통령의 인신을 구속하겠다고 하는 법률전문기관에서 이렇게 오락가락 갈팡질팡 하면서 어설픈 영장집행을 하겠다고 시도하는 것 자체가 경악스럽기 짝이 없다"고 비판했다. 이에 야권에서는 이제 국민의힘이 내란에 동조한 범죄자가 됐다고 비판했다.

아울러 윤상현 국민의힘 의원은 1월 3일 국회에서 기자들과 만나 체포영장 불응에 대해 "윤 대통령, 변호인, 저는 내란죄 수사권이 없는 공수처의 체포영장 청구가 명백히 불법이고 원천무효라고 본다"며 "영장에 불응하는 것이 대한민국 헌법과 법치주의를 지키는 것이라는 입장을 가지고 있다"고 말했다.

당내 다른 의견을 표명한 의원에 대한 지도부의 압박도 있었다. 권 원내대표는 1월 8일 '쌍특검법(내란특검법, 김건희 여사 특검법)'의 국회 본회의 재표결에서 찬성투표한 김상욱 국민의힘 의원에게 탈당을 권유했다. 권 원내대표는 "민주당은 당론을 정하면 한 사람의 이탈도 없이 단일대오를 형성하는데 우리 당은 지금까지 당론을 결정했음에도 이탈한 분들이 많았다"고 지적했다. 김 의원은 이날 국회에서 기자들과 만나 "본회의장에서 (권 원내대표가) '탈당했으면 좋겠다'는 취지로 말했지만, 탈당할 생각이 없다"고 밝혔다.

HOT ISSUE

'사상 첫 본회의 통과' 감액예산안 … 정부, 상반기 예산 조기집행 추진

증액 없이 감액만 반영된 673조 3,000억원 규모의 2025년도 예산안이 12월 10일 국회 본회의를 통과했다. 정부가 제출한 다음 해 예산안이 정부·여당과의 협의 없이 야권의 단독수정을 거쳐 본회의에서 처리된 것은 헌정사상 초유의 일이다. 예산안은 법안과 달리 국회에서 통과되면 대통령이 재의요구권(거부권)을 행사할 수 없어 그대로 확정됐다.

검경 특활비 전액 삭감·정부 예비비 절반 삭감

이날 통과한 예산안은 11월 29일 국회 예산결산특별위원회에서 더불어민주당 등 야권이 단독처리한 수정 예산안이다. 이에 따라 2025년도 총지출은 정부 원안 대비 4조 1,000억 감액된 673조 3,000억원, 총수입은 약 3,000억원 줄어든 651조 6,000억원으로 각각 확정됐으며 증액은 없다. 국회가 예산을 늘리거나 새로운 예산항목을 신설하려면 정부동의를 받아야 하지만 정부동의를 받지 않았기 때문이다.

2025년도 예산안 수정안 국회 본회의 통과

이에 대통령비서실·국가안보실 특수활동비(82억 5,100만원), 검찰 특정업무경비(506억 9,100만원)와 특활비(80억 900만원), 감사원 특경비(45억원)와 특활비(15억원), 경찰 특활비(31억 6,000만원) 등이 전액 삭감됐다. 4조 8,000억원 규모인 정부 예비비는 2조 4,000억원, 국고채 이자상환 예산은 5,000억원 감액됐다. 또 정부안에서 505억원이던 '대왕고래 유전개발' 예산은 497억원이, 416억원이던 용산공원조성사업 예산은 229억원이 감액됐다.

당초 민주당은 예산안 처리 법정기한인 12월 2일 본회의에서 예산안을 처리할 계획이었지만, 우원식 국회의장은 여야 합의안을 이날까지 마련해달라며 상정을 보류했다. 하지만 다음 날인 3일 '비상계엄 사태'가 벌어지며 여야 간 협의가 사실상 이뤄지지 못했고, 본회의 직전 여야가 뒤늦게 협상을 벌였지만 합의에 이르지 못했다. 감액예산안이 현실화하면서 각 부처와 지방정부의 현안사업 등에 일부 차질이 불가피해졌다.

최상목 "중앙·지방 재정 '역대 최대' 신속집행"

한편 최상목 대통령 권한대행 부총리 겸 기획재정부 장관은 1월 9일 "중앙정부와 지방자치단체, 지방교육청 모두 역대 최고 수준의 신속집행 목표를 설정해 상반기에 358조원을 집행하겠다"고 말했다. 정부의 추가경정예산*(추경) 편성으로 재정정책 기조를 전환해야 한다는 목소리가 커진 데 대한 조치다. 목표치는 중앙정부 67%, 지방정부 60.5%, 지방교육재정 65%다. 인건비와 기본경비를 제외하고 재량으로 시기를 조정할 수 있는 사업들 가운데 65% 안팎을 상반기에 집중하겠다는 의미다.

추가경정예산

국회에서 예산이 의결된 이후 기존에 편성한 예산으로 감당하기 어려운 사안이 발생하는 경우 추가로 짜는 예산을 말한다. 정부는 매년 1월부터 12월까지 1년 단위로 예산을 편성한 후 이에 따라 재정활동을 하고 있다. 그러나 전쟁이나 대규모 자연재해, 경기침체, 대량실업 등 대내외 여건에 중대한 변화가 생기거나 발생할 우려가 있는 경우 추가경정예산을 편성할 수 있다. 우리나라는 1990년대 이후 거의 매년 추경이 편성되고 있으며, 다른 나라 역시 비슷한 실정이다.

최 권한대행은 이날 오전 정부서울청사에서 주재한 '국정현안관계장관회의 겸 경제관계장관회의' 모두 발언에서 "내수가 조속히 활성화되도록 공공부문이 합심해 전례 없는 규모와 속도로 재정의 신속집행을 추진하겠다"며 이같이 밝혔다. 특히 85조원 규모의 민생·경기 활성화 사업은 1분기 40%·상반기 70%를 집행하고, 상반기 공공기관 및 민간투자로도 각각 37조 6,000억원, 2조 8,000억원을 투입해 건설경기 회복 등을 적극 뒷받침하겠다고 설명했다.

이와 관련해 별도의 '2025년 신속집행 추진계획'도 발표했다. 이례적으로 1분기 중점관리사업의 세부 목표까지 제시하면서 신속집행 의지를 부각했다. 정부는 "올해 전체 세출예산의 75%를 상반기에 배정해 신속집행을 뒷받침하고 있다"며 "관계부처 합동 재정집행 점검회의도 1분기에는 매주 열어 집행관리를 강화하겠다"고 설명했다.

▲ 최상목 대통령 권한대행 및 부총리 겸 기획재정부 장관

'국정현안관계장관회의 겸 경제관계장관회의'는 정책 컨트롤타워로서 운영된다. 최 대행은 "(현 상황에서) 전반적인 위기대응 역량이 약해지는 것은 아닐지 많은 국민의 불안과 우려가 크다"며 "국정과 경제의 조기안정에 모든 정책역량을 결집하고, 모든 부처와 국무위원이 원팀이 돼 더 자주 소통하고 협업체계도 대폭 강화하겠다"고 강조했다. 아울러 경제는 물론 사회, 외교, 안보, 치안 등 국정 모든 분야를 관계부처 장관들과 함께 빈틈없이 점검하고, 당분간 회의도 매주 개최하겠다고 설명했다.

HOT ISSUE

9위

건설경기 침체에 업계 위기감 고조 … 중견건설사도 법정관리 신청

주택브랜드 '파밀리에'로 널리 알려진 중견건설사 신동아건설이 1월 6일 법원에 **기업회생절차*** (법정관리)를 신청하면서 건설업계에 위기감이 고조되고 있다. 유동성 위기가 있다고 거론되는 건설사가 적지 않은 가운데 건설경기 침체와 탄핵정국 장기화, 고환율 등으로 올해 건설사의 어려움이 더 커질 것으로 보이는 점도 이런 우려를 부채질하고 있다.

기업회생절차

개인이 빚을 졌을 때 바로 파산선고를 하기보다는 회생할 수 있도록 지원과 기회를 주듯이 재정적 어려움으로 파탄될 위기에 직면해 있는 법인에 효율적인 회생을 도모할 수 있도록 기회를 주는 제도를 말한다. '법인회생절차', '법정관리'라고도 한다. 회생절차가 개시되면 업무수행 및 재산관리 처분 등은 법원에 의해 선임된 관리인 등에게 이전되고, 이러한 관리인 등의 행위는 법원의 감독 아래에 놓인다.

'시공평가 58위 건설사' 법정관리에 업계 당혹

2024년 1~11월 국내 건설업체 27곳이 부도를 내며 2019년 이래 최대치를 기록하는 등 건설업계 어려움이 가중되고 있으나 신동아건설의 법정관리 신청에는 업계도 당혹해하는 분위기다. 부도를 낸 업체

들이 대부분 지방건설사인 것과 달리 신동아건설은 시공능력평가 50위권의 종합건설사라는 점에서다. 신동아건설의 자금난 소문은 지난해 말부터 업계 일각에서 돌았으나, 2019년 워크아웃에서 졸업한 지 5년여밖에 안 된 데다 1980년대 서울 여의도 대표 랜드마크인 63빌딩 시공사라는 점도 소문의 현실화 가능성을 낮게 본 요인으로 꼽힌다.

신동아건설의 기업회생절차 신청은 최근 지속된 건설시장 침체가 가장 큰 영향을 미쳤다는 평가다. 신동아건설이 책임준공을 맡은 일부 지방현장이 최근의 분양시장 침체 등으로 대규모 미분양이 발생한 가운데 엎친 데 덮친 격으로 공사비 미수금 증가 등이 맞물리며 상황이 악화한 것으로 알려졌다. 추진 중이던 타운하우스 사업의 불투명한 전망 등으로 본 프로젝트파이낸싱(PF) 전환에 실패한 것도 영향을 미쳤다. 업계 한 관계자는 "지방 분양시장 침체, 비아파트 수요 급감, 공사비 상승 문제 등 최근 건설업계의 문제가 총체적으로 합쳐진 결과"라고 말했다. 이런 상황 속에 신동아건설의 작년 말 기준 총부채액은 7,980억원으로 전년(6,454억원)보다 1,000억원 이상 불어났다.

PF사태 이어 건설경기 침체 지속 … '경영난' 우려

지난해 태영건설 워크아웃을 계기로 불거진 PF 우발채무 위험에 최근 경기침체로 건설수요도 감소하

고 있어 업계에서는 신동아건설을 신호탄으로 건설업계 전반의 경영난이 본격화할지 모른다는 우려가 나온다. 실제로 국토교통부(국토부)가 최근 발표한 '공사비 현실화 등 건설산업 활력 제고 방안'에 따르면 건설투자는 2023년 4분기부터 감소하기 시작해 지난해 하락세가 지속됐다.

한국은행은 올해 건설투자가 작년 동기 대비 1.3% 가량 감소할 것으로 전망했으며 실제로 건설경기실사지수(BSI)는 50 미만으로 떨어졌다. 미분양 주택도 최근 3년간 약 5배가량 늘어난 상황이다. 이런 가운데 공사비는 2020~2023년 30% 상승하고, PF시장 경색과 금리상승 등으로 브릿지론(2금융권 차입금)의 본 PF 전환이 어려워지며 착공물량이 급감, 업계 어려움이 가중되는 악순환이 이어지고 있다. 한 건설사 관계자는 "원래 매년 유례없는 위기라고 하지만 작년부터는 정말 체감할 정도로 어려운 상황"이었다며 "상대적으로 규모가 적은 건설사들은 올해 큰 어려움을 겪을 수 있다"고 말했다.

최근 정부가 국내 건설경기 회복을 위해 공공 공사비 현실화 등을 골자로 한 대책을 발표하기도 했으나 당장 사정이 나아지기는 어렵다는 것이 업계 안팎의 평가다. 나아가 신동아건설의 법정관리 신청으로 건설업계에 대한 불안이 커진 상황이라는 것도 자금조달에 어려움을 가중할 전망이다. 이미 상당한 유동성 위기를 겪고 있는 것으로 언급되는 건설사도 적지 않아 정부 정책이 실효성을 거두기까지 시차를 극복하기 어렵다는 지적도 있다.

HOT ISSUE **10위**

'민선자치 30년' … 지방소멸 위기 속 메가시티 열풍?

1995년 지방자치단체(지자체)장 직선제 도입으로 본격적으로 시행된 지방자치가 2025년 30돌을 맞았다. 그동안 주민참여 기회 확대, 민의를 중시하는 행정서비스, 행정 다양화 구현 등이 이뤄졌다는 긍정적 평가가 있는 반면 영호남을 중심으로 인구수가 크게 줄고 지자체 재정여력마저 악화하면서 지방자치제도 위기론도 고개를 들고 있다.

지방소멸 위기 … '행정체제 개편' 움직임

한국고용정보원 분석에 따르면 지난해 3월 기준 전국 288개 시군구 중 저출생과 초고령화에 따른 소멸위험지역이 130곳으로 57%를 차지한다. 17개 광역시도 중 전남, 경북, 강원, 전북 등에서 소멸위험이 두드러진 가운데 부산시가 광역시 가운데 처음으로 소멸위험단계에 진입하는 등 광역시마저 소멸위험을 피해 갈 수 없는 실정이 됐다. 게다가 인적·물적 인프라와 행·재정의 과도한 수도권 집중현상은 '일극체제'라는 비판을 불러와 권한, 재정 등에 있어 분산이 필요하다는 요구도 나온다.

이런 분위기 속에 행정안전부(행안부)는 지난해 5월 지역소멸, 인구감소 등 국가적 위기에 대응하고자 행정체제 개편방향을 정부 차원에서 논의하는 '미래지향적 행정체제 개편 자문위원회'를 출범시켰다. 자문위가 지자체 간 통합, 관할구역 변경, 특별지자체 활성화, 지역별 특수성에 부합하는 행정체제 설계, 생활인구 개념 도입, 광역-기초 계층구조의 타당성 등을 논의해 행정체제의 큰 틀을 새로 짜는 역할을 하도록 하겠다는 것이다.

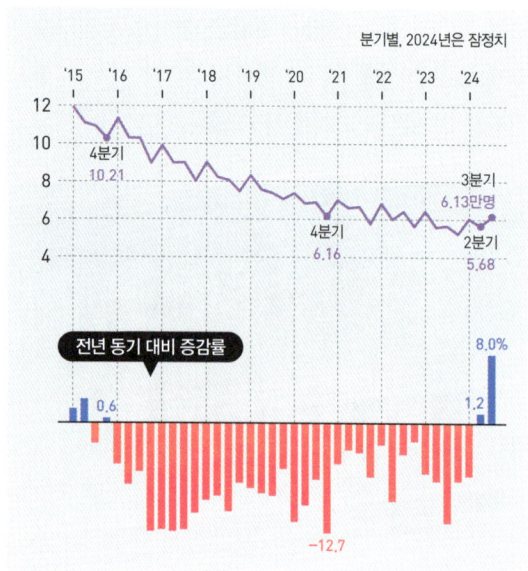

출생아수 추이
자료 / 통계청

비슷한 시기 국토교통부(국토부)는 메가시티*(초광역권) 내 거점도시를 정하고 특구 지정, 교통망 확충 등 패키지 지원을 통해 육성하는 내용의 '경쟁력 있는 지방시대 구현을 위한 초광역권 육성지원 방안' 연구용역을 발주하기도 했다. 연구용역은 4대 초광역권(충청권, 광주·전남권, 부산·울산·경남권, 대구·경북권)과 3대 특별자치권(강원권, 전북권, 제주권)을 뜻하는 정부의 '4+3 초광역권' 발전계획을 뒷받침하기 위한 것이다. 국토부는 '도시 간 연계성'에 중점을 두고 메가시티 정책을 추진해나간다는 방침을 밝혔다. 각 지자체 역시 지방소멸 위기를 극복하기 위해 인접 지역과 협력해 메가시티 추진에 적극적으로 나서고 있다.

메가시티

핵심도시를 중심으로 일일생활이 가능하도록 기능적으로 연결된 대도시권으로 글로벌 비즈니스가 가능한 인구 1,000만명 이상의 거대도시를 가리킨다. 핵심도시의 생활, 경제, 문화 등이 기능적으로 연결돼 일일생활권이 형성된 주변 도시를 모두 포함한다. 인구 1,000만명 이상이 거주하는 메트로폴리탄들이 긴밀하게 결합되어 형성된 단일 생활공간을 뜻하는 '메타시티'와는 구분되는 개념이다.

메가시티 추진, 지자체 이견·주민반대·계엄 등 변수

이처럼 행정통합 또는 경제동맹 등을 통한 메가시티 조성 구호가 잇따르고 있지만, 지자체 간 의견 불합치, 주민반대 등으로 사업진행이 순탄치만은 않다. 충청권에서는 광역연합과 행정통합 문제를 놓고 시장 및 도지사들 사이에서 다른 의견이 제기됐다. 김태흠 충남지사는 "광역연합은 행정통합 이전의 단계로 대전과 충남이 먼저 행정통합을 이룬 뒤 세종과 충북까지 함께 행정통합을 이룰 수 있는 단계로 발

전시켜야 한다"고 했다. 이와 달리 최민호 세종시장은 "세종시는 행정수도로서 독자적인 입지와 독립적인 지위를 갖는 것이 바람직하다"고 밝혔다.

대구·경북에서도 지난해 10월 양 시도, 행안부 등의 행정통합안 합의문 발표·서명 후 주민설명회가 잇따랐지만, 경북 북부권의 반대에 부딪혔다. 행정통합 동의안이 대구시의회에서는 통과했으나, 경북도의회에는 제출도 되지 않아 도의회 동의절차를 밟지 못했다. 전북도가 추진하는 새만금특별지방자치단체도 지자체 간 새만금 관할권 분쟁이 여전한 데다 관련된 3개 시군의 이해관계가 달라 추진이 원활하지 않을 것이란 의견이 나왔다.

에 사망했는데, 범인의 차량에서는 폭발물과 함께 ISIS*(Islamic State in Iraq and Syria) 깃발이 발견됨에 따라 연방수사국(FBI) 등 수사당국은 이 사건이 테러일 가능성에 무게를 두고 테러조직 연계 등 공범 여부 수사에 나섰다.

ISIS

수니파 이슬람 근본주의 국가를 표방하는 극단적인 수니파 이슬람 원리주의 무장단체 이슬람국가(IS)의 또 다른 명칭이다. 2013년 4월 시리아로 활동영역을 넓힌 뒤 바꾼 명칭인 '이라크-샴 이슬람국가(ISIS)'가 기원이다. '샴'은 고대 시리아 일대를 뜻하는데, 이는 현재의 시리아와 레바논, 요르단 등을 포괄한다. 그래서 '샴' 대신 시리아를 사용하기도 하고, 이 지역을 뜻하는 '레반트(Levant)'를 사용해 '이라크-레반트 이슬람국가(ISIL)'로 표기하기도 한다.

HOT ISSUE 11위

새해 첫날 전 세계
테러·방화·총격·전쟁으로 얼룩

2025년 1월 1일 전 세계 곳곳이 각종 테러와 총기난사, 방화 등으로 얼룩지며 사상자가 속출했다. 여기에 1년 넘게 이어지는 중동 가자지구에 대한 이스라엘의 무차별 공습까지 재개되면서 많은 인명피해가 발생했다.

세계 곳곳에서 '묻지마 테러'

피로 얼룩진 새해 첫날은 미국 뉴올리언스의 번화가인 프렌치 쿼터(French Quarter)의 버번가(Bourbon Street)에서 시작됐다. 신년맞이를 위해 모인 인파 속으로 갑자기 픽업트럭 한 대가 돌진했다. 이 사건으로 15명이 숨지고 30명 넘게 다쳤다. 범인은 텍사스 출신의 42세 퇴역군인으로 경찰과 총격전 끝

뉴올리언스 버번가의 참사현장

라스베이거스에서는 오전 8시 40분께 테슬라의 사이버 트럭에서 불이 나 1명이 숨지고 7명이 다쳤다. 화재장소는 라스베이거스의 트럼프 인터내셔널 호텔 입구 발레 주차구역으로 구체적인 화재경위는 알려지지 않았지만, 도널드 트럼프 미국 대통령 가족이 운영하는 트럼프재단과 미국 사업가 필 러핀이 공동소유하고 있는 호텔이어서 수사당국은 정치적 목적의 범행 가능성을 배제할 수 없다고 밝혔다. 총기난사 사건도 있었다. 밤 11시 20분께 뉴욕시 퀸스의 한 나이트클럽 인근에서 한 남성이 자리를 떠나던 군중을 향해 총기를 난사해 최소 11명이 다쳤다.

미국뿐만이 아니다. 프랑스에서는 신년맞이 행사 중 전국에서 방화사건이 잇따라 발생하면서 차량 1,000대가 불에 탔으며, 당국은 차량에 불을 지른 혐의로 420명을 체포해 310명을 구금했다. 뉴질랜드에서도 순찰 중인 두 명의 경찰관을 노린 차량돌진 사건이 발생해 경찰관 한 명이 사망했으며, 덴마크에서는 새해폭죽이 머리에서 폭발하면서 20대 남성이 사망하는 등 전국에서 관련 행사로 인해 20여 명이 다쳤다. 동유럽 몬테네그로에서는 바에서의 다툼으로 감정이 격해진 용의자가 집에서 총을 가져와 난사해 어린이를 포함해 최소 12명이 사망했다. ==희생자가 누구이건 상관없다는 식의 소위 '묻지마 테러'가 곳곳에서 발생==한 것이다.

가자지구, 1월 첫 주에만 200여 명 이상 사망

1년 넘게 이어지고 있는 이스라엘-하마스 전쟁으로 인한 피해도 이어졌다. 1월 초까지 인질 석방조건을 두고 의견차이를 좁히지 못한 채 휴전협상이 미뤄진 가운데 이스라엘은 자발리아를 비롯한 가자지구 북부 도시들에 대규모 공습을 감행, 1일에만 최소 30여 명이 숨졌다. 2일에도 최소 43명의 팔레스타인이 사망했고, 특히 인도주의적 민간인 안전지대로 지정된 알마와시 텐트촌에서도 11명이 사망했다. 텐트촌 희생자 중에는 다수의 여성과 어린이들이 포함된 것으로 전해졌다. 공습은 첫 주말인 4~5일에도 이어졌으며, 100여 곳을 대상으로 한 무차별 폭격에 팔레스타인인 150명 이상이 또다시 사망했다.

이번 공습은 이스라엘과 하마스 양측이 1월 20일 도널드 트럼프 미국 대통령 취임을 앞두고 휴전협상을 벌이던 중에 이뤄졌다. 양측은 이스라엘-하마스 전쟁종식을 대선공약으로 내걸었던 트럼프 대통령의 취임 전 휴전을 마무리하겠다는 의지를 밝혔지만, 하마스 측이 인질석방의 조건으로 ==이스라엘군의 가자지구 철군과 영구적 휴전을 요구하는 데 반해 이스라엘의 네타냐후정권은 종전 후에도 가자지구를 통제==하는 방안을 추진하겠다고 밝혀 합의점을 찾는 데 어려움을 겪은 것으로 알려졌다.

한편 조 바이든 대통령의 퇴임과 함께 임기가 끝난 미국 바이든행정부는 이스라엘의 가자지구에 대한 공습이 있던 주말 '이스라엘에 80억달러 규모의 무기를 판매할 계획'을 의회에 통보했다. 이에 유엔(UN)은 이스라엘군이 사용하는 무기와 탄약의 99%가 미국과 독일에서 제공되고 있다면서 "미국과 독일이 이스라엘에 대규모 살상무기를 지원해 잠재적으로 전쟁범죄에 연루된 상태"라고 비판하고, 이런 군사지원은 국제법 위반의 소지가 있다고 지적했다.

폐허가 된 가자지구

HOT ISSUE **12위**

조국, 징역형으로 의원직 상실… 이재명 재판은 1승 1패

'자녀 입시비리'와 '청와대 감찰무마' 등 혐의로 기소된 조국 조국혁신당 전 대표가 대법원에서 징역 2년

이 확정됐다. 대법원 3부(주심 엄상필 대법관)는 12월 12일 사문서위조 및 행사, 업무방해, 청탁금지법 위반 등 혐의로 기소된 조 전 대표에게 징역 2년과 600만원의 추징명령을 선고한 원심판결을 확정했다. 2019년 12월 조 전 대표가 이 사건으로 처음 기소된 뒤 5년 만이자 2심 선고 후 10개월 만이다.

실형 확정으로 조 전 대표는 즉시 의원직이 박탈됐고, 향후 5년간 피선거권을 잃어 당장 차기대선 출마도 불가능해졌다. 선거권도 제한돼 당원자격을 잃었으며, 당 대표직에서도 물러났다. 조 전 대표의 비례대표 의원직은 총선 당시 13번 후보자였던 백선희 당 복지국가특별위원장이 승계했다. ==혁신당의 최대 자산이자 상징적 인물인 조 전 대표가 의원직을 잃고 차기대선 출마도 봉쇄==됨에 따라 당의 향후 생존 전략에도 관심이 쏠렸다.

조국혁신당 대표실을 나서는 조국 전 대표

서울중앙지방법원

징역형 확정으로 의원직·피선거권 상실

대법원은 "원심의 유죄 부분 판단에 필요한 심리를 다하지 않은 채 논리와 경험의 법칙을 위반해 자유심증주의의 한계를 벗어나거나 증거재판주의, 무죄추정 원칙, 공소권 남용, 각 범죄의 성립 등에 관한 법리오해, 판단누락, 이유불비* 등으로 판결에 영향을 미친 잘못이 없다"고 밝혔다. 조 전 대표는 이날 대법원 선고 직후 국회에서 기자회견을 열어 "선고를 겸허히 받아들인다. 법과 원칙을 지키는 시민으로서 책임을 다하겠다"며 이같이 말했다.

이유불비

재판에서 소송이 종료되고 판결에 대한 주문을 할 때에는 판결의 이유를 명시해야 하고 이를 명시하지 않으면 위법한 것으로 간주한다. 이와 같이 판결의 이유가 전부 또는 일부 존재하지 않거나, 불명확한 부분이나 불일치하는 부분이 있는 것을 이유불비(理由不備)라 한다.

위증교사 1심 무죄로 한숨 돌린 이재명 대표

한편 이재명 더불어민주당 대표는 위증교사 사건 1심에서 무죄를 선고받았다. 앞서 ==공직선거법 위반 혐의 사건에서는 의원직 상실형인 징역형이 나왔지만, '사법리스크'의 두 번째 고비였던 사건에서는 무죄가 선고==돼 희비가 극명하게 엇갈렸다. 서울중앙지법 형사합의33부는 11월 25일 위증교사 혐의로 불구속기소된 이 대표에게 무죄를 선고했다. 위증교사 정범으로 기소된 고(故) 김병량 전 성남시장의 비서 출신 김진성 씨에게는 벌금 500만원이 선고됐다.

재판부는 김씨의 증언에 대해 일부 유죄로 판단하면서도 이 대표의 위증교사 혐의는 모두 무죄로 판단했다. 재판부는 이 대표가 2018년 12월 22~24일께 김씨와 통화하고 자신의 변론요지서를 전달한 것과 관련, "위증의 교사로 보기 어렵다"며 "교사의 고의가 있다고 볼 수도 없다"고 밝혔다. 또 "각 통화과정에서 나타나는 증언요청의 방식은 요청자가 필요로 하는 증언이 무엇인지에 관한 언급, 증인이 기억하거나 알고 있는 바에 대해 확인하는 방식의 통상적인 증언요청과 크게 다르지 않다"며 "자신이 필요로 하는 증언에 관해 언급했다고 해 위증을 요구했다고 보기는 어렵다"고 판단했다.

위증교사 사건 선고공판에 출석한 이재명 대표

12월 23일부터 1월 3일까지 겨울 휴가철을 맞아 잠시 중단됐던 전국 각급 법원의 재판이 재개되면서 이 대표가 얽힌 사건심리와 재판 일정이 다시 가동됐다. '대장동·위례·성남FC·백현동 의혹' 관련 재판은 1월 7일 진행됐으며, 대장동 사태의 '본류' 격인 화천대유자산관리 대주주 김만배씨와 남욱 변호사, 정영학 회계사 등 대장동 민간업자들의 배임 혐의 사건도 1월 6일 다시 열렸다. 아울러 공직선거법 위반 사건 항소심은 1월 23일 첫 공판기일이 열렸으며, 위증교사 사건의 항소심 역시 곧 시작될 것으로 전망됐다.

HOT ISSUE 13위

'트럼프 효과' 기대감 영향 … 비트코인 사상 첫 10만달러 돌파

가상화폐 대장주 비트코인이 12월 17일(현지시간) 10만 8,000달러선을 처음 돌파하며 11만 달러선에 한 걸음 다가섰다. 앞선 15일에는 10만 6,500달러대에 오른 데 이어 전날에는 10만 7,800달러대까지 오르는 등 3일 연속 신고가를 기록했다.

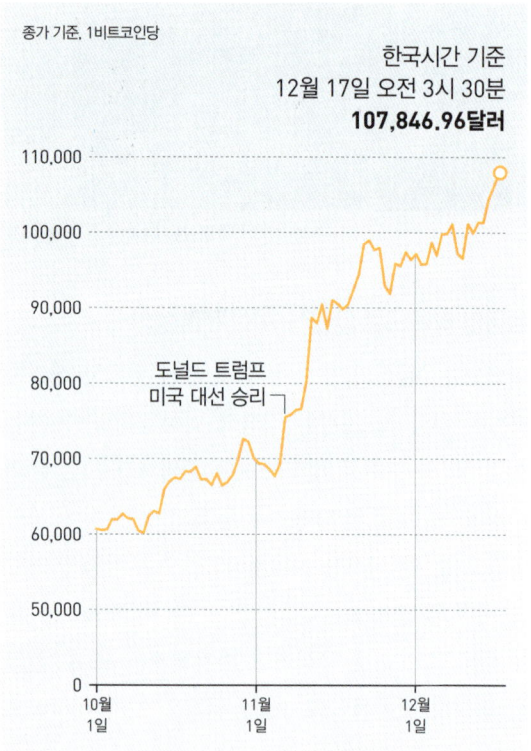

비트코인 가격 추이

자료 / 코인베이스

트럼프 언급·연준 금리인하 기대감 영향

비트코인의 상승세는 재선에 성공한 도널드 트럼프 미국 대통령이 '전략적 비축기금(Bitcoin Strategic Reserve Fund)을 추진할 것'이라고 언급한 것이 호재로 작용했다. 트럼프 대통령은 당선인 신분으로 미국 경제전문방송 CNBC와의 인터뷰에서 "미국이 석유 비축기금과 같은 비트코인 전략적 비축기금을 만들 계획이 있느냐"는 질문에 "그렇다"고 말했다. 이어 "우리는 가상화폐와 관련해 대단한 일을 할 것"이라며 "중국이나 다른 어떤 나라가 먼저 주도권을 잡게 하고 싶지 않기 때문"이라고 설명했다.

미국 연방준비제도*(Fed, 연준)의 2024년 마지막 연방공개시장위원회(FOMC)를 앞두고 금리인하가 확실시됐다는 점도 투자자들의 비트코인 매수를 자극했다. CNBC는 "금리인하는 비트코인 가격에 긍정적인 영향을 미칠 가능성이 높다"고 전망하면서 "금리하락은 또 달러약세와 통화공급 증가를 의미하며, 두 가지 모두 비트코인과 장기적인 상관관계를 보여줬다"고 덧붙였다.

연방준비제도

미국 특유의 중앙은행제도로 미국 전역을 12개 연방준비구로 나눠 각 지구에 하나씩 연방준비은행을 두고 이들을 연방준비제도이사회(FRB)가 통합·관리하는 형태. 이사회는 각 연방은행의 운영을 관리하고 미국 금융정책을 결정한다. 그러나 화폐 공급한도를 결정하는 것은 연방공개시장위원회(FOMC)이며, FRB는 FOMC와 손잡고 금융정책을 수행한다.

연준 '금리인하 속도조절' 시사 … 상승세 '찬물'

그러나 예상과 다르게 12월 18일 연준의 기준금리 인하 발표 이후 10만달러선이 무너졌다. 이날 연준이 2025년 금리인하 속도조절을 시사하고, 제롬 파월 연준 의장이 트럼프행정부에서 추진할 것으로 예상되는 비트코인의 전략적 비축에 대해 적극적으로 관여할 의사가 없다는 견해를 밝힌 데 따른 것으로 풀이됐다. 이날 금리인하 속도조절 발표 이전 10만 3,000달러~10만 4,000달러에서 움직이던 비트코인은 금리인하 발표 이후 9만 8,800달러대까지 떨어지며 큰 폭으로 하락했다.

기준금리는 예상대로 4.25~4.50%로 0.25%포인트(p) 인하됐으나 수정 경제전망에서는 2025년 기준금리 예상 인하횟수를 지난 9월 전망 때의 4회에서 2회로 줄었다. 연준은 2025년 말 기준금리(중간값)를 기존 9월 전망치(3.4%)보다 0.5%p 높은 3.9%로 제시했다. 인플레이션의 둔화세가 종전 예상에 미치지 못하고 연준 목표치(2%)보다 높은 수준에 머물러 있는 게 주된 배경이 됐다. 여기에 파월 의장의 발언이 비트코인 가격하락에 기름을 부었다. 파월 의장은 "우리는 비트코인을 소유할 수 없다"면서 비트코인 비축을 위한 법적 제도 마련에 대해서도 =="그것은 의회가 고려해야 할 사안으로 연준은 법 개정을 추진할 계획이 없다"고 선을 그었다.==

한편 업계의 상당수 플랫폼은 2025년 트럼프행정부 2기가 들어선 이후 친가상화폐 정책으로 비트코인 가격이 20만달러에 이를 것으로 기대하고 있다. 그러나 일각에서는 트럼프 대통령이 약속한 친가상화폐 정책이 실현되지 않을 경우 8만달러까지 하락할 수 있다고 전망하기도 한다. 또 비트코인의 상승세와 더불어 새로운 '가상화폐 중심' 상장지수펀드(ETF)를 내놓으려는 경쟁도 뜨거워지고 있다. 블룸버그는 "ETF 발행사들이 투자자를 가상화폐 열풍으로 유도하기 위해 더 창의적이고 잠재적으로 더 위험한 방법을 찾고 있다"고 전했다.

HOT ISSUE

14위

유럽 각국 정상들 비난 봇물, "머스크, 내정간섭 말라"

일론 머스크 테슬라 최고경영자(CEO)가 키어 스타머 영국 총리와 노동당 정부를 겨냥해 공세를 퍼부은 것을 비롯해 유럽 각국을 상대로 한 정치간섭을 노골화해 유럽 정계가 시끄러운 가운데 영국 총선에 앞서 키어 스타머 총리를 끌어내리는 방안까지 측근들과 비밀리에 논의했다고 알려지면서 논란이 커지고 있다.

일론 머스크 테슬라 최고경영자

"비열한 노동당" 외치는 머스크, 극우 첨병 자처

머스크는 1월 2일부터 엑스(X, 옛 트위터)에 과거 영국에서 장기간 벌어진 미성년자 성착취사건*에 영국정부가 대응에 실패했다는 주장을 담은 수십 개 글을 쏟아냈다. 특히 스타머 총리가 왕립검찰청 청장이었던 시절 사건을 은폐했다며 "(스타머 총리가) 범죄에 연루됐다. 비열하다"는 인신공격성 언급도 계속했고, "노동당정부가 중앙정부 차원의 진상조사를 거부한다"며 집권당에 대한 맹공도 펼쳤다. 그러면서 영국의 조기총선을 촉구하고 "미국이 독재정부로부터 영국민을 해방해야 한다"고 주장했다.

미성년자 성착취사건

로더럼, 로치데일, 올덤 등의 범죄조직이 장기간 10대 소녀 다수를 그루밍수법으로 성착취한 사건이다. 2010년대 초반 잇달아 수면 위로 떠올랐는데, 아동전문가 알렉시스 제이 스트래스클라이드대 교수가 이끄는 독립조사위원회의 2014년 보고서에 따르면 로더럼에서만 1997~2013년 1,400여 명이 성착취를 당했다. 이후 경찰이나 사회복지서비스 등 지역기관의 대응 실패로 수사나 기소가 되지 않은 사례가 상당수라는 지적이 계속됐다. 범인 대다수가 파키스탄계인 사건의 경우 인종 문제가 당국의 미온적 대응에 영향을 미쳤다는 비판도 있었다.

이에 스타머 총리는 6일 기자회견을 열고 당시 관련 사건들을 적극적으로 다뤘다며 머스크의 주장은 "선을 넘은 것"이고 "거짓말과 허위정보"라고 강하게 반박했다. 또한 케미 베이드녹 보수당 대표를 비롯한 보수당 인사들이 머스크의 게시물 이후 문제의 미성년자 성착취사건에 대한 전면적인 전국적 조사를 촉구한 것을 두고는 머스크발 가짜뉴스를 확대재생산한다고 비판했다. 그는 "내가 참을 수 없는 건 14년간 정부에서 손 놓고 앉아 떠들기만 해놓고 관심을 끌려고 유행에 편승하고 있는 정치인들"이라며 "극우가 말하는 것을 확대한다"고 주장했다.

영국언론은 이런 사태에 대해 트럼프행정부 2기와 스타머정부의 관계에 미칠 영향에 주시하고 있다. 일간 더타임스는 "머스크는 이미 영국 내 정치적 분위기를 조성할 능력이 있음을 입증했다"며 "트럼프와 관계에 대한 더 큰 우려도 있다. ==트럼프는 이 논쟁에 개입을 자제해왔으나, 머스크와 가까운 관계라는 사실은 심각한 리스크를 제기==한다"고 지적했다.

친기업·작은정부 추구하며 유럽 내 영향력 노려

머스크는 이미 지난 12월에도 독일 보수성향 주간지 벨트암존타크에 차기총선에서 여론조사 2위를 달리고 있는 독일대안당(AfD)에 대해서는 "AfD는 독일의 유일한 희망"이라며 노골적 지지를 표하고, 프랑크발터 슈타인마이어 독일 대통령을 향해서는 반민주적 폭군이라고 비난해 논란이 된 바 있다. AfD는 유럽연합(EU) 탈퇴, 유로화 폐기 및 마르크화 재도입 등을 주창하는 강경 극우성향의 정당이다. 머스크는 스페인에 대해서도 거론했다. 1월 5일 X에 스페인 2대 도시 바르셀로나를 포함한 카탈루냐 지역에서 성범죄로 수감된 범죄자의 91.67%가 외국인이라는 현지매체의 기사를 공유한 것이다. '이민자가 강력범죄를 저지른다'는 주장을 강조하려는 의도다.

유럽 주요국 정상들은 이 같은 행위를 '내정간섭'으로 보고 일제히 비판을 쏟아냈다. 올라프 숄츠 독일 총리는 신년사에서 "독일이 어떻게 나아갈지는 국민이 결정"하는 것이라며 비판했고, 페드로 산체스 스페인 총리는 "머스크가 유럽의 제도를 공격하고 증오를 선동하며 나치즘의 후계자를 지지하도록 촉구하고 있다"고 지적했다.

대선 당시 트럼프 대통령의 지지유세를 한 일론 머스크

각국 정상들의 비판이 이어지고 있는 가운데 영국 총선에 앞서 머스크가 스타머 총리를 끌어내리는 방안에 대해 측근들과 비밀리 논의했다고 파이낸셜타임스(FT)가 9일(현지시간) 보도했다. 머스크가 다음 선거 전 영국총리를 교체하기 위해 영국의 대안정치 운동, 특히 우익포퓰리즘 정당인 영국개혁당에 대한 지지를 구축할 수 있을지에 관한 정보를 얻고자 해왔다는 것이다. 또한 영국개혁당 대표 나이절 패라지를 대체할 메커니즘과 그의 후임으로 출마할 수 있는 루퍼트 로 하원의원 등의 후보를 검토해왔다고 FT는 보도했다.

머스크가 당사국들의 반발과 국제사회의 경계 속에서도 내정간섭을 되풀이하는 원인을 두고는 트럼프를 권좌에 다시 올려놓으며 이너서클에서 자리를 잡은 머스크가 유럽에서도 비슷한 영향력 확보를 노린다는 관측이 유력하다. 민주주의, 토론, 견해차, 국가 주도 복지 등이 모두 기업활동의 걸림돌로 여기는 친기업이념을 머스크와 트럼프가 공유하고 있는 것도 한 요인으로 꼽힌다. 이들은 '권위주의적 통치가 정치적 반대를 제거하고 정부의 역할을 축소함으로써 더 효율적으로 작동한다'고 본다는 것이다.

HOT ISSUE **15위**

전 세계 첨단기술의 향연 '팡파르'… CES 2025 개최

첨단기술의 트렌드를 가늠할 수 있는 세계 최대 가전·IT(정보기술) 전시회 'CES 2025'가 1월 7일(현지시간)부터 10일까지 4일간 미국 라스베이거스 컨

벤션센터(LVCC)에서 열렸다. 미국 소비자가전협회(CTA)가 주관하는 CES는 IT와 가전을 넘어 인공지능(AI)·이동통신·반도체 등을 총망라한 기술 전시회다. AI 등 새로운 기술이 전 세계 시장의 성장을 이끌어가면서 CES의 무게감이 더해지고 있다.

AI기술·디지털 헬스케어·양자컴퓨터 등 관심

올해 주제는 '몰입(Dive In)'으로 기술을 통해 연결하고 문제를 해결하며 새로운 가능성을 발견하자는 메시지가 담겼다. 분야별로는 AI가 지난해에 이어 다시 전면에 등장해 일상에서 전방위적으로 활용되는 AI 기술이 조명됐으며, 자율주행의 모빌리티, 실제와 가상현실을 오가는 확장현실(XR), 스마트홈, 디지털 헬스케어뿐만 아니라 AI의 뒤를 잇는 기술로 주목받는 양자컴퓨팅도 관심을 끌었다.

특히 AI 붐에 가려 침체하는 듯했던 메타버스·XR 기술이 최근 산업·엔터테인먼트 업계에서 활용도를 인정받으며 어엿한 미래 신기술로 주목받았다. 한때 메타버스 붐을 가라앉혔던 **AI기술은 메타버스·XR을 보다 정교하고 비용 효율적으로 구현할 수 있도록 도와주면서 XR을 산업과 일상에서 활용하게 하려는 시도로 태세를 전환**하는 중에 있다. 이와 더불어 현실세계를 가상에 똑같이 구현해 시뮬레이션에 활용하는 디지털트윈* 기술도 차세대 기술로 주목받고 있다.

> **디지털트윈**
>
> 가상공간에 현실세계와 똑같은 대상을 만들어 다양한 시뮬레이션을 거치면서 검증하는 기술을 말한다. 미국의 가전업체인 제너럴 일렉트릭(GE)이 제시한 개념으로서 2000년대 들어 제조업에 도입된 것을 시작으로 항공, 건설, 헬스케어, 에너지, 국방, 도시설계 등 다양한 분야에서 활용되고 있다. 실제 제품을 만들어 출시하기 전 장비나 시스템 등의 상태를 모니터링하고, 가동 중 발생할 수 있는 다양한 상황을 예측해 사고위험을 줄이는 것을 목적으로 한다.

소니, XR 및 콘텐츠 사업전략 발표

이처럼 XR 분야가 더 이상 가상세계에 머무르지 않고 현실세계에서 활용될 방안이 구체화되면서 가상과 현실을 보다 실감 나게 이어줄 도구들도 봇물 터지듯 쏟아졌다. 가장 주목을 받은 제품은 소니와 지멘스가 콘텐츠 창작자 및 제품 디자이너 등 전문가용으로 개발한 XR 디스플레이 기기(HMD, 헤드 마운트 디스플레이) 'SRH-S1'였다. HMD는 애플 비전프로처럼 머리에 쓰는 XR기기로 4K 마이크로 OLED 패널로 생생한 현실감을 구현하며 6개의 카메라센서를 이용해 사용자 주변의 공간을 인식한 뒤 실사와 가상을 섞은 혼합현실(MR) 콘텐츠 제작을 지원한다. 이 제품은 XR기술·액세서리 부문에서 최고혁신상의 영예를 안기도 했다.

장애인 삶 바꾸는 AI기술 '눈길'

한편 장애인과 몸이 불편한 고령층에게 희망이 되는 첨단기술도 대거 소개됐다. AI기술이 각종 기기와 제품에 접목되면서 장애 등으로 인한 불편을 줄이고 삶의 질을 높이는 기술이 진일보한 것이다. 청력 기능이 떨어진 이들을 돕기 위한 오디오 기능을 갖춘 스마트 안경과 황반변성 등으로 망막이 손상된 이들을 위한 스마트 안경, 시각장애인과 저시력자들을 위한 길 안내 기술, 음성을 수어로 바꿔 통화를 원활하게 해주는 기술, 자율주행 휠체어 등이 관람객들의 눈길을 끌었다.

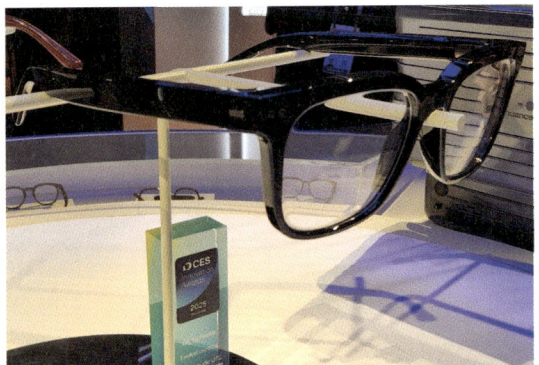

미국 에실로룩소티카의 청각장애 보조 스마트 안경

CES에서는 해가 갈수록 장애인과 고령층을 위한 기술혁신에 힘을 주고 있다. 사실상 CES가 첨단기술의 격전장이자 미래 세계경제 패권의 전망대 역할을 하는 가운데 혁신의 명분으로 인간 삶의 질적 향상을 내세우고 있다. 게리 샤피로 CTA 회장은 개막연설에서 "기술이 경제성장을 촉진하고 산업을 변화시키는 큰 그림도 중요하지만, ==기술이 개인의 삶을 어떻게 변화시키는지에 대해 논의하는 것 역시 필수적=="이라고 말했다.

HOT ISSUE 16위

'5명 중 1명 노인' 초고령시대 … 기초연금 선정기준 조정 필요

기초연금*을 받을 수 있는 선정기준금액이 해마다 계속 오르면서 기초연금 수급대상도 확대되고 있다. 그러나 재정적인 측면을 고려했을 때 급격한 고령화로 이미 초고령사회에 진입한 상황에서 현행 제도의 유지가 어려울 것으로 전망돼 제도개선이 필요하다는 목소리가 높아지고 있다.

> **기초연금**
> 65세 이상 노인 중에서 소득 하위 70%에게 전액 조세로 지급하는 연금으로 노인가구의 월 소득인정액(근로·연금·기타 소득과 재산 등을 합산한 금액)이 선정기준액보다 적으면 받을 수 있다. 정부는 기초연금 수급자가 70% 수준이 되도록 소득·재산 수준, 생활실태, 물가상승률 등을 종합적으로 고려해 매년 선정기준액을 정해 고시한다.

선정기준액 매년 상향조정되고 각종 공제 적용

기초연금 수급자격이 주어지는 선정기준액은 노인 단독가구 기준 2014년 87만원으로 시작해 꾸준히 오르면서 2024년에는 213만원까지 인상됐다. 올해는 228만원으로 작년 대비 15만원이 더 올랐는데, 65세 이상 노인의 근로소득이 2023년보다 11.4%, 공적연금 소득이 12.5% 상승한 영향이 크다.

이런 현상이 생긴 까닭은 ==노인에 편입되는 베이비붐 세대가 이전과 비교해 어느 정도 노후준비를 해서 소득·자산 수준이 높기 때문==이다. 소득·자산이 높은 사람들이 쏟아지니 평균이 올라가면서 선정기준이 급격히 높아진 것이다. 게다가 이들의 실제 소득수준은 소득인정액보다 훨씬 높다. 소득인정액은 실제 소득·재산에서 공제할 것을 공제한 금액이다. 정부는 전체 노인의 소득·재산 증가에 맞춰 소득 하위 70%라는 기초연금 목표수급률을 달성하고자 월 소득인정액을 계산하는 과정에서 소득이나 재산에서 일정 금액을 빼주는 공제를 계속 확대했다.

기초연금 연도별 선정기준액

연도	단독가구	부부가구
2020년	148만원	236.8만원
2021년	169만원	270.4만원
2022년	180만원	288만원
2023년	202만원	323.2만원
2024년	213만원	340.8만원
2025년	228만원	364.8만원

자료 / 보건복지부

예를 들어 소득인정액 산정 때 반영되는 근로소득의 경우 상시 근로소득만 인정될 뿐 일용근로와 공공일자리(노인일자리 포함), 자활 근로소득은 전액 빠진다. 게다가 상시 근로소득 자체도 최저임금과 연동해서 112만원(2025년 기준)을 기본공제하고 여기에 30%를 추가공제하기 때문에 실제소득과 차이가 크다. 일반재산을 소득으로 환산할 때도 기본재산액 공제를 통해 거주지역에 따라 대도시 1억 3,500만원, 중소도시 8,500만원, 농어촌 7,250만원을 각각 빼준다. 금융재산에서는 2,000만원을 공제해주고 부채도 넣지 않는다.

이론상 월 745만원 버는 맞벌이 노인 부부도 수급

이런 소득인정액 산정방식에 따라 다른 재산과 소득이 하나도 없고 오직 상시 근로소득만 있다고 가정할 때 2025년 기준 이론적으로 독거노인이 최고 월 437만원 정도를 벌어도 기초연금을 탈 수 있다는 계산이 나온다. 구체적으로 월 437만원의 상시 근로소득을 올리는 홀로 사는 노인의 경우 112만원을 빼면 325만원, 여기에 0.7을 곱한 227만 5,000원이 소득인정액이다. 그래서 홀로 사는 노인이 매달 437만원을 벌어도 소득인정액은 228만원 이하여서 기초연금을 받는 것이다. 맞벌이 노인부부의 경우에도 상시 근로소득만 있다는 가정 아래 월 745만원을 벌어도 기초연금 수급대상이 된다. 연 9,000만원에 가까운 소득을 올리는 노인 부부가구도 기초연금을 수령할 수 있다는 말이다.

이처럼 상당 수준의 소득을 가진 노인에게도 세금으로 기초연금을 줄 수 있다는 것 때문에 대부분 전문가는 기초연금 지급기준과 대상규모를 손질해야 한다고 지적한다. ==선정기준을 고쳐서 노후 빈곤선 이하 노인에게만 주는 방향으로 기초연금 수급자를 서서히 줄여나가는 방안을 검토==해야 한다는 것이다.

또 현재의 기초연금제도는 급격한 저출산·고령화로 인해 재정적으로 계속 유지하기 어렵다는 게 대부분 전문가의 진단이다. 정부는 기초연금 수급자는 올해 약 736만명으로 확대되고, 관련 예산은 26조 1,000억원에 이를 것으로 예상했다. 우리나라 복지사업 중 가장 많은 금액이다.

여기에 우리나라는 지난해 12월 말 65세 이상 주민등록 인구가 1,024만 4,550명으로 전체 주민등록 인구(5,122만 1,286명)의 20%를 차지하며 초고령사회에 들어섰다. 이런 상황에서 기초연금을 지금처럼 주려면 2080년 312조원, 국내총생산(GDP)의 약 3.6%에 달하는 재정이 필요한 것으로 파악됐다.

HOT ISSUE

프랑스·독일, '총리 불신임' … 내각 총사퇴

지난 12월 4일(현지시간) 극우 국민연합(RN)과 좌파연합(신인민전선)의 거대야당이 이끄는 프랑스하원이 미셸 바르니에 총리에 대한 불신임안을 통과시켰다. 이에 따라 바르니에 전 총리와 그가 이끌던 프랑스정부 내각이 출범 3개월 만에 총사퇴했다. 그런데 2주 만에 이루어진 프랑수아 바이루 프랑스 신임 총리와 34명의 내각 명단 승인을 두고도 또다시 좌파 야당이 반발하고 있다.

프랑스, 62년 만에 내각 붕괴

프랑스정부 내각이 하원의 불신임안 가결로 붕괴한 것은 조르주 퐁피두 대통령 임기 때인 1962년 이후 62년 만이자 1958년에 탄생한 프랑스 제5공화국 역사상 두 번째다. 이번 불신임안은 바르니에 전 총리가 앞선 2일 정부가 의회의 표결 없이 단독 입법할 수 있도록 하는 헌법 49조 3항*을 발동하면서 제기됐다. 그가 지난해 10월 내놓은 2025년 예산안과 관련 법안이 야당의 거센 반대에 막혀 처리되지 못한 데 따른 것이다.

프랑스 헌법 제49조 3항

내각이 하원인 국민의회에 원하는 법안을 표결 없이 통과시킬 것을 요구할 수 있게 해주는 법적 근거로서 국민의회의 과반수 의석을 확보하지 못한 소수 내각을 위한 독특하고 예외적인 제도다. 3~4공화국의 고질병이었던 내각의 불안정을 방지하기 위해 마련됐다. 그러나 1962년 이래 대통령직선제 도입 등과 함께 의회의 심의권과 위상을 과도하게 약화시키고 행정부의 권한을 과도하게 강화시키는 요소 중 하나가 됐다. 국민의회가 해당 요구를 막으려면 해산의 위험을 무릅쓰고 내각불신임안을 가결하는 것이 유일한 수단이다.

바르니에 전 총리의 예산안은 재정적자 해소를 위해 400억유로(약 60조원)의 공공지출을 절감하고 대기업과 부유층을 대상으로 200억유로(약 30조원) 규모의 증세를 하는 것이 골자다. 그러나 야당은 예산안이 프랑스 국민과 기업의 고통을 가중시킨다면서 반대했다.

임명 3개월 만에 사퇴한 미셸 바르니에 전 총리

극우·극좌가 중심이 된 야권은 이번 불신임안 가결에 "민주주의의 새 역사를 썼다"며 의미를 부여했다. 특히 극좌 '굴복하지 않은 프랑스(LFI)'의 마틸드 파노 원내대표는 "바르니에정부가 폭력적인 예산과 함께 몰락했다. 오늘은 역사적인 날이다"라고 자평하며 "이 모든 혼란의 원인인 마크롱 대통령이 퇴진해야 한다"고 주장했다.

이에 에마뉘엘 마크롱 대통령은 "프랑스 국민이 나에게 민주적으로 위임해준 임기는 5년이며, 이를 충실히 이행할 것"이라고 응수했으며, 불신임에 대해서는 "유권자들을 모욕한 것"이라며 맹비난했다. 또한 불신임안이 가결된지 열흘도 채 지나지 않아 신임 총리 및 내각을 임명하는 등 발 빠르게 대응했다. 내각 해산으로 2025년도 예산안을 처리하지 못한 것에 대해서는 국가의 정상적인 기능유지를 내걸고 특별법을 제정했다.

독일·오스트리아·캐나다 총리들도 퇴진·사임

총리 및 내각이 위기에 처한 국가는 프랑스만이 아니다. 독일의 올라프 숄츠 총리도 12월 16일 그가 발의한 신임안 표결이 연방의회에서 부결됨에 따라 불신임이 확정됐다. 결국 숄츠 총리가 속한 사회민주당(SPD)을 비롯해 녹색당·자유민주당(FDP)으로 구성된 '신호등 연정' 체제는 3년 만에 붕괴했고, 이로써 차기총선은 2025년 9월에서 2월로 앞당겨지게 됐다. 일단 숄츠 총리는 연임에 도전하고 있지만, 총선 승리는 어려울 것으로 전망된다.

프랑스에 이어 독일까지 내각이 붕괴하자 당장 수많은 안보·경제 도전에 직면한 유럽연합(EU)이 지도력 부재로 위기에 처할 것이라는 불안감이 커지고 있다. 뉴욕타임스(NYT)는 유럽 정치·경제의 두 중심축인 독일과 프랑스가 정치적 혼란을 겪고 있는 것을 두고 <mark>1월 도널드 트럼프 미국 대통령 취임을 앞두고 수많은 안보·경제적 도전과제에 맞닥뜨린 EU 전체를 위기에 빠뜨릴 것</mark>이라고 전했다.

연방의회에서 불신임당한 올라프 숄츠 독일 총리

트럼프 대통령은 후보 시절부터 유럽 동맹국들이 방위비를 충분히 분담하지 않으면 북대서양조약기구(NATO, 나토) 탈퇴를 고려하겠다고 위협했고, 우크라이나 지원에도 부정적인 입장이었다. 트럼프발 관세폭탄도 눈앞에 두고 있다. EU가 위기에 처한 상황에서 보통 독일과 프랑스가 미국과의 협상을 주도했지만, 두 나라 모두 정치적 혼란에 휘말리면서 당장 트럼프 대통령을 상대할 지도력에 구멍이 뚫린 것이다.

여기에 새해 들어서는 총선에서 1당이 된 극우정당을 빼고 중도·좌파 정당끼리 연립정부를 구성하려다 실패한 카를 네하머 오스트리아 총리와 트럼프 대통령의 관세위협에 적절하게 대응하지 못한다는 국내비판에 시달려 온 쥐스탱 트뤼도 캐나다 총리까지 사임을 발표해 트럼프 대통령 취임 후 서방세계의 정치적 혼란은 더 커질 것이라는 전망이 나온다.

HOT ISSUE **18위**

소득세법 국회 통과,
금투세 폐지로 가상자산 과세 유예돼

2025년부터 시행될 예정이던 금융투자소득세(금투세)가 폐지되고, 가상자산 과세는 2년 뒤로 미뤄졌다. 국회는 지난 2024년 12월 10일 본회의를 열어 이런 내용의 소득세법 개정안을 비롯해 2025년도 예산안과 함께 처리하는 부수법안 20건을 의결했다.

본회의를 통과한 금투세 폐지·가상자산 과세 유예법안

소득세법 개정안은 5,000만원이 넘는 주식·채권·펀드·파생상품 등 금융투자소득에 매기는 금투세를 폐지하고, 가상자산 소득 과세 시행일을 2025년 1월 1일에서 2027년 1월 1일로 2년 유예하는 내용이 골자다.

금투세 폐지와 유예, 도입 사이에서 갈팡질팡

금투세 도입을 골자로 한 개정 소득세법은 2년 유예 기간을 거쳐 2025년 1월 1일 시행될 예정이었다. 그러나 정부·여당은 투자자 부담과 시장 선진화 저해를 이유로 금투세 폐지를 주장해온 반면 야당 내에서는 부자감세는 안 된다면서 원칙대로 도입해야 한다는 주장이 적지 않았다. 이처럼 금투세가 도입을 불과 2개월 앞두고도 도입과 폐지, 유예와 보완 사이에서 갈피를 잡지 못하면서 투자자들의 혼선도 끊이지 않았다. 이런 상황에서 정부·여당의 방침에 지난해 11월 이재명 더불어민주당 대표가 동의하면서 금투세는 폐지로 가닥이 잡혔다.

여의도 증권가

금투세가 폐지수순을 밟게 되자 증권업계와 개인투자자들은 일제히 환영의 뜻을 밝혔다. 이들은 이번 결정으로 국내증시 투자심리가 되살아나고 부진했던 지수가 반전의 계기를 만들 수 있을 것이라는 기대감을 내비쳤다. 다만 세제개선과 별개로 글로벌경기와 반도체 등 국내주력산업, 기업 펀더멘털*이 뒷받침되지 않으면 이런 기대가 현실이 될 수 없다는 지적도 나왔다. 금투세보다도 국내기업과 금융시장의 본질적 체력강화가 증시상승을 위해 가장 중요하다는 것이다.

> **펀더멘털**
>
> 본래는 영단어로 '근본적인, 기본적인(Fundamental)'이라는 의미를 갖고 있다. 그러나 경제 분야에서는 한 국가나 기업의 경제적 상황을 표현할 수 있는 기초적인 정보를 뜻하는 용어로 쓰인다. 성장률과 물가상승률, 실업률 등 주요 거시경제지표를 표현하는 것이다. 펀더멘털은 환율변동과 연관돼 사용되는 경우가 많은데, 중장기적으로는 환율이 펀더멘털에 영향을 받지만 단기적으로는 펀더멘털이 어떻게 변화할지 예상하고 환율이 변동한다.

상속세·증여세법 개정안은 여야 이견으로 부결돼

한편 이날 국회에서는 금투세 폐지를 비롯해 기업이 근로자나 그 배우자의 출산 때 자녀가 태어난 이후 2년 이내 최대 두 차례에 걸쳐 지급하는 급여에 전액 과세하지 않도록 하는 기업의 출산지원금 근로소득 비과세 규정도 통과됐다. 자녀세액공제 금액도 확대됐다. 양육비 부담완화를 위해 8세 이상 자녀 및 손·자녀에 대한 연간 세액공제 금액이 자녀 1명당 10만원씩 확대된다.

부자감세안 등 폐기 촉구하는 경제정의실천시민연합

여야가 이견을 보인 상속세·증여세법 개정안은 재석 281명 중 찬성 98명, 반대 180명, 기권 3명으로 부결됐다. 정부가 제출한 개정안은 현행 50% 최고세율이 적용되는 30억원 초과 과표구간을 삭제하고, 과세표준 10억원 초과구간에 40% 세율을 적용한다. 최고세율을 50%에서 40%로 낮추는 것이다. 또 10%의 최저세율이 적용되는 과표구간을 1억원 이하에서 2억원 이하로 확대하는 내용이 담겼다.

개정안에는 상속세 자녀공제를 현행 1인당 5,000만원에서 5억원으로 상향하고, 상속·증여재산을 평가할 때 최대주주나 최대출자자 등의 주식 또는 출자지분을 평가한 가액에서 20%를 할증하던 것을 폐지하는 내용도 포함됐다. 여당은 물가·자산가격 상승 등에 맞춰 오래된 상속세제를 개편하자고 찬성했지만, 야당은 상속세 최고세율 인하와 가업 상속공제 확대 등을 '초부자 감세'로 규정하고 반대했다.

HOT ISSUE 19위

북한군, 우크라 전장에 본격 투입 … 젤렌스키, '북한군 떼죽음' 주장

러시아 쿠르스크 전선에 파병된 북한군이 불과 이틀 사이에 1개 대대가 전멸하는 손실을 입었다고 볼로디미르 젤렌스키 우크라이나 대통령이 주장했다. 2025년 1월 4일(현지시간) 로이터통신*과 우크라이나 매체 RBC 등에 따르면 젤렌스키 대통령은 이날 밤 정례영상연설을 통해 쿠르스크주 마흐놉카 마을에서 전투가 벌어졌다며 이같이 밝혔다. 그는 "3~4일 마흐놉카 인근에서 러시아군이 북한군 보병과 러시아 낙하산 부대로 이뤄진 1개 대대를 잃었다"며 "의미 있는 일"이라고 밝혔다. 다만 그는 구체적인 설명을 추가로 내놓지는 않았다.

로이터통신

1851년 설립돼 영국의 뉴스 및 정보를 제공하는 국제통신사다. 정확하고 신속한 보도가 강점이며 금융정보 제공의 비중이 크다. 참고로 통신사란 독자적인 취재조직을 가지고 뉴스와 기사자료를 수집해서 신문사·방송국과 계약을 맺고 뉴스를 제공하는 기구를 말한다. 로이터는 흔히 세계 4대 통신사로 불리기도 하는데 다른 세계적 통신사에는 AP, UPI, AFP가 있다.

젤렌스키, "북한군 사상자 3,000명 넘어"

로이터통신은 젤렌스키가 언급한 '1개 대대'가 일반적으로 수백명 단위를 의미한다고 설명했다. 북한은 쿠르스크 지역에 약 1만 1,000명의 병력을 파견했지만, ==낯선 전쟁환경과 지원부족 속에서 총알받이로 내몰려 큰 손실을 겪고 있는 것으로 알려졌다.== 젤렌스키 대통령은 2024년 12월 23일 기준으로 북한군 사상자가 3,000명을 넘겼다고 주장했다. 다만 북한군 참전에 힘입은 러시아군은 다수의 사상자를 감수하고 병력을 거듭 투입하는 인해전술 방식으로 지친 우크라이나를 몰아붙이고 있는 것으로 전해졌다.

러시아 쿠르스크에 배치된 북한군

한편 이역만리 전장에서 북한군이 겪는다는 참상도 하나둘 공개됐다. 북한군은 사실상 '인간미끼'나 '총알받이'로 내몰리고 있는 데다가 포로로 잡히면 고국의 가족들이 보복당할 수 있다는 두려움에 스스로 목숨을 끊는다는 정보가 미국정부 쪽에서 나온 것이다. 투항을 막기 위해 자기편을 처형하기도 했다는 참혹한 정보도 전해졌다. 북한군 고위장교가 막대한 북한군 병력손실의 원인을 조사하기 위해 러시아 쿠르스크주에 파견됐다는 우크라이나 매체발 보도도 있었다.

쿠르스크 지역의 전황은 우크라에 불리해

그러나 한편으로는 북한군이 투입된 쿠르스크 지역의 전황이 우크라이나에 급격하게 불리해지고 있다는 시각도 있다. 블룸버그 통신은 12월 28일(현지시간) 미국 당국자들의 발언을 인용해 현재 우크라이나가 쿠르스크 점령지역의 절반을 상실했고, 몇 달 내 나머지 영토도 잃을 수 있다고 보도했다. 러시아가 1월부터 쿠르스크에 대한 본격적인 공세를 펼칠 가능성이 있고, 우크라이나가 2025년 봄까지 퇴각하지 않는다면 포위될 위험이 있다는 것이다.

쿠르스크 지역에 방치된 러시아군 탱크

우크라이나가 2024년 8월 기습적으로 점령한 쿠르스크는 향후 러시아와의 종전협상에서도 유리한 카드가 될 것이라는 평가를 받는다. 그러나 러시아는 5만명 이상의 병력을 배치하는 등 필사적인 탈환작전을 벌이고 있다. 탈환작전이 시작되면서 러시아군과 북한군뿐만 아니라 우크라이나군에서도 수천명의 사상자가 발생한 것으로 알려졌다. 우크라이나군의 사기가 저하되면서 쿠르스크 점령의 필요성 자체에 의문을 제기하는 목소리도 나왔다. 젤렌스키 대통령이 쿠르스크 사수라는 도박을 할 경우 나머지 전선에서 불리한 상황에 처할 수 있다는 것이다.

아울러 북한군의 추가파병은 우크라이나군의 수세가 관측되는 상황에서 중대변수로 작용할 수도 있다. 한 미국 당국자는 러시아가 대규모 반격을 개시한다면 북한이 2025년 봄까지 추가로 8,000명의 병력을 파병할 가능성도 있다고 언급했다. 다만 이 당국자는 추가파병 정보에 대한 신뢰도는 낮다고 선을 그었다.

HOT ISSUE 20위

남쪽은 한파, 서쪽은 돌풍 … 미국, 혹독한 겨울

새해 초부터 미국과 유럽에 동시다발적으로 눈보라와 한파가 몰아닥치면서 사고가 속출하고 고속도로와 항공편 등 주요 교통망이 마비됐다. 특히 미국은 한파에 이어 서부에 허리케인급 돌풍으로 인한 대형 산불까지 겹치면서 혹독한 겨울을 겪고 있다.

북극 한파·눈보라 … 북반구 얼어붙어

1월 5일 미국 중부를 중심으로 동부에 이르기까지 지난 10년 사이에 가장 많은 눈이 내렸다. 캔자스주 일부 지역에 25cm의 눈이 내렸고 켄터키주 루이빌에서 1910년 이후 가장 많은 19.5cm의 적설량이, 같은 주 렉싱턴에서는 12.7cm의 적설량이 각각 기록됐다. 눈보라는 동부까지 이어져 오하이오주부터 워싱턴DC에 이르는 지역에도 15~30cm의 많은 눈이 내렸다.

폭설 내린 미국 켄터키주

폭설로 인한 교통사고 등 각종 피해도 속출했다. 버지니아주에서 135건의 차량 충돌사고가 발생한 것을 비롯해 인디애나, 캔자스, 켄터키주 등에서 수백 건의 차량사고가 신고됐다. 폭설에 교통망도 마비됐다. 미주리주에서는 600여 명의 운전자가 고속도로에서 발이 묶였고, 전국적으로 철도 20여 편이 취소됐다. 항공편은 2,200편 가까이 결항하고 2만 5,000편 넘게 지연됐다. 피해가 속출하자 캔자스, 켄터키, 아칸소, 메릴랜드, 일리노이, 웨스트버지니아, 버지니아 등 주정부는 비상사태를 선포하고 주민들에게 외출을 자제할 것을 권고했다.

이 때문에 <mark>석유 및 가스 시추공과 파이프가 얼어붙는 현상으로 인한 가스공급 차질에 대한 우려</mark>가 커졌다. 2022년 2월 텍사스에서는 한파로 인해 수백만명이 며칠간 전력, 수도, 난방을 이용하지 못한 사례가 발생한 바 있다. 당시 200명 이상의 사망자가 보고됐다.

미 서부, '악마의 바람'을 타고 연쇄 산불

반면 미국 서부는 1월 7일 동시다발적으로 대형산불이 발생해 인명피해를 낳고 주민 수만명이 대피해야 했다. 특히 로스앤젤레스(LA) 해안가 부촌지역인 퍼시픽 팰리세이드를 시작으로 동부 파세데나 북쪽 이튼 지역과 북부 실마 지역 등 5곳에서 연이어 발생한 화재로 17일까지 최소 27명이 숨지고 7,500채 이상의 건물이 소실됐으며 18만명 이상이 대피명령을 받았다. 첫 산불이 <mark>샌타애나 바람</mark>*을 타고 번지는 가운데 추가로 크고 작은 다른 산불들이 이어지며 대응할 수 없는 수준으로 치달았다.

샌타애나 바람

모하비사막과 미국 서부 내륙의 대분지에서 형성된 고기압이 시에라네바다산맥의 좁은 산악지형과 협곡을 통과하며 속도가 빨라지고 습기를 잃으면서 점점 뜨거워진 상태로 태평양 연안 지역으로 하강하는 돌풍이다. 보통 태평양에서 불어오는 차고 습한 바람(온쇼어 흐름)과 반대방향으로 움직인다. 일반적으로 매년 약 10~25건이 발생하는데, 평균적으로 강풍은 3일간 지속되며, 풍속은 시속 64km를 초과하는 경우가 많다. 뜨겁고 건조한 바람이 가뭄상황에서 산림화재를 심각하게 악화시켜 '악마의 바람'이라고도 불린다.

CNN 집계에 따르면 화재 발생 하루 만에 팰리세이드 산불로 1만 5,832에이커(약 64km^2)가 불에 탔고, 이튼 산불로 1만 600에이커(약 43km^2)가 소실돼 총 여의도 면적(4.5km^2)의 25배 가까운 110km^2 이상을 화마가 집어삼킨 것으로 확인됐다. 그러나 갑작스럽게 방향을 바꾸면서 강력하게 불어대는 돌풍과 지난해 여름 최악의 가뭄으로 인한 소방용수 부족으로 진화에 어려움을 겪고 있다. 이에 AP통신은 주택 600여 개의 건물이 불에 탄 2008년 실마 화재, 주택 500여 채가 소실됐던 1961년 벨에어 화재에 이어 가장 파괴적인 화재 중 하나로 기록될 것으로 내다봤다. 특히 이튼 산불은 1월에 캘리포니아에

진화 시도하는 LA 소방관

서 발생한 산불로는 41년 만에 최대 규모가 될 것이라고 전했다.

한편 미국 국립해양대기청(NOAA)은 2024년 11월 1일 기준으로 2024년 한 해 동안 미국에서 발생한 피해규모 10억달러(약 1조 4,600억원) 이상 기후재난은 총 24건으로 집계됐다고 밝혔다. 유형별로는 극심한 폭풍이 17건으로 가장 많았고, 태풍이 4건, 산불 1건, 겨울폭풍이 2건이었다. 이로 인한 사망자는 최소 418명으로 집계됐다. 또한 ==NOAA는 1980년부터 2023년 사이 발생한 피해액 10억달러 이상 기후재해는 연평균 8.5건에 불과하지만, 최근 5년만 따져보면 연평균 20.4건 발생==했다며 이상기후현상이 잦아지고 강해졌다고 경고했다.

HOT ISSUE **21위**

'김상식 매직'에 베트남 열광 … 베트남, 동남아축구 우승

1월 5일(현지시간) 김상식 감독이 이끄는 베트남 남자 축구대표팀이 동남아시아 최대 축구대회인 2024 **ASEAN 미쓰비시일렉트릭컵***(이하 미쓰비시컵) 정상에 올랐다. 이에 베트남 전역이 2002년 월드컵 당시 한국을 방불케 하는 열광에 휩싸였다.

> **ASEAN 미쓰비시일렉트릭컵**
> 아세안축구연맹 주관하에 2년마다 한 번씩 개최되는 동남아시아 축구 선수권 대회. 타이틀 스폰서에 따라 명칭이 조금씩 바뀌어 1996~2024년에는 '타이거컵(싱가포르 타이거 맥주)', 2007년에는 '동남아시아축구연맹 선수권 대회', 2008~2020년에는 '스즈키컵(일본 스즈키)'으로 불렸고 2022년부터는 일본 미쓰비시전기의 후원을 받아 '미쓰비시컵'으로 불린다.

6년 만에 정상 … 거리마다 붉은 금성홍기 물결

이날 베트남은 태국 방콕 라차망칼라 스타디움에서 열린 결승 2차전 원정경기에서 태국을 상대로 3-2로 승리, 1차전과 합계스코어 5-3으로 우승했다. 경기 시작 전부터 베트남의 주요 도시 중심가마다 수많은 국민들이 길거리 응원에 나섰다. 이들은 선수들의 동작 하나하나에 환호하고 아쉬움의 탄성을 내뱉으면서 박항서 전 감독 지휘로 2018년 같은 대회에서 우승한 이후 6년 만에 동남아축구 정상 자리에 다시 오르기를 간절히 고대했다.

엎치락뒤치락하던 경기가 베트남의 승리로 끝나고 우승이 확정되자 일요일 자정 가까운 심야에도 불구하고 거리 응원을 하던 군중에 더해 무수히 많은 국민이 뛰쳐나와 길거리 축제를 벌였다. 저마다 붉은 바탕에 황금색 별이 새겨진 베트남 국기 금성홍기를 손에 들거나 몸에 두르고, 심지어 얼굴에 그려 넣은 채 몰려나와 길거리가 붉은 물결로 가득 찼다.

베트남 우승 이끈 김상식과 박항서의 '평행이론'

베트남 내에서는 이번 대회에서 대표팀을 정상으로 이끈 김상식 감독에게 '제2의 쌀딩크'라는 찬사 섞인 별명이 붙었다. 2017~2023년 베트남 대표팀을 성공적으로 이끈 박항서 감독의 뒤를 잇는다는 의미가 담긴 별명이다. 박 감독의 별명이 2002 한일 월드컵 4강신화를 지휘한 거스 히딩크 감독에 빗댄 '쌀딩크'였다. 실제로 2018년의 박 감독과 2025년의 김 감독은 공통점이 적지 않다. 두 사령탑 모두 ==국내에서는 지도자로서 내리막길을 걷다가 베트남 지휘봉을 잡은 이후 빠르게 팀을 동남아 정상에 올려놓으며 '장기집권'의 발판을 마련==했다.

2017년 9월 베트남 사령탑에 올랐던 박 감독은 다음해 1월 아시아축구연맹(AFC) U-23 챔피언십 역대 첫 준우승과 2018 자카르타·팔렘방 아시안게임 역대 첫 4강 진출의 호성적을 냈다. 이어 같은 해 11월 개막한 스즈키컵(현 미쓰비시컵)에서 우승신화를 쓰며 베트남 역대 최고명장으로 인정받았다. 김 감독이 미쓰비시컵 우승에 걸린 시간은 이보다 더 짧았다. 지난해 5월 베트남 감독으로 선임된 그는 불과 8개월 만에 팀을 동남아 챔피언으로 조련해냈다.

우승 세리머니를 펼치는 베트남 선수단과 김상식 감독

솔직한 성품으로 베트남 선수들의 마음을 파고드는 리더십도 닮은꼴이다. 박 감독은 때로는 선수들의 발을 직접 씻겨주는 자상함과 경기장에서 심판으로부터 경고를 받는 것을 불사할 정도로 다혈질적인 모습을 오가며 주목받았다. 이를 두고 현지에서는 '파파(아빠) 리더십'이라 불렀다. 반면 김 감독의 장점으로 꼽히는 선수 심리에 대한 깊은 이해도는 선수단을 빠르게 장악하는 데에 큰 도움이 됐을 것으로 보인다. 태국과 결승전에서 석연찮은 판정이 나올 때마다 불같이 화를 내던 김 감독은 우승을 확정짓자 선수들과 어울리며 춤을 추기도 했다.

다만 김 감독이 48세의 비교적 젊은 나이에 동남아 최고 사령탑으로 떠오른 반면 박 감독은 61세에 스즈키컵 우승을 이끌었고, 65세에 베트남 지휘봉을 내려놨다는 점은 차이가 있다. 만약 김 감독이 흐름을 이어간다면 그 앞에 놓이는 선택지는 점점 더 다양해질 것으로 평가된다. 김 감독은 경기 뒤 기자회견에서 "끝까지 싸워 이겨준 우리 선수들이 헌신한 부분을 항상 감사하게 생각한다"면서 "올해 있을 아시안컵 예선전, 또 연말에 있을 SEA게임(동남아시안게임) 금메달에 도전하겠다"고 말했다.

HOT ISSUE

22위

'로켓배송 독주 막는다?'…
주말배송 경쟁 본격화

CJ대한통운이 새해 첫 일요일인 1월 5일부터 주7일 배송을 시작했다. 이커머스*(E-commerce, 전자상거래) 업체는 CJ대한통운과 손잡으면 자체 물류시스템 구축 없이도 주7일 판매와 배송이 모두 가능하다. 이에 따라 '로켓배송'을 시행 중인 업계 1위 쿠팡에 맞서려는 이커머스 업계의 '빠른 배송' 경쟁도 한층 격화할 것으로 보인다.

이커머스

컴퓨터(PC)통신 또는 인터넷을 이용해 온라인으로 이뤄지는 전자상거래를 일컫는 말로 'Electronic Commerce'의 약자다. 일상적인 상품거래뿐만 아니라 고객 마케팅이나 광고, 정부의 제품조달, 서비스 등의 거래도 포함하는 개념이다. 한편 스마트폰의 보급 이후 PC를 기반으로 하던 전자상거래시장이 모바일쇼핑으로 빠르게 변화하고 있다.

이커머스 경쟁력의 핵심으로 떠오른 '빠른 배송'

CJ대한통운은 주7일 배송을 도입하며 쿠팡의 유일한 대항마로서 경쟁수위를 더 높이고 있다. 앞서 지난해 6월 CJ그룹 이재현 회장과 신세계그룹 정용진 회장이 이른바 '사촌 동맹'을 맺으면서 CJ대한통운은 신세계 계열 이커머스 G마켓(지마켓)과 옥션,

SSG닷컴(쓱닷컴)의 배송비용은 줄이고 속도는 높이는 원원전략에 나선 바 있다.

G마켓은 1월 5일부터 주문 다음 날 도착을 보장하는 서비스인 '스타배송' 서비스에 일요일 배송을 도입한다고 발표했다. G마켓의 물류를 맡은 CJ대한통운이 같은 날 선보인 'O-NE(오네)' 주7일 배송을 적용한 서비스다. 이에 따라 소비자는 G마켓이나 옥션에서 토요일에 스타배송 상품을 주문하면 일요일에 받아볼 수 있게 됐다. 일요일 배송은 우선 G마켓이 보유한 동탄물류센터에 입고된 14개 카테고리, 약 15만개 스타배송 상품을 대상으로 하고 올해 중 일반판매자 상품으로 확대 적용할 계획이다.

CJ대한통운의 주7일 배송 개시로 G마켓은 물론 네이버, 알리익스프레스 등 CJ대한통운의 물류서비스를 이용하는 다른 이커머스 업체들 역시 배송경쟁력이 강화될 것이란 전망이 많다. 업계 한 관계자는 "쿠팡과 다른 이커머스 업체를 구분 짓는 가장 큰 차이는 토요일에 주문한 상품을 일요일에 받아볼 수 있느냐였는데, 이를 극복했다는 점에서 의미가 크다"고 짚었다. 또 다른 관계자는 "빠른 배송이 이커머스 경쟁력의 핵심으로 부상한 만큼 배송속도를 높이기 위한 물류업체와 이커머스 업체 간 협업이 더 활발해질 것"이라고 전망했다.

신세계-알리 동맹 구축 … 쿠팡, 대응전략 고심

한편 12월 26일 신세계그룹은 중국 알리바바그룹과 전략적 동맹관계를 구축해 알리바바 자회사인 알리바바인터내셔널과 합작법인 '그랜드오푸스홀딩'을 설립한다고 밝혔다. 두 그룹의 이커머스 플랫폼인 G마켓과 알리익스프레스코리아가 함께 합작법인 울타리 안에 들어가는 방식이다. G마켓은 이번 동맹을 통해 글로벌 진출의 교두보를 마련하게 될 것으로 기대한다. 또 알리바바그룹이 취급하는 각국의 우수상품이 G마켓을 통해 국내 소비자에게 소개돼 상품선택의 폭도 한층 확대될 것으로 보인다.

이에 쿠팡은 두 그룹 간 동맹이 국내 이커머스 시장의 판도를 바꿀 수 있는 변수로 보고 대응전략을 수립하는 데 몰두하는 모양새다. 국내 이커머스 시장 점유율 3위권인 G마켓과 지난해부터 한국시장에서 이용자 규모를 급속히 키우며 놀라운 성장성을 보여준 알리익스프레스의 전략적 동맹이 시장의 불확실성을 키울 수 있다는 판단에서다.

국내 주요 종합몰 앱 이용자 현황

2024년 11월 안드로이드 + iOS 기준 월간 활성이용자수(MAU)

앱	이용자수
쿠팡	3,220만명
알리익스프레스	968 (G마켓과 합산 시 1,530만)
11번가	889
테무	773
G마켓	562

자료 / 신세계, 와이즈앱·리테일·굿즈

신세계와의 합작을 추진한 알리익스프레스의 핵심전략은 G마켓이 보유한 60만 판매자를 활용해 해외시장에서 수요가 높아지는 K-상품을 공급하는 것이지만, 그렇다고 한국시장을 포기하지는 않을 것이라는 게 업계의 대체적인 시각이다. 이 때문에 막

강한 자금력을 갖춘 알리익스프레스가 G마켓과 손잡고 K-상품에 대한 대대적인 할인공세에 나설 경우 쿠팡과의 정면대결이 불가피할 것이라는 전망도 나온다. 쿠팡이 합작법인 발표 직후 발 빠르게 대응 방안을 강구하기 시작한 것도 이에 따른 위험요인을 최대한 줄이기 위한 것이라는 해석이 나온다.

'오징어 게임' 시즌2 제작발표회

HOT ISSUE 23위

'오겜2' 2주 연속 글로벌시청 1위 … 전 세계 4억시간 시청

넷플릭스 오리지널 시리즈 '오징어 게임*' 시즌2가 12월 26일 공개된 이후 2주 연속 넷플릭스에서 가장 많이 본 콘텐츠로 꼽혔다. 넷플릭스 공식 사이트 '넷플릭스 톱10'에 따르면 12월 30일~1월 5일 글로벌시장에서 '오징어 게임2'는 총 시청시간 4억 1,710만 시간으로 전체 1위를 기록했다.

오징어 게임 시리즈

황동혁 감독이 연출한 넷플릭스의 오리지널 시리즈로 456억 원의 상금이 걸린 의문의 서바이벌에 참가한 456명의 사람들이 최후의 승자가 되기 위해 목숨을 걸고 극한의 게임에 도전한다는 내용의 드라마다. 2021년 9월 공개된 시즌1의 경우 '발리우드'라고 불리는 인도시장의 벽마저 뚫고 전 세계 드라마 부문 1위를 차지하며 K-콘텐츠의 역사를 새롭게 쓴 작품으로 평가받은 바 있다.

시즌2 공개 이후 시즌1도 2위로 역주행

'오징어 게임2'는 해당 주간 넷플릭스 비영어권 TV쇼 부문 1위는 물론 영어권 TV쇼, 영어·비영어권 영화 가운데서도 압도적으로 많은 시청시간 및 시청수를 보였다. 국가별로 나눠보면 미국과 프랑스, 일본, 인도, 호주 등 전체 서비스 국가 93개국 가운데 91개국에서 1위를 차지했다. 다만 공개 첫 주 세웠던 기록(4억 8,760만 시청시간, 6,800만 시청수)에 비해서는 주춤한 모습이다. 전작인 시즌1이 2021년 9월 공개 첫 주(4억 4,873만 시청시간)에 이어 그 다음 주에도 5억 7,176만 시청시간이라는 대기록을 세웠던 것과는 상반된다. 시즌1은 넷플릭스에서 같은 기간 두 번째로 많이 본 콘텐츠로 꼽혔다. 공개된 지 약 3년 4개월이 지났지만, 다시 '오징어 게임' 시리즈를 몰아보는 사람이 늘면서 역주행한 것으로 풀이됐다.

'오징어 게임' 시리즈가 오늘날의 전 세계적인 정치 상황과 맞닿아 있다는 반응도 나왔다. 1월 4일(현지시간) 뉴욕타임스(NYT)에 실린 문화비평가 레베카 선의 칼럼에서는 윤석열 대통령의 계엄령 선포와 국민들의 시위를 언급하며 "'오징어 게임'이 격동의 역사를 가진 젊은 민주주의 국가인 한국에서 탄생한 것이 결코 우연이 아닐 것"이라면서 "시즌2는 전 세계에서 벌어지는 우경화 현상의 사회적 역동을 다룬 훌륭한 대중문화 실험"이라고 평가했다.

외신평가 '냉랭' 우세 … "걸작" vs "시즌1 못 미쳐"

한편 '오징어 게임2' 공개 직후 나온 해외언론의 반응은 대체로 이번 속편이 시즌1에서 보여준 참신함과 날카로운 주제의식에는 미치지 못한다는 평가가 주를 이뤘다. 미국 일간 뉴욕타임스(NYT)는 "넷플릭스 히트작의 두 번째 시즌은 더 스타일리시한 살육을 보여주지만, 이야기는 정체돼 있다"고 비평했다. 이어 "게임이 돌아오면서 새로운 반전이 가미된 피 튀기는 광경이 반복되지만, 똑같은 역학구도 안에서 기쁨보다 고통이 훨씬 더 많다"며 "이 시리즈가 단지 잔혹한 살육을 더 많이 보여주는 수단이라면 우리는 집단으로 (드라마 속에서 게임을 관전하는) 'VIP'의 저렴한 버전일 뿐일까?"라고 꼬집었다.

영화 전문지 할리우드리포터도 "(시즌2가) 시즌1에서 보여준 재미와 기발함이 부족했고, 게임의 본질에 대한 새로운 디테일이나 통찰력도 결핍됐다"고 평가했다. 그러면서 "첫 번째 시즌이 잘했던 것을 똑같이 재현하길 바라는 시청자와 더 깊이 있는 세계 구축을 원했던 시청자 중 누가 더 실망했는지 보는 것도 흥미로울 것"이라고 덧붙였다.

'오징어 게임'을 연출한 황동혁 감독

반면 영화전문매체 버라이어티는 호평을 내놨다. 이 매체는 "시즌2는 자본주의적 착취, 도덕성의 훼손, 계급 불평등 같은 현대 한국사회를 괴롭히는 것으로 보이는 것들을 새로운 각도로 조명함으로써 시즌1과 반복되는 점을 대부분 뛰어넘었다"고 평가했다. 이어 "이 드라마의 특징인 잔혹한 폭력과 피는 여전히 극에 넘쳐나지만, 모든 것을 전에 경험한 '기훈 (이정재)'을 비롯해 게임참가자들 사이의 공포는 여전히 생생하다"고 덧붙였다.

이처럼 엇갈리는 평가에도 불구하고 시즌1 때 추이를 대입해 계산했을 때 '오징어 게임2'는 최소 1조 5,000억원 이상의 수익을 낼 것이라는 전망이 조심스럽게 나오고 있다. 넷플릭스는 '오징어 게임' 시리즈의 종장인 시즌3도 올해 공개할 예정이다.

HOT ISSUE **24위**

시리아 반군의 해방선언 … 내전종식·독재붕괴

12월 8일 시리아 반군이 수도 다마스쿠스를 장악한 뒤 승리를 선언하고 과도정부를 수립했다. 이로써 ==13년간의 내전이 끝나는 동시에 알아사드 부자의 세습 독재정권이 54년 만에 무너졌다.== 그러나 바샤르 알아사드 대통령(59)이 러시아로 도피하면서 제2내전에 대한 불씨를 남겼다.

54년 세습정권의 철권통치 막 내려

반군의 승리선언은 지난 11월 27일 북부 알레포 지역에서 정부군을 상대로 공격을 개시한 지 11일 만에 나왔다. 그 사이 반군은 시리아 제2의 도시인 알레포를 사흘 만에 장악한 데 이어 하마, 다라, 홈스 등 주요 도시들을 하나씩 점령하며 빠르게 진격해 나갔다. 반면 바샤르 알아사드 대통령이 이끄는 정부군은 러시아와 레바논의 친이란 무장단체 헤즈볼라에 급하게 협조를 구하는 등 저지를 시도했지만, 사실상 제대로 된 저항도 못 하고 반군에게 수도까지 내려오는 길을 그대로 터주고 말았다.

이로써 반세기가 넘는 알아사드 일가의 철권통치가 사실상 막을 내렸다. '아사드정권'은 바샤르 현 대통령의 아버지 하페즈 알아사드에서 시작했다. 하페즈는 1963년 바트당이 일으킨 쿠데타에 가담해 권력 중심부에 등장했으며, 1966년 2차 쿠데타 참가로 국방장관 자리를 꿰찬 데 이어 1970년 11월 스스로 수괴가 돼 3차 쿠데타를 성공시켰다. 이후 국무총리라는 명목으로 집권했다가 1971년 4월에는 대통령에 직접 취임하며 정권을 탄생시켰으며, 2000년 그가 죽자 아들인 바샤르가 대통령이 돼 철권통치 기구를 물려받아 24년을 더 집권했다.

2011년 아랍의 봄* 시기 자국 내에서 반정부시위가 일어나자 무력을 동원해 무자비하게 진압해 내전을 발발시켰고, 내전 중에는 고문과 독가스 사용 등 온갖 수단을 동원해 자국민을 탄압한 것으로 악명이 높았다. 그러는 동안 그의 부인을 비롯한 가족과 일가친척은 시리아의 비즈니스, 은행업, 통신업, 부동산업, 해양산업을 장악해 부귀영화를 누렸다.

2011년 아랍의 봄

2010년 12월 18일 경찰부패와 이에 대한 대처법을 놓고 불거진 튀니지 시위자들의 집단행동으로 촉발됐고, 튀니지에서의 시위가 성공하자 알제리, 요르단, 이집트, 예멘 등 주변국으로 퍼져나가 2011년 대규모로 폭발한 중동지역의 민주화시위다. 근본적으로는 아랍권 국가들 대부분이 장기독재 중인 정부의 부패, 인권유린, 빈곤과 더불어 2007~2008년 사이에 있었던 21세기 첫 세계 식량위기 등이 원인이었다. 그러나 시위의 가장 큰 목적이 민주주의 실현이 아니라 민생문제 해결에 있던 데다가 종교와 종파, 부족주의가 우선시되는 지역특성으로 인해 정치적 성과를 거두지 못 했다. 오히려 대부분의 국가에서 내전이 발발하거나 이전보다 더 강력한 독재정권이 탄생했다.

정부는 무능했고, 반군은 준비돼 있었다

휴전기간을 포함해 장장 13년간 이어져 온 내전의 양상을 단 열흘 남짓 만에 뒤집을 수 있었던 데에는 정부군의 무능이 가장 큰 원인으로 작용했다. 최근 ==마약 생산 및 거래가 급증하면서 군대를 비롯한 국가기관들이 이러한 마약범죄에 깊이 연루된 것도 아사드정권의 붕괴에 일조==한 것으로 분석된다. 아울러 내전과정에서 정부군에게 결정적 도움을 줬던 러시아와 헤즈볼라가 각자의 전쟁들로 여력이 없던 것이 정부군에게 치명적이었다.

반군의 승리선언 후 파괴된 하페즈 알아사드 전 대통령 동상

반면 반군 측의 잘된 준비와 전술, 능숙한 선전전의 활용 등은 시리아정부군을 충격에 빠트린 것으로 알려졌다. 특히 반군을 주도한 이슬람 무장세력 하야트타흐리르알샴(HTS)이 장교와 특수부대, 드론부대, 그리고 야간특공대까지 갖추고 있는 데다가 그간 반군을 도우며 아사드정권과 대립해온 튀르키예의 전폭적인 지원도 결정적이었다고 전해진다.

그러나 전망이 밝은 것은 아니다. 일단 반군은 알아사드(아들) 대통령의 신병을 확보하지 못하면서 혼란의 불씨를 남겼으며, 정부군도 "테러리스트 조직과 계속 싸우겠다"며 항전의 의지를 내비치고 있다. 반군 내부의 권력다툼도 예상된다. 반군은 새 정부 구성을 준비하기 위한 과도정부를 2025년 3월 1일까지 운영하기로 하고 임시총리로 무함마드 알바시르를 추대했지만, 반군에는 HTS 외에도 민주주의 세력, 쿠르드족 민병대, 이슬람 극단주의 단체 등 뿌리가 다른 여러 정파가 뒤섞여 있는 데다가 그중에는 이해관계가 상충하는 집단도 있어서 통합이 쉽지 않은 게 현실이다.

서방으로서는 반군의 핵심세력인 HTS가 극단주의 이슬람주의자 단체로 국제 테러단체라는 것도 불안 요소다. 수장 아흐마드 앗샤라아는 미국이 현상금 1,000만달러를 내건 테러리스트이기도 하다. 반군의 과도정부는 모든 다양한 세력과 함께 통합 시리아정부를 구성하겠다고는 하지만, 2021년 탈레반도 이와 똑같은 말을 했다는 것을 고려하면 제2의 탈레반이 될 가능성을 무시할 수 없다.

빌라 등 비(非)아파트는 기존 요건 그대로 대출받을 수 있다.

디딤돌대출

주택도시기금을 통해 무주택 서민에게 낮은 금리로 공급되는 주택담보대출 상품을 말한다. 부부합산 연소득 6,000만원 이하 무주택자가 5억원 이하의 집을 살 때 연 2~3%대 금리로 최대 2억 5,000만원까지 빌려주며, 연 소득 8,500만원 이하 신혼부부가 6억원 이하 집을 살 때는 4억원까지 대출이 가능하다.

신축아파트 잔금대출도 제한 … 지방은 제외

12월 3일 금융권에 따르면 디딤돌대출 '방 공제'는 전날인 2일 매매계약 체결 분부터 바로 적용됐다. '방 공제' 면제는 소액임차인에 보장해야 하는 최우선변제금을 빼고 대출금을 내어주는 것으로 서울은 5,500만원, 서울을 제외한 경기·인천 과밀억제권역은 4,800만원이다. 예를 들어 경기도에서 5억원짜리 아파트를 살 경우 이전까지는 디딤돌대출 가능액이 주택담보대출비율(LTV) 70%를 적용한 3억 5,000만원이었지만 12월 2일 신규대출분부터는 최우선변제금 4,800만원을 뺀 3억 2,000만원으로 축소된다. 수도권 아파트 대출 가능액이 5,000만원가량 줄어드는 것이다.

HOT ISSUE 25위

수도권 디딤돌대출 축소 … 하반기 신축입주 잔금대출 불가

지난 12월 2일부터 수도권 아파트를 대상으로 한 디딤돌대출* 한도축소가 본격화됐다. 수도권 아파트는 디딤돌대출을 받을 때 소액임차인을 위한 최우선변제금만큼 대출한도를 줄이고('방 공제' 적용), 미등기 신축아파트에 대한 잔금대출(후취담보대출)은 해주지 않는 게 주요 내용이다. 지방 아파트, 전국의

다만 기존 세입자의 임차계약이 남아 있어 즉시 입주가 곤란하다면 잔금일이 올해 상반기까지인 경우에 한해 방 공제를 하지 않기로 했다. 연 소득 4,000만원 이하 가구가 3억원 이하의 저가주택을 구입할 때는 방 공제 없이 대출을 받을 수 있다. 신생아 특례 디딤돌대출과 전세사기 피해자 전용대출도 한도축소 제외대상이다.

디딤돌대출을 활용한 수도권 신규분양 아파트 잔금대출은 올해 하반기부터 막힌다. 준공 전 아파트처

럼 담보를 잡기 어려울 때 은행이 돈부터 먼저 빌려준 뒤 주택이 완공돼 소유권 설정이 완료되면 담보로 바꿔주는 '후취담보대출'을 제한하는 데 따른 것이다. 신규분양 아파트의 입주자 모집공고가 지난해 12월 1일까지 이뤄졌고, 공고문상 입주 예정월이 올해 6월 이내라면 후취담보대출을 받을 수 있다. 이때도 방 공제는 적용한다. 생애최초 주택구입자의 경우 LTV 80%는 그대로 두되, '방 공제' 면제와 후취담보대출은 해주지 않기로 했다. 다만 입주자 모집공고가 지난해 12월 1일 전까지 이뤄졌다 해도 입주 시작기간이 올해 6월 이후라면 후취담보대출이 허용되지 않는다. 이러다 보니 한 달 차이로 대출이 막히는 단지도 생겼다.

가계부채 급증 … 집값 상승 우려 탓

이처럼 정부가 정책대출 조이기에 나선 것은 디딤돌대출 규모가 급증하며 ==가계부채가 과도하게 늘고, 집값 상승을 부추길 수 있다는 우려 때문==이다. 지난해 9월까지 집행된 디딤돌대출은 22조 2,507억원으로 전년 동기 대비(8조 1,196억원) 3배 가까이 늘었다. 디딤돌대출은 5억~6억원 이하 집을 살 때 받을 수 있는 서민층 대출이지만, 대출받은 사람이 서울 외곽이나 수도권에 집을 사면 이 집을 판 사람이 돈을 보태 이른바 '상급지'로 갈아타는 과정이 연쇄적으로 일어날 경우 서울 등 인기지역의 집값을 밀어올린다는 우려가 상당했다.

그러나 정책대출을 관리할 필요성은 인정되지만 국토부가 충분한 사전예고로 대출 수요자들이 준비할 시간을 주지 않아 혼란을 불러온 것은 문제로 지적됐다. 김규철 국토부 주택토지실장은 "한정된 재원 안에서 디딤돌대출을 안정적으로 관리하기 위한 방안을 마련한 것이며, 앞으로 실수요자와 시장상황을 반영해 예측 가능한 맞춤형 관리를 하겠다"고 밝혔

다. 정부는 이번 디딤돌대출 한도축소 조치로 올해 대출액이 3조원, 축소 조치가 온전하게 시행되는 내년부터는 5조원가량 감소할 것으로 내다봤다.

HOT ISSUE **26위**

휴대단말기 지원금 상한 사라진다 … '단통법 폐지안' 국회 통과

이동통신단말기 사업자가 소비자에게 과도한 지원금을 제공하지 못하도록 지원금 규모를 제한했던 '단통법(이동통신단말장치 유통구조 개선에 관한 법률)'이 10년 만에 폐지된다. 국회는 12월 26일 본회의를 열어 이동통신단말기 공시지원금 제도와 추가지원금 상한을 없애고 선택약정할인제도*는 전기통신사업법에 이관해 유지하도록 하는 내용의 단통법 폐지안을 의결했다.

> **선택약정할인제도**
>
> 단말기 가격을 할인받을 수 있는 공시지원금 대신 통신 기본요금의 25%를 할인받을 수 있는 제도다. 공시지원금을 받지 않았거나 지원금 약정기간이 지난 이후에도 같은 단말기를 사용하고 있는 경우 12개월 또는 24개월로 약정을 신청해 가입할 수 있다. 2015년 처음 도입됐으며, 통신사 판매점 혹은 대리점에 방문하거나 홈페이지를 통해 신청할 수 있다.

지원금 경쟁 촉진해 '가계통신비 부담 완화' 목적

단통법은 애초 이동통신사업자가 단말기를 판매하는 과정에서 일부 이용자에게만 과도한 지원금을 지급해 이용자 간 차별을 유발한다는 문제점을 바로잡기 위해 도입됐다. 하지만 단통법 도입 이후 오히려 ==이용자에게 지급되는 지원금이 축소되는 부작용이 발생하면서 단말기 판매사업자 간 적극적인 지원금==

경쟁을 복원해 소비자 후생을 높이자는 취지로 폐지 수순을 밟게 됐다.

단, 단통법은 이용자의 거주지역, 나이, 또는 신체적 조건을 이유로 지원금을 차별지급하는 것은 금지하도록 규정해왔다. 그러나 가입유형(번호이동, 신규가입, 기기변경)이나 요금제에 따른 지원금 차별금지는 규정하지 않기로 한 만큼 이에 따른 혜택이 강화될 전망이다.

지원금 경쟁이 부활하면서 단말기 구매가격이 저렴해질 것이라는 예측도 나온다. 유상임 과학기술정보통신부 장관은 "단통법 폐지와 함께 통신비 인하에 중요한 역할을 하는 알뜰폰사업자의 경쟁력 강화, 중고폰거래 활성화 등 가계통신비 부담을 완화하기 위한 정책을 계속 추진해나가겠다"고 밝혔다.

단통법 폐지에 보조금경쟁 과열 조짐

그러나 7월 단통법 폐지안 시행을 앞두고 일부 판매점에서 최신 스마트폰에 대한 보조금지급 경쟁이 과열되는 분위기가 감지됐다. 1월 7일 통신업계에 따르면 일부 온라인 스마트폰 판매점이 1월 들어 최신 스마트폰인 아이폰16 일반모델 128GB(기가바이트)를 번호이동으로 구매하면 '0원'이라고 광고했다. 같은 조건에서 아이폰16 플러스 128GB도 10만원에 구매할 수 있다. 단통법 폐지안이 국회 소위원회를 통과하기 전인 지난해 11월 중순만 해도 같은 조건에서 두 제품은 20만원 수준으로 판매됐는데, 10만~20만원가량 보조금이 늘어난 것이다.

갤럭시 S24 256GB 모델의 경우 번호이동 시 오히려 돈을 돌려받을 수 있을 정도로 보조금을 늘린 판매점도 있다. 작년 11월 해당 제품은 70만원이 넘는 가격에 구매해야 했지만 2개월 사이에 상황이 급변했다. 한 통신업계 관계자는 "정부가 단통법 폐지를 선언한 이후 작년 하반기부터 장려금 수준이 60만~80만원 수준인 상태가 이어지고 있다"며 "다만 아이폰16 같은 플래그십 라인이 공짜폰이 되는 경우는 별로 없었는데, 단통법 폐지안 시행이 가까워지면서 일부 판매점에서 보조금 과열 조짐이 있는 것으로 보인다"고 말했다.

보조금경쟁이 격화하면서 허위·과장 광고 등 불공정행위가 늘어날 것에 대비해 정부도 모니터링을 계속 진행 중이다. 건전한 유통환경 조성을 위한 시책 마련 등 방송통신위원회(방통위)의 시장관리 책무규정이 신설됨에 따라 향후 불공정행위에 대한 모니터링을 강화하고 있는 방통위는 관련 모니터링 상황과 관련해 구체적인 주기 등은 공개하기 어렵다면서도 "이용자 피해를 방지하기 위해 허위·과장 광고, 사전승낙서 미게시 등에 대한 상시감독을 지속하고 있다"고 밝혔다. 다만 업계는 현재 통신가입자가 포화상태에 이르렀고, 단말기 교체주기도 늘어남에 따라 보조금경쟁이 일부 판매점을 넘어 업계 전반으로 확산하지는 않을 것으로 분석했다. 아울러 통신사들이 통신사업 외 인공지능(AI) 등 다른 사업으로 눈을 돌리는 현상도 보조금경쟁이 심화하는 것을 막을 것이라고 예측했다.

HOT ISSUE

27위

스포츠 권력 향배는 …
'대이변' 체육회-'일정연기' 축구협회

2025년 들어 한국 체육의 미래에 중요한 체육단체장 선거가 일제히 열리면서 대한민국 스포츠 권력의 교체 여부에 이목이 쏠렸다. 제42대 체육회장 선거는 이기흥 회장이 3선을 노리는 가운데 5명이 도전장을 냈고, 제55대 축구협회장 선거는 정몽규 회장의 4연임 도전 속에 허정무 전 축구대표팀 감독과 신문선 명지대 기록정보과학전문대학원 스포츠기록분석학과 초빙교수의 3파전이 벌어졌다.

체육회장, 이기흥 3선 도전 속 '대이변'

1월 14일 서울 송파구 올림픽공원 올림픽홀에서 2,300여 명의 **선거인단*** 투표로 진행된 체육회장 선거의 최대 관심은 직무정지를 당한 이기흥 회장이 3선에 성공할지 여부였다. 체육회장 선거에 역대 가장 많은 6명이 출마했기 때문에 8년간 체육회를 이끌어온 이 회장이 다른 후보들보다 경쟁에서 유리한 건 부인할 수 없다. 이 회장은 4명의 후보와 경쟁했던 4년 전 제41대 선거 때에도 절반에 육박하는 46.4%의 높은 득표율로 당선됐다.

선거인단
간접선거 형태에서 유권자가 원하는 후보에게 투표하겠다는 약속을 한 대리자들의 모임을 뜻한다. 대개 특정 지역이나 단체, 계층을 대표하며, 중세 유럽의 일부 국가에서 시행된 선거군주제에서 유래했다. 다만 선거인단 선출방식이 민의를 왜곡할 수 있다는 우려 탓에 현대 민주주의 체계에서는 사라지는 추세다.

이번 선거에서도 김용주 전 강원도체육회 사무처장, 유승민 전 대한탁구협회장, 강태선 서울시체육회장, 오주영 전 대한세팍타크로협회장, 강신욱 단국대 명예교수 5명의 표가 분산될 수 있는 만큼 이 회장이 반사이익을 누릴 수 있어 선거 직전까지 '반이기흥' 후보들의 단일화 불씨는 살아있을 것으로 전망됐다. 그러나 이 회장이 당선되더라도 문화체육관광부(문체부)로부터 받은 직무정지가 풀릴 가능성이 적은 데다 채용비리 및 금품수수, 업무상 배임·횡령 등 혐의 수사결과에 따라선 '해임' 처분이라는 최악의 상황을 배제할 수 없다는 점은 표심에 부정적 요소로 작용했다.

제42대 대한체육회장으로 당선된 유승민

이처럼 체육회장 선거가 과열양상을 보인 가운데 ==이기흥 회장을 단 38표 차로 제치고 유승민 전 탁구협회장이 당선되는 이변이 연출==됐다. 유승민 당선인은 재임 8년간 다져놓은 '콘크리트 지지층'을 앞세워 수성에 나섰던 이기흥 회장과 '다윗과 골리앗' 싸움에서 승리하며 2029년 2월까지 한국 체육계를 이끌어갈 중책을 떠안게 됐다.

'4연임' 노리는 정몽규 vs 허정무·신문선

2,000억원에 이르는 예산을 주무르는 제55대 대한축구협회장의 경선결과도 관심거리다. 4연임을 기대하는 정몽규 회장이 수성을 노리는 가운데 신문선·허정무 후보가 축구협회의 권력교체를 주장하며 대항마로 나섰다. 정 회장은 50억원 기부를 약속

하는 한편 협회 개혁과 한국축구 글로벌경쟁력 강화를 공약으로 내걸고 2026 북중미 월드컵 8강, 2026 아이치·나고야 아시안게임 금메달, 2027 아시안컵 우승, 2028 올림픽 메달 획득을 세부목표로 제시했다. 다만 협회운영과 홍명보 감독 선임문제 등으로 연임반대 목소리가 높다는 점은 리스크로 꼽힌다.

정몽규 대한축구협회장

반면 신 후보는 선수생활 은퇴 후 스포츠웨어 브랜드에서 일하고 해설위원으로 활동한 경험과 프로축구단 사장을 비롯해 다양한 행정에 참여했던 경력을 앞세워 축구협회의 변혁을 이끄는 '전문 CEO'로서 역할을 하겠다는 포부를 밝혔다. 2010년 남아공 월드컵 때 대표팀 사령탑으로 첫 원정 16강 진출을 지휘했던 허 후보는 축구협회의 열린 경영과 활발한 소통, 공정하고 투명한 절차를 통한 의사결정, 팬들의 참여를 보장할 조직과 문화 조성 등을 공약으로 내놨다.

그러나 1월 8일 실시될 예정이던 대한축구협회장 선거는 7일 법원이 허정무 후보가 불공정·불합리한 절차 등을 이유로 축구협회를 상대로 낸 축구협회장 선거 금지 가처분 신청에 인용결정을 내리면서 일정이 미뤄졌다. 축구협회는 법원 결정문 내용과 취지를 검토해 개선점을 찾고 선거일정을 다시 짜겠다는 계획이다.

HOT ISSUE

28위

동덕여대 점거시위 일단락됐지만 … '래커칠' 책임 등 갈등 불씨

동덕여대가 학생 측이 참여하는 위원회를 만들어 남녀공학 전환 논의를 공론화하기로 하고, 학생들의 점거농성도 23일 만에 해제되면서 남녀공학 전환 반대시위 사태가 일단락되는 모양새다. 하지만 시위 피해 복구비용을 두고 총학생회와 처장단의 의견이 대립하고 있어 양측의 갈등이 여전히 이어지고 있다. 특히 학교 측은 래커칠 제거 및 학내 청소비용 등 피해복구에 최대 54억원이 들 것으로 추정된다며 법적 대응이 불가피하다는 입장을 밝혔다.

공학전환 반대문구로 뒤덮인 동덕여대 교정

"시위원인 제공" vs "불법행위 책임져야"

학생들은 시위원인 자체를 학교가 제공했다고 지적하면서 학교가 추정한 청소금액 역시 과도하다고 비판했다. 이런 가운데 한 청소업체가 동덕여대를 찾아 래커칠 제거 시범작업을 해본 영상이 11월 14일 엑스(X, 옛 트위터)에 올라오며 논란이 더 커졌다. 해당 업체는 래커칠 부분에 약품을 도포한 뒤 일정 시간을 두고 스펀지 등으로 닦아내는 방식으로 제거 작업을 진행했다. 그러면서 "이 같은 방법으로 제거 작업을 2차까지 진행하니 90%는 쉽게 제거할 수 있었다"고 밝혔다. 이에 사회관계망서비스(SNS)에는 "복구비용으로 50억원은 든다더니 이렇게 쉽게 지워지는 거였냐", "최소한의 청소업체 견적서도 없이 올린 학교의 근거 없는 청소경비는 전혀 설득력이 없었다"는 반응들이 올라왔다.

그러나 해당 청소업체는 래커칠 제거가 어렵지 않다는 시연을 했을 뿐 비용은 다른 문제라고 선을 그었다. 업체 관계자는 "우리가 래커칠 제거에 사용한 약품은 특수약품이라 시중에서 구하기 어렵고 가격도 만만치 않다"면서 "특히 동덕여대 같은 경우 제거작업 면적이 넓고 시간이 지날수록 대리석 혹은 화강암 표면에 깊이 스며드는 침전이 심해 추가적인 작업이 필요해 보인다"고 말했다.

동덕여대 관계자는 "앞서 추정금액을 사전에 공지했던 건 학생들에게 사태의 심각성을 알리고 추가적인 훼손을 막기 위함이었다"고 말했다. 이어 "현재 학교 시설팀이 교내 복구 및 청소 견적을 파악하고 있고 1월 중으로 구체적인 금액이 정해질 것"이라며 "추후 누가 훼손했는지가 명확해지면 법적인 책임을 물을 계획"이라고 밝혔다. 앞서 2023년 스프레이 낙서로 얼룩진 경복궁 담장을 복구하는 데에는 작업에 투입된 장비 대여·구매 비용과 인건비 등을 모두 포함해 1억 5,000여 만원이 쓰였다는 감정평가기관의 판단이 나온 사례가 있다.

"여대는 걸러" vs "한남들 난리" 남녀갈등 재점화

이번 사태를 계기로 '남녀갈등'이라는 해묵은 논쟁도 다시 고개 들고 있다. 직장인 익명 게시판인 '블라인드' 등에서는 "특정 여대 출신은 앞으로 거르겠다"는 글들이 올라와 정부가 성차별이 아닌지 실태조사에 나섰다. 시위에 참여한 학생의 외모를 품평하거나 조롱하는 듯한 혐오 게시글도 적잖이 올라왔다. 반면 여성 유저의 비율이 높은 커뮤니티에서는 동덕여대 설립자 흉상을 방망이로 내려치는 학생을 옹호하며 "생명도 없는 고체 덩어리에 불과한 흉상에 감정이입해 난리 치는 한남들"이라는 등의 남성 비하발언도 오갔다. ==동덕여대 사태의 본질이라 할 수 있는 남녀공학 전환 필요성에 대한 논의는 이런 젠더논란의 여파에 상대적으로 가려진 모습==이다.

공학전환 찬반투표하는 동덕여대

일각에서는 학령인구가 줄고 여성의 대학진학률이 높아진 상황에서 더 이상 여대가 필요하지 않다고 주장한다. 여성의 고등교육기관 취학률은 2015년을 기점으로 남성을 앞섰고 2024년에는 76.9%에 달했다. 남성은 73.1%다. 반면 임금이나 고용형태 등에서 여성에 대한 구조적 차별이 여전하기 때문에 여성을 위한 교육·연구 공간이 필요하다는 목소리도 만만찮다.

영국 이코노미스트가 지난해 3월 발표한 '유리천장* 지수'에서 한국은 12년 연속 꼴찌에 올랐고, 여성가족부는 9월 공시대상 회사에 다니는 남녀 임금격차가 26.3%라고 밝혔다. 윤김지영 창원대 철학과 교수는 이 지표들을 언급하며 "여대는 성평등의 디딤돌로서 반드시 존재해야 한다"고 말했다. 여대가 더 많은 여성 롤모델과 차별이 적은 학문적 환경을 제공한다는 것이다.

유리천장

조직의 구성원이 충분한 능력을 갖추고 있는데도 조직 내의 일정 서열 이상으로 오르지 못하게 하는 '보이지 않는 장벽'을 비유적으로 표현한 것이다. 여성을 비롯한 다양한 소수자가 자격이나 능력과 관계없이 승진에서 차별받는 경우를 일컫는다. 이러한 차별은 공식적인 규칙이나 정책 등에 드러나지 않아 없는 것처럼 보이지만 분명히 존재한다는 사실이 관련 지표를 통해 드러나고 있다.

HOT ISSUE 29위

조작개표 의혹의 마두로, 세 번째 임기 시작

지난해 7월 대통령선거에서 3선에 성공한 니콜라스 마두로 베네수엘라 대통령의 세 번째 임기가 시작된 1월 10일 전후 베네수엘라 안팎으로 긴장감이 높아졌다. 개표조작으로 결과가 바뀌었다고 주장하는 야권의 시위에 정부는 무차별적 체포로 대응했고, 이에 미국을 비롯한 국제사회의 비난도 이어졌다.

취임 앞두고 야권 재야인사 줄줄이 납치·체포

마두로 대통령이 취임식을 하루 앞둔 9일(현지시간) 수도 카라카스에서 야권 지지자들이 수도 카라카스 도심 반정부시위를 열고 '마두로 대통령 3연임 반대 거리행진'을 벌였다. 이날 시위는 베네수엘라 야당과 시민단체에서 주관했고, 당국의 체포 우려로 지난해 7월 28일 대선 이후 은신 중이었던 야권 지도자 마리아 코리나 마차도가 공개석상에 모습을 드러내 지지자를 독려했다.

'베네수엘라 철의 여인'이라는 별칭이 있는 마차도는 당국으로부터 피선거권을 박탈당한 이후 에드문도 곤살레스 전 대선후보를 '대통령 당선인'이라고 강조하며 지지층을 결집해온 인물이다. 그런데 이날 집회 이후 당국에 의해 일시 체포됐다가 풀려났다고 베네수엘라 야권이 주장했다. 강압적으로 납치됐고, 여러 개의 동영상을 강제로 녹화한 뒤에야 자유를 되찾았다고 마차도 소속정당은 밝혔다. 그러나 당국은 '가짜뉴스'라고 선을 그었다.

마두로 대통령의 3선 대선결과에 반대하는 반정부시위

이보다 앞선 7일에는 야권에서 진정한 당선인이라고 주장하며 현재 해외에서 활동 중인 곤살레스가 자신의 사위가 아이들을 학교에 데려가던 중 납치됐다고 주장했다. 이어서 중도좌파 야당인 인민의지당은 마두로정권에 의해 최소 19명이 구금됐다고 밝혔다. 여기에는 정치인 엔리케 마르케스와 언론자유 비정부기구인 에스파시오 푸블리코의 대표인 카를로스 코레아도 포함된 것으로 알려졌다.

'한 국가, 두 대통령' 사태 재현되나?

반면 베네수엘라정부는 반군이 외국정부와 협력하여 태업과 테러행위를 계획하고 있다고 주장해왔다. 마두로 대통령은 7일 한 명은 미국 연방수사국(FBI) 고위간부, 한 명은 군 관계자인 미국인 2명, 우크라이나인 3명, 콜롬비아인 2명을 구금했다고 밝혔다. 그러면서 선거 이후 전국시위에서 약 2,000명이 체포됐는데, 그중 1,515명을 석방했다고 밝혔다. 그러면서도 9일 반정부시위에는 미리 도심 주변에 군·경을 대거 배치하는 등 강경하게 대응했으며, **콜렉티보***(Colectivos)도 동원한 것으로 알려졌다.

콜렉티보

빈곤지역에서 활동하는 비정규 무장단체(준군사단체)를 총칭하는 용어다. 일종의 자경단으로 중화기로 무장하고 있으며, 차베스 전 대통령의 집권기에 공공연하게 정부의 지원을 받으면서 강력해졌다. 베네수엘라 집권당인 통합사회당(United Socialist Party)과 마두로정권을 지지하며 반정부시위가 있을 때 '정부 집행자(정치깡패)' 역할을 하고 있다. 2019년 야당이 주도한 베네수엘라국회는 이들 집단의 '폭력, 준군사적 활동, 협박, 살인 및 기타 범죄'를 이유로 콜렉티보들을 테러단체로 지정했다.

이런 분위기는, 지난해 7월 28일 베네수엘라 대선에서 야권은 전체 투표함의 약 40%의 개표결과를 입수해 분석한 것을 토대로 곤살레스의 압승을 주장한 반면 선거 당국과 베네수엘라 최고법원은 자세한 집계결과를 공개하지 않은 채 마두로의 승리를 선언한, 즉 군·경·검찰 및 여대야소의 국회를 이용한 정권의 철권통치가 이어지면서 예상된 상황이었다. 여기에 11월 미국의 조 바이든 행정부가 개표불공정성 논란으로 얼룩진 베네수엘라 대선과 관련해 "야권의 에드문도 곤살레스 후보가 선거 승자"라는 입장을 내놓으면서 양측의 대결은 더욱 첨예해졌다.

결국 당국의 체포 위협을 피해 스페인으로 망명한 곤살레스가 최근 아르헨티나, 파라과이 등 남미국가들을 순방하며 자신에 대한 지지를 확인하고 "베네수엘라로 돌아가 대통령 임기를 시작하겠다"고 공언함에 따라 2019년 정부를 등에 업은 마두로와 국회와 미국 등의 지지를 받은 후안 과이도가 서로 자신을 대통령임을 내세웠던 '한 국가, 두 대통령' 사태도 재현될 가능성도 커졌다.

HOT ISSUE **30위**

경찰, '근태 논란' 송민호 입건 ··· 병역법 위반 조사

사회복무요원*으로서 근무를 부실하게 했다는 의혹이 제기된 그룹 '위너'의 송민호 씨에 대해 경찰이 수사에 나섰다. 마포경찰서는 12월 23일 병무청으로부터 수사의뢰를 접수한 뒤 같은 날 송씨를 피의자로 입건했다고 밝혔다.

사회복무요원

병역근무의 한 형태로 국가기관, 지방자치단체, 공공단체 및 사회복지시설의 공익목적 수행에 필요한 사회복지, 보건의료, 교육·문화, 환경안전 등의 사회서비스 업무 및 행정업무 등을 지원한다. 사회복무요원은 병역판정검사 또는 관련 법령에 의해 보충역으로 처분받은 이들이 주로 근무한다. 현역과 달리 집에서 출퇴근할 수 있고, 소속기관장의 지휘·감독을 받는다.

병무청 "부실복무 확인 시 문제기간만큼 재복무"

병무청은 경찰수사에서 송씨의 복무태도에 문제가 있었던 것으로 확인될 경우 소집이 해제됐더라도 해제처분을 취소하고 문제기간만큼 재복무해야 한다는 입장인 것으로 전해졌다. 병무청 관계자는 "경찰수사가 더 정확한 만큼 병무청이 자체조사는 하지 않을 것"이라고 말했다.

송민호

송씨는 2023년 3월부터 서울 마포구의 한 시설에서 사회복무요원으로 복무하다가 지난해 12월 23일 근무를 마쳤다. 그러나 12월 17일 그가 제대로 근무하지 않은 것으로 의심된다는 내용의 보도가 나오면서 논란이 불거졌다. 해당 기사를 보도한 매체는 송씨가 앞선 10월 해외여행을 떠났고, 이후에도 근무 중인 모습을 확인할 수 없었으나 시설 측은 송씨가 '병가', '연차', '입원' 중이라고 설명했다고 전했다. 당시 소속사 YG엔터테인먼트는 "병가사유는 복무 전부터 받던 치료의 연장이며, 그 외 휴가 등은 모두 규정에 맞춰 사용했다"고 해명했다. 송씨는 근무 마지막 날에도 진단서를 제출하고 병가를 내 출근하지 않은 것으로 전해졌다.

경찰은 12월 27일 송씨가 근무한 마포구의 주민편익시설을 압수수색해 혐의 입증을 위한 폐쇄회로(CC)TV 영상자료 등을 확보했다. 아울러 송씨와 시설 책임자 간 '병무거래 의혹'을 수사해달라는 국민신문고 민원 등도 들여다보고 있다. 경찰 관계자는 확보한 자료를 토대로 송씨의 출퇴근시간 등을 분석하고 있으며, 분석이 끝나면 소환조사를 할 예정이라고 밝혔다.

오세훈 "서울시 사회복무요원 실태 전수조사"

송씨의 복무 근태 논란이 커지자 서울시는 사회복무요원 실태 전수조사에 나섰다. 오세훈 서울시장은 12월 24일 자신의 페이스북에 글을 올려 "최근 사회복무요원으로 근무한 한 연예인의 복무태만 논란이 제기됐다"며 "이에 저는 서울시 및 산하기관을 대상으로 하는 '사회복무요원 복무실태 긴급 전수조사'를 지시했다"고 밝혔다.

오 시장은 "맡은 자리에서 시민의 일상을 지키며 성실히 병역의무를 이행하는 요원이 대다수일 것"이라며 "일부의 복무태만으로 인해 사회적 박탈감이 발생하고 병역의무에 대한 반감이 커지는 일은 결코 있어서는 안 된다"고 강조했다. 그러면서 "조사결과에 따라 엄중히 조치하고, 필요시 공정한 병역의무를 위한 제도개선도 병무청에 적극 건의하겠다"고 덧붙였다.

오세훈 서울시장

일각에서는 가수 싸이의 경우처럼 현역 재입대를 해야 한다는 주장도 제기되고 있다. 싸이는 산업기능요원으로 2002~2005년 35개월간 복무를 마쳤지만, 부실근무 혐의로 재입대가 결정되면서 2007년 논산훈련소에 다시 입대해 20개월간 현역으로 두 번째 병역의무를 수행한 바 있다. 하지만 송씨의 경우 현행 병역법상 현역 재입대는 불가능하다. 병역법 제33조는 사회복무요원이 정당한 사유 없이 복무를 이탈한 경우 그 이탈일수의 5배 기간을 연장하여 복무하도록 돼 있다. 다만 정당한 사유 없이 8일 이상 복무를 이탈한 경우 3년 이하의 징역에 처할 수는 있다.

화제의 뉴스를 간단하게!
간추린 뉴스

1월 27일부터 '예식장·스드메' 가격 자율공개

공정거래위원회가 주요 결혼식장·웨딩플래너 업체와 서비스 가격을 자사 홈페이지 또는 한국소비자원 '참가격'에 공개하는 업무협약(MOU)을 체결했다고 밝혔다. 이에 따라 결혼식장 업체는 대관료·식음료비용 등 필수품목과 추가 장식·촬영비용 등을 공개하며, 웨딩플래너 업체는 스드메(스튜디오 촬영·드레스 대여·메이크업) 기본금, 드레스 선택비용 등을 공개한다. 변동되는 가격은 분기(4·7·10월) 기준으로 새로 반영한다. 다만 가격공개가 의무사항이 아닌 만큼 범정부 차원에서 가격공개 의무화를 골자로 하는 '결혼서비스법' 제정도 추진할 예정이다.

북한, 극초음속 IRBM 발사 … 김정은 "누구도 대응못할 무기"

북한이 신형 극초음속 중장거리탄도미사일(IRBM) 시험발사에 성공했다고 1월 7일 조선중앙통신이 보도했다. 조선중앙통신은 1월 6일 미사일이 음속의 12배에 달하는 속도로 1,500km 떨어진 공해상 목표 가상수역에 정확히 탄착했으며 발동기동체 제작에 새로운 탄소섬유 복합재료가 사용됐다고 주장했다. 반면 합동참모본부는 1,100km를 날아 동해상에 탄착했다고 발표했다. 한미 양국은 북한이 트럼프 대통령의 취임을 앞둔 시점에 괌 타격 능력을 보여주며 견제구를 날리면서도 사거리를 줄이는 방식으로 수위를 조절한 것으로 추측했다.

'여신도 성폭행' JMS 정명석, 징역 17년 확정

신도들을 성폭행하고 강제추행한 혐의로 기소된 기독교복음선교회(통칭 JMS) 총재 정명석 씨에게 1월 9일 대법원이 징역 17년을 확정했다. 정씨는 2018년 2월부터 2021년 9월까지 23차례에 걸쳐 홍콩 국적 신도를 추행 및 성폭행하고 호주 국적 신도와 한국인 신도를 성추행한 혐의로 구속기소 됐다. 앞서 2심 법원은 일관된 종교적 세뇌도 일종의 항거불능으로 간주할 수 있다고 판단해 정씨의 준강간·준강제추행 등 혐의를 전부 유죄로 인정하고 중형을 선고했다. 정씨가 불복했으나 대법원은 이날 원심 판결에 잘못이 없다고 보고 정씨의 상고를 기각했다.

JMS 교회

태국서 사라지는 사람들 … '범죄조직 소굴' 미얀마로 납치 급증

쿠데타 이후 미얀마를 통치 중인 민 아웅 흘라잉 최고사령관

지난 1월 중국 배우 왕싱이 태국에서 납치됐다가 미얀마에서 구출된 이후 유사한 피해사례가 속출해 파장이 커지고 있다. 이번 사건은 단순한 유명인 실종이 아니라 여러 국가와 온라인 사기조직이 관련된 초국가적 범죄여서 더 무겁게 받아들여진다. 미얀마 내 조직이 저지르는 인신매매·납치, 온라인범죄 등이 확대되며 심각성이 재차 부각되고 있지만, 배경도 복잡한 데다 2021년 쿠데타 이후 사실상 치안공백 상태가 된 미얀마의 정세 탓에 해결이 쉽지 않다. 납치된 이들은 취업광고 등으로 유인당해 납치된 후 사기범죄 등에 동원되는 것으로 알려졌다.

숙대, 김건희 여사 석사논문 '표절' 잠정 결론

숙명여자대학교가 김건희 여사의 석사학위 논문 표절의혹에 대해 표절로 결론을 내리고 이를 김 여사에게 통보했다. 의혹이 제기된 논문은 1999년 제출한 석사학위 논문이다. 표절논란이 일자 숙대는 2022년 연구윤리진실성위원회(연진위)를 구성해 같은 해 12월 본조사에 착수했다. 연진위는 지난해 12월 말 본조사 결과를 김 여사에게 통보했으며 이의가 있을 경우 1월 말까지 제기할 수 있다는 절차를 안내했다. 숙대 관계자는 김 여사가 조사결과 우편물을 받지 않아 두 차례 반송됐으며, 이의신청기간인 30일이 지나야 최종결과를 확정해 공개할 수 있다고 전했다.

김건희 여사

'항명·상관명예훼손 혐의' 박정훈 대령 1심서 무죄

해병대 채모 상병 순직사건 관련 항명 및 상관명예훼손 혐의로 기소된 박정훈 전 해병대 수사단장(대령)에게 1심에서 무죄가 선고됐다. 군사법원에 재판권이 없는 채 상병 순직사건은 관련법에 따라 지체 없이 민간 수사기관에 조사기록을 이첩해야 할 의무가 있기 때문에 김계환 당시 해병대사령관이 특별한 이유 없이 수사단에 이첩 중단을 명령할 권한이 없다는 게 재판부의 판단이다. 이종섭 전 국방부 장관에 대한 명예훼손 혐의에 대해서도 재판부는 "제출 증거만으로는 공소사실처럼 피고인 발언이 거짓임이 증명됐다고 보기 어렵다"며 역시 무죄라고 판단했다.

박정훈 전 해병대 수사단장

영국 가려면 전자여행허가 받아야 … 한국 포함 48개국 확대

영국이 비자 면제 방문자에 대한 전자여행허가(ETA) 제도를 1월 8일부터 40여 개 국가로 확대 시행했다. ETA는 비자와 별도로 입국 전 온라인등록을 통해 받는 입국허가로 2년에 걸쳐 1번에 최대 6개월까지 비자 없이 영국에 머물 수 있으며, 여권을 재발급 받으면 ETA도 다시 받아야 한다. 그간 카타르, 아랍에미리트 등 5개 중동국가에 이를 적용해오다 이번 조치로 한국과 일본, 호주 등 48곳으로 대상을 대폭 확대했다. 또 4월 2일부터는 34개 유럽 국가에도 적용된다. 영국정부는 ETA 확대 시행으로 더 간소화되고 안전한 입국체계가 될 수 있다고 설명했다.

공무원 육아휴직 전 기간 승진경력 인정

올해부터 자녀당 최대 3년까지 쓸 수 있는 공무원 육아휴직의 전체 기간을 승진경력으로 인정한다. 인사혁신처는 이 같은 내용을 담은 공무원임용령 개정안이 12월 31일 국무회의를 통과했다고 밝혔다. 기존에는 둘째 이후에 대한 육아휴직만 전체 기간을 근무경력으로 인정하고, 첫째 자녀 육아휴직은 최대 1년까지만 근무경력으로 인정해왔다. 그러나 앞으로는 대상 자녀와 관계없이 육아휴직 기간 전체를 승진을 위한 근무경력으로 인정한다. 개정안 시행일 이전에 사용한 육아휴직 기간도 현 직급에서 사용한 휴직이라면 모두 소급해 경력으로 인정되도록 했다.

교육부 "국립대 등록금 동결해야" … 대학 측 "신중히 검토하겠다"

교육부가 1월 9일 거점 국립대 총장들에게 2025학년도 등록금 동결을 공식 요청했다. 사립대학들이 등록금을 올리려는 조짐을 보이는 가운데 국립대만큼은 정부의 등록금 동결기조에 협력해달라고 거듭 당부한 것이다. 이에 총장들은 등록금 인상 여부를 신중히 검토한 뒤 결정하겠다는 입장을 교육부에 밝힌 것으로 전해졌다. 오석환 교육부 차관은 이날 오후 거점국립대총장협의회와 영상회의 방식의 간담회에서 논의된 내용을 토대로 협의회 회의를 조속히 열어 등록금 인상 여부를 신중히 검토한 후 최종입장을 정할 예정이라고 밝혔다.

오석환 교육부 차관

저커버그 "페이스북 등에서 팩트체킹 폐지" … 트럼프 기조에 부응

마크 저커버그 메타 CEO

마크 저커버그 메타 최고경영자(CEO)가 미국 내 자사 플랫폼에서 '가짜뉴스'를 판별하고 사실관계를 규명하는 제3자의 '팩트체킹'을 폐지한다고 1월 7일(현지시간) 발표했다. 저커버그는 "미국에서 팩트체커(팩트체크 담당자 또는 기능)를 없애고, 그것을 엑스(X)의 '커뮤니티 노트'와 유사한 것으로 대체할 것"이라고 말했다. 커뮤니티 노트는 콘텐츠에 대해 사용자들이 의견을 달 수 있는 기능으로 엑스가 가짜뉴스 대응 차원에서 만든 기능이다. 이러한 발표는 소셜미디어의 자체 콘텐츠 검열 기능을 없애려는 트럼프행정부의 요구에 부응하는 조치로 해석됐다.

'불법 정치자금 수수' 송영길 징역 2년 … '돈봉투'는 무죄

더불어민주당 전당대회 돈봉투 살포 의혹과 불법 정치자금 수수 혐의로 기소된 소나무당 송영길 대표(전 민주당 대표)가 1심에서 징역 2년을 선고받았다. 재판부는 돈봉투 수사의 발단이 된 이정근 전 민주당 사무부총장의 휴대전화 녹음파일의 증거능력을 인정하지 않아 돈봉투 관련 혐의는 모두 무죄로 판단했으며, 소각장 인·허가권과 관련해 청탁을 받았다는 특가법상 뇌물 혐의에 대해서도 "부정한 청탁에 해당한다고 보기 어렵다"며 무죄로 판단했다. 다만 사단법인 '평화와 먹고사는 문제 연구소'를 통해 후원금 명목으로 불법 정치자금을 수수한 혐의는 유죄로 판단했다.

송영길 소나무당 대표

전기차 최대 '580만원+α' 보조 … 청년 '첫차'면 20% 추가

환경부가 1월 2일 전기차 보조금 개편안을 발표했다. 개편안에 따르면 올해 전기승용차를 살 경우 최대 '580만원+α'의 보조금을 받는다. 가장 큰 변화는 '안전계수'를 도입해 차량 제조·수입사가 제조물 책임보험에 가입하지 않은 차량이나 충전량 정보(SoC)를 제공하지 않는 차량은 보조금을 아예 주지 않기로 한 점이다. 청년기본법에 따른 19세 이상 34세 이하 청년이 생애 첫 차로 전기차를 사면 보조금을 20% 더 주는 인센티브가 신설된 점도 눈길을 끈다. 올해 전기차 보조금 개편안이 행정예고를 거쳐 확정되면 보조금을 신청할 수 있다.

트럼프 '그린란드 매입 추진'에 덴마크 "그린란드 매물 아냐"

트럼프 대통령

덴마크정부가 1월 7일(현지시간) 자치령인 그린란드를 매입하겠다는 도널드 트럼프 당시 미국 대통령 당선자의 주장에 "판매대상이 아니다"라고 거부의사를 명확히 했다. 메테 프레데릭센 덴마크 총리는 이날 현지방송에 출연해 "그린란드의 미래를 결정하고 정의할 수 있는 건 오직 그린란드뿐"이라고 강조했다. 그린란드는 300여 년간 덴마크 지배를 받다가 1953년 식민통치 관계에서 벗어나 본국 일부로 편입됐으며, 2009년 제정된 자치정부법을 통해 외교·국방을 제외한 모든 정책 결정에 대한 자치권을 이양받았다. 다만 주민투표를 통해 독립을 선언할 수 있는 상태다.

패션플랫폼·의류업체, 패딩 혼용률 논란에 대책 마련 나선다

최근 의류 브랜드들의 패딩 충전재 혼용률이 표기된 것과 달라 논란이 일면서 패션플랫폼과 의류업체들이 대책 마련에 나섰다. 패션플랫폼은 시험성적서를 받은 제품만 신상품으로 등록하고 표기오류 또는 고객신고가 있을 시 반품·환불 처리를 진행하고 있으며, 혼용률 논란을 일으킨 일부 국내 업체에 대해서는 퇴출조치를 내렸다. 의류업체도 외부 인증기관의 품질검사, 제품 수거 테스트 등 다양한 방법으로 품질관리를 강화하고 있다. 일각에서는 수많은 제품을 일일이 모두 검수하기가 어려운 만큼 재발방지를 위해 보다 엄격한 메시지를 내야 한다고 지적했다.

푸틴, 아제르 여객기 추락 사과 … 사실상 오인 격추 인정

블라디미르 푸틴 러시아 대통령이 아제르바이잔 여객기 추락사고와 관련해 일함 알리예프 아제르바이잔 대통령에게 사과했다고 타스, 로이터, AFP 통신이 12월 28일(현지시간) 보도했다. 크렘린궁에 따르면 푸틴 대통령은 이날 알리예프 대통령과 전화통화를 해 러시아 영공에서 '비극적인 사건'이 발생한 데 대해 사과하고 희생자 가족들에게 깊은 애도를 표했다. 푸틴 대통령은 이번 통화에서 러시아가 여객기를 격추했다고 직접적으로 언급하진 않았지만, 크렘린궁은 사고 당시 러시아 방공망이 우크라이나 전투드론을 격퇴하고 있었다고 밝혀 사실상 책임을 인정했다.

추락한 아제르바이잔 여객기 동체

예금자 보호한도 5,000만원서 1억원으로 상향

예금자 보호한도를 5,000만원에서 1억원으로 상향하는 예금자보호법 개정안이 12월 27일 국회 본회의를 통과했다. 개정안은 2001년부터 각 금융기관당 5,000만원 한도에 머물러 있던 예금보호액을 1억원으로 높이는 것을 골자로 한다. 1인당 국내총생산액과 예금 등 규모가 증가했는데도 예금자 보호한도가 여전히 2001년 수준에 머물러 있다는 지적이 제기됨에 따라 예금보험금 지급한도를 상향해 예금자 보호를 강화한다는 취지다. 시행시기는 공포 후 1년 이내로 금융당국이 시장상황을 고려해 구체적인 적용시점을 결정할 수 있도록 했다.

대한항공·아시아나 기업결합 완료 … '독점 우려' 딛고 통합 과제

국내 대형항공사(FSC) 간의 첫 기업결합인 대한항공과 아시아나항공의 합병절차가 1월 11일 대한항공의 아시아나항공 지분 인수를 끝으로 일단락됐다. 대한항공은 아시아나를 자회사로 편입하고, 2월 중 아시아나 및 산하 항공사들의 새 대표이사와 주요 임원진을 선임한다. 이후 약 2년간의 독립운영 기간을 두고 아시아나와의 마일리지 통합 등의 화학적 결합 수순을 밟을 예정이다. 두 항공사 간 합병으로 향후 항공경쟁력이 상승할 것으로 기대되고 있으나, 업계 간 경쟁이 위축되면서 발생할 수 있는 항공권 가격 상승 등의 폐해에 대한 우려는 해결해야 할 과제로 남아 있다.

필리핀 잼버리 행사장 감전사고 … 보이스카우트 15명 사상

12월 12일 필리핀 잠보앙가시 잼버리 행사장에서 감전사고가 발생해 보이스카우트 단원 3명이 사망하고 12명이 다쳤다. 부상자 12명은 입원해 치료받았으며 이중에는 9세, 11세 단원도 포함된 것으로 알려졌다. 이들은 잼버리 개막 직전 그늘을 만들기 위한 대형천막을 옮기다가 끝부분이 전선에 닿으면서 감전됐는데, 의료진이 도착했을 때 이미 3명은 사망한 상태였다고 당국은 전했다. 이에 참가자 안전을 위해 잼버리가 즉각 취소했고, 잠보앙가시 보이스카우트연맹은 "이번 사고에 대한 모든 책임을 질 것"이라며 "희생자 가족들에게 애도를 표한다"고 말했다.

2024년 당시 한국을 방문한 잼버리 참가자들

'민간주도' 누리호 4차 발사 … '뉴 스페이스' 신호탄 쏜다

우리나라가 독자 개발한 한국형 발사체 '누리호'가 올해 하반기 민간 기술이전을 통한 4차 발사에 나서며 '뉴 스페이스(민간주도 우주산업)' 진입을 본격화한다. 12월 27일 우주항공청에 따르면 올해 말 목표로 4차 발사를 준비하고 있으며 한국항공우주연구원과 체계종합기업으로 선정된 한화에어로스페이스가 공동 총조립을 수행하고 있다. 하지만 본격적으로 우주로 향하기 위해 넘어야 할 난관들도 남아 있다. 차세대 발사체 사업에서의 지식재산권의 향방과 누리호 기술이전을 위해 기술 가치평가를 받는 과정에 양측 간 견해차가 커 협의에 어려움을 겪는 것으로 알려졌다.

AI교과서, 교과서 아닌 '교육자료'로 격하 … 국회 본회의 통과

교육부는 12월 26일 국회 본회의에서 AI교과서를 교육자료로 규정하는 초·중등교육법 개정안이 의결됐다고 밝혔다. 개정안은 교과서 범위를 도서 및 전자책으로 제한하고 AI교과서를 교육자료로 규정하는 내용을 담았다. 전자책은 교과서 내용을 음반, 영상 또는 전자적 매체에 실어 학생이 정보처리장치를 통해 이용할 수 있게 발행한 것으로 AI교과서는 해당하지 않는다고 봤다. 또 AI교과서의 사용 여부를 교육부 장관이 아닌 학교장 재량에 따르도록 했다. 교육부는 12월 30일 AI교과서가 교육자료로 활용되더라도 학교에 최대한 보급되도록 지원하겠다는 입장이다.

인공지능 산업 지원·규제 근거 마련 … 'AI기본법' 국회 통과

인공지능(AI) 산업의 건전한 발전을 지원할 근거와 기준을 명시하고 신뢰기반 조성에 관한 기본사항을 규정한 법안이 12월 26일 국회를 통과했다. 법안은 과학기술정보통신부(과기부)의 '인공지능 기본계획' 수립, 정부의 윤리원칙 실천방안 공개 및 홍보, AI 연구·개발을 위한 집적단지 조성 지원 등의 규정을 담았다. 또한 사람의 안전 및 기본권에 중대한 영향을 미치거나 위험을 초래할 우려가 있는 AI시스템을 '고영향 AI'로 규정해 관련 규제도 마련했다. 과기부는 하위법령과 가이드라인 마련 등 후속조치를 올해 상반기에 조속히 추진할 계획이라고 밝혔다.

2027년부터 지방공무원 7급 공채에 PSAT 도입 … 국어 과목 대체

12월 18일 행정안전부가 2027년부터 지방공무원 7급 공채시험 과목 중 국어를 '공직적격성평가(PSAT)'로 대체한다고 밝혔다. PSAT는 공직수행에 필요한 논리력, 분석력, 판단력 등 공통역량을 검정해 우수인재를 선발하기 위한 시험이다. PSAT 도입에 따라 지방직 7급 공채시험의 절차 및 합격자 결정방법도 조정된다. 필기시험(1·2차 과목)과 면접시험의 2단계로 운영되던 현행 시험절차는 1차 PSAT, 2차 과목 필기시험, 3차 면접시험의 3단계로 조정된다. 2027년부터는 한 번의 PSAT 응시로 지방직 7급뿐만 아니라 국가직 7급 시험 지원도 가능해진다.

2025년부터 기업 출산지원금 '전액' 비과세

지난해 12월 10일 기업의 출산지원금 근로소득 비과세 규정이 통과됐다. 이어 올해부터 기업이 근로자나 그 배우자의 출산 때 자녀 출생 2년 이내 최대 두 차례에 걸쳐 지급하는 급여에 전액 과세하지 않는다. 출산지원금 비과세 결정 배경에는 부영그룹이 있다. 부영그룹은 지난해 임직원에게 1억원의 출산지원금을 증여 형태로 지급한다고 밝혔다. 근로소득보다 증여가 근로자의 세금 부담이 적기 때문이었다. 기업의 출산지원금에 세금을 물리는 게 적절하냐는 지적이 나오며 비과세 논의에 불이 붙었다. 정부는 이러한 지적을 수용해 출산지원금 전액 비과세 결정을 내렸다.

기조강연하는 주형환 저출산고령사회위원회 부위원장

한국 첫 노벨문학상 수상
"친애하는 한강"

문학상 역대 121번째 주인공

"친애하는(Dear) 한강! 스웨덴 한림원을 대표해 따뜻한 축하를 전할 수 있어 영광입니다. 국왕 폐하로부터 상을 받기 위해 나와 주시기를 바랍니다"

한강이 무대 가운데로 향하자 장내 참석자들이 모두 기립했고, 그가 메달과 증서를 받아 들고 환한 미소를 띠며 국왕과 악수하자 박수가 쏟아졌다.

한강은 역대 121번째이자 여성으로는 18번째 문학상 수상자다. 한국인 노벨상 수상은 2000년 평화상을 받은 고(故) 김대중 전 대통령에 이어 두 번째다.

한강은 시상식 후 열린 기념연회에서 "문학작품을 읽고 쓰는 일은 필연적으로 생명을 파괴하는 모든 행위에 반대하는 일"이라고 영어로 수상소감을 밝혔다.

노벨상 이후 해외에서 한국문학에 대한 관심과 수요가 늘어난 만큼 다양한 작품이 번역돼 소개되고 더 많은 평가와 관심으로 이어지는 선순환이 기대된다.

한강의 수상과 더불어 한국작가들의 3년 연속 부커상 최종후보 선정 등으로 근래 급격히 위상이 높아진 한국문학이 새해에는 어떤 성취를 이룰지도 주목된다.

핵심 브리핑

소설가 한강이 지난 12월 10일(현지시간) 한국인 최초이자 아시아 여성 최초로 노벨문학상을 수상하며 세계적인 문학가 반열에 우뚝 섰다. 한강은 이날 오후 스웨덴 스톡홀름의 랜드마크인 콘서트홀(Konserthuset)에서 열린 '2024 노벨상 시상식'에 참석해 칼 구스타프 16세 스웨덴 국왕으로부터 노벨상 메달과 증서를 받았다.

이슈&시사상식
팩트체크

헷갈리는 상설특검과 일반특검
뭐가 다른가?

What?

지난 12월 3일 발생한 비상계엄 사태 이후 야당의 주도로 국회에서 내란혐의에 관한 상설특검이 가동되기 위한 절차가 완료된 데 이어 개별특검법안 제정도 추진되고 있다. 탄핵정국으로 대내외 혼란이 지속되는 가운데 정치권에서 논란이 된 상설특검과 일반특검의 차이에 대한 궁금증이 일고 있다.

'개별특검법 제정 필요 여부'가 가장 큰 차이

일반적으로 특검이라고 하면 개별 사안에 대한 특검법(개별특검법)에 따른 특검을 지칭한다. 검찰수사로 비리나 범죄의혹이 충분히 해소되지 못했거나 검찰수사 과정에서 공정성·신뢰성에 대한 논란이 있을 때 국회에서 개별특검법을 제정해 특검을 출범시킨다. 다만 법률사항이어서 국회에서 개별특검법을 발의해 통과시키더라도 대통령이 해당 법안에 거부권(재의요구권)을 행사할 수 있다. 1999년 조폐공사 파업 유도 및 옷 로비 의혹 사건 특검을 시작으로 2022년 공군 성폭력 피해자 고(故) 이예람 중사 사망사건 특검까지 모두 13건의 특검이 개별특검법에 따라 진행됐다.

반면 상설특검은 2014년 3월에 제정돼 같은 해 6월부터 시행된 '특별검사의 임명 등에 관한 법률(상설특검법)'을 따른다. 상설특검법은 특검의 발동경로와 수사대상, 임명절차 등을 법률로 명문화해 문제가 된 사건이 발생하면 곧바로 특검을 임명해 관련 수사를 할 수 있도록 했다. 과거 특검을 도입하기 위한 개별법률을 제정하는 과정에서 도입 여부, 특검의 수사대상, 특검 추천권자 등을 둘러싼 여야간 정치적 공방이 끊이지 않았고, 이는 결국 특검의 수사결과에 대한 불신으로 이어졌다. 법제처는 이에 대한 대안으로 상설특검법이 제정됐다고 설명한다.

상설특검, 도입은 됐으나 … 보완책 마련해야

하지만 상설특검법이 시행된 이후 이 법에 따른 상설특검은 2021년 세월호참사 진상규명을 위한 특검이 유일했다. 반면 2016년 최서원 씨(개명 전 최순실)의 국정농단 사태, 2018년 드루킹 댓글조작 사건, 2022년 고 이예람 중사 사망사건 등 3건의 특검이 개별특검법에 의해 진행됐다. 일반특검이 상설특검보다 더 선호된 셈이다.

이번 12·3 비상계엄 사태와 관련해 상설특검이 먼저 도입된 것은 상설특검 발동이 용이하기 때문으로 풀이된다. 상설특검은 국회 본회의에서 수사요구안이 의결되면 가동된다. 상설특검법에 따르면 국회에서 이같이 특검수사가 결정되면 대통령은 특별검사 후보추천위원회에 특검 후보자의 추천을 의뢰해야 하고, 특검후보추천위는 5일 이내에 대통령에게 후보자 2명을 추천해야 한다. 이번 특검후보추천위는 법무부 차관, 법원행정처 차장, 대한변호사협회 회장과 더불어민주당, 조국혁신당, 진보당이 추천한 4명 등 7명의 위원으로 구성됐다.

특검의 임명권자인 윤석열 대통령이 특검의 수사대상이 된 점도 상설특검을 먼저 진행하게 된 이유로 꼽힌다. 일반특검은 법률제정이 선행돼야 하므로 국회에서 개별특검법이 통과되더라도 대통령이 해당 법안에 거부권을 행사할 수 있는 반면 상설특검은 이미 법 자체는 마련돼 있어 대통령이 국회의 수사요구를 거부할 수 없다. 즉, 대통령의 거부권이 행사될 여지가 없는 것이다.

그렇다고 상설특검에 '허점'이 없는 것은 아니다. 상설특검법 제3조의 특검 임명절차를 보면 대통령은 특검후보추천위에 후보자 추천을 '의뢰해야' 하고, 추천된 후보자 중 1명을 특검으로 '임명해야 한다'고 돼 있어 의무조항에 해당한다. 하지만 대통령이 따르지 않더라도 이를 강제할 조항이 없어 대통령이 법을 무시하고 특검을 임명하지 않을 수도 있다.

실제로 지난해 12월 '내란 상설특검'이 국회 본회의를 통과했지만 1월 9일까지도 특검 후보자 임명이 이뤄지지 않았다. 이에 우원식 국회의장은 최상목 대통령 권한대행 부총리 겸 기획재정부 장관이 국회에 '내란 상설특검'의 후보자 추천을 의뢰하지 않고 있다며 헌법재판소에 권한쟁의심판을 청구한다고 밝혔다.

야당도 이런 점을 의식해 양부남 민주당 의원의 대표발의로 상설특검법 개정안을 국회에 제출해 놓은 상태다. 이 개정안에 따르면 대통령이 후보추천위가 구성된 날로부터 3일 이내 특검 후보자 추천을 의뢰하지 않으면 국회의장이 추천을 의뢰하고, 대통령이 후보자 추천을 받은 날로부터 3일 이내 특검을 임명하지 않으면 후보자 중 연장자가 특검으로 임명된 것으로 간주한다. 상설특검이 도입된 지 10년이 지났지만 여전히 활발히 이용되지 않는다는 점을 감안한다면 특검법 전반적으로 제도의 미비점을 개선하는 것이 시급해 보인다. 시대

Fact!

상설특검은 '특별검사의 임명 등에 관한 법률'에 따라 명문화돼 있어 문제가 발생하면 곧바로 수사를 할 수 있는 반면, 일반특검은 개별 사안에 대한 특검법 제정이 선행돼야 한다는 차이가 있다.

다시 만난 세계
새로운 K-집회

2024년에서 2025년으로 넘어가는 연말연시, 도심은 2016년과 2017년을 잇던 겨울에 이어 또다시 빛으로 물들고 노래로 가득 찼다. 그러나 여전히 해학이 넘치고 평화로웠지만, 이번에는 촛불이 아니라 응원봉이었고 민중가요가 아니라 K-음악이었다. 다른 점은 또 있다. 광장을 채운 인파의 대부분이 20~30대 젊은 여성들이었다. 8년 만에 K-집회가 또다시 진화했다는 찬사가 잇따르고 있다.

대통령 탄핵소추안이 가결된 순간 가장 먼저 현장에 울려 퍼진 노래는 '다시 만난 세계'였다.

> 사랑해 널 이 느낌 이대로
> 그려왔던 헤매임의 끝
> 이 세상 속에서 반복되는
> 슬픔 이젠 안녕
>
> 수많은 알 수 없는 길 속에
> 희미한 빛을 난 쫓아가
> 언제까지라도 함께 하는 거야
> 다시 만난 우리의

8년 전 광화문 촛불집회를 이끈 이화여대 시위에서 대학생 등 청년세대의 목소리를 담은 집회의 상징처럼 자리 잡은 '다시 만난 세계'는 걸그룹 소녀시대가 2007년 발표한 곡으로 발표 17년 만의 겨울 다시 전국 도심 곳곳에서 울려 퍼지고 있다. 소녀시대 혹은 SM타운 콘서트가 아니라 최근 12·3 비상계엄 및 내란 사태로 촉발된 탄핵 촉구 집회현장에서.

'다시 만난 세계'에서 '임을 위한 행진곡'까지

❖ 촛불 대신 응원봉 들고
❖ 2030은 민중가요, 5060은 최신 K-팝 배워 융화
❖ 비장보다는 희망을, 엄숙보다는 해학을

비상계엄 이후 국회에 대통령 탄핵 가결을 촉구하는 여의도 집회현장에는 이전의 어떤 집회에서도 볼 수 없었던 아이돌 그룹이나 프로야구팀의 응원봉이 등장했다. '내란죄 윤석열 퇴진! 국민주권 실현! 사회대개혁! 범국민촛불대행진'에 참석한 시민들은 탄핵안 가결이라는 엄중한 상황에서 "윤석열 퇴진!"을 비장하게 외치다가도 음악이 나오면 한 목소리로 '떼창'을 하며 한 손으로는 '내란죄 윤석열 탄핵'이란 손 팻말을, 다른 한 손으로는 촛불 대신 저마다 다른 모양의 형형색색 아이돌 응원봉들을 흔들었다.

2024~2025 집회에 등장한 탄핵 응원봉

집회현장의 분위기를 이끄는 음악은 세대를 아우른다. '임을 위한 행진곡'이나 노래를 찾는 사람들의 '광야에서'처럼 전통적인 민중가요나 '다시 만난 세계' 외에도 로제의 '아파트', 에스파의 '위플래시' 등 최신곡을 비롯해 지드래곤의 '삐딱하게', 샤이니의 '링딩동', 투애니원의 '내가 제일 잘 나가'처럼 30~40대가 기억하는 노래부터 윤수일의 '아파트', 김연자의 '아모르파티' 등 트로트, 집회현장 단골곡이었던 무한궤도의 '그대에게'까지 전 세대의 감성을 포괄했다.

시민들의 반응은 긍정적이다. 엑스(X, 옛 트위터)에는 "여의도 탄핵클럽 개장", "살면서 이런 경험은 처음. 여러분도 어서 집회로" 등의 게시글과 함께 탄핵집회 사진과 동영상이 잇따라 올라왔다. 집회 참여자들은 집회라고 해서 꼭 비장한 노래를 선곡할 필요는 없다고 생각한다며 즐길 수 있는 분위기 덕에 '가장 힙한 장소가 국회 앞'이란 얘기가 나올 정도다. 그러면서 청년들 사이에서는 민중가요 등을 찾아 공유하는 것이 유행처럼 번졌다.

중·장년층도 집회현장에 등장한 응원봉을 신기해 하면서도 청년들이 만들어가는 새로운 집회문화를 "아름답다, 즐겁다, 새롭다"면서 찬사를 아끼지 않았다. 그러면서 청년들이 민중가요를 배우려 하듯 최신 아이돌 곡을 배우겠다면서 '탄핵집회 플레이리스트'를 공유하고 있다. 소셜미디어에는 "탄핵집회에서 따라 부르려고 들어와 배우는 60대 엄마, 고마워요", "13년 전 노래를 50대 중반이 된 아저씨가 집회를 통해 알게 됐네요. 지금이라도 알게 돼 기쁩니다" 등의 댓글이 속속 올라왔다. 중년은 K팝을, 청년은 민중가요를 배우는 새로운 유행까지 생겨난 것이다.

탄핵 촉구 '범국민촛불대행진'(2024.12.14. 여의도)

이와 관련해 서정민갑 대중음악평론가는 한국일보와의 인터뷰에서 "시민사회단체 활동가들이 실무를 맡은 집회에서 젊은 참여자들의 감성을 발 빠르게 수용한 담당자의 감각이 돋보인다"면서 "운동성이나 비판성을 갖지 않은 노래도 광장에서 울려 퍼지며 함께 즐기면 자연스럽게 녹아들고 다른 의미로 피어난다는 점이 인상적이었다"고 말했다.

평화롭고, 유쾌하고 발랄한 새로운 집회

❖ 기발한 개사·깃발로 시종일관 유쾌
❖ 선결제, 난방버스, 핫팩 등 지원도 봇물
❖ "우리는 실패하지 않았다" 좌절 대신 희망

2016~2017 집회가 '평화'로 기억된다면 2024~2025 집회는 '열정, 희망' 외에도 '해학'으로 기억될 것으로 보인다. 집회현장에서는 기존 노래가사를 바꿔 부르는 경우는 흔한데, 이번에도 다르지 않았다. '그대에게'의 '내 삶이 끝나는 날까지 / 나는 언제나 그대 곁에 있겠어요'가 '윤석열 끝나는 날까지 / 나는 언제나 그대 곁에 있겠어요'로 바뀌고, 로제의 '아파트'는 '탄핵해'로, 세븐틴 유닛 그룹 부석순의 '파이팅해야지'는 '탄핵해야지'로 바뀌었다. 특히 가수 백자가 캐럴 '펠리스 나비다드(Feliz Navidad)'를 '탄핵이 답이다'로 바꾼 이른바 '탄핵캐럴'도 큰 호응을 얻었다. 세계적으로 익숙한 멜로디 덕에 외신의 조명을 받는가 하면 X에서 조회수 900만여 건을 기록하는 등 빅히트를 기록했다.

기발한 문구의 깃발도 등장했다. '전국 집에 누워 있기 연합', '전국 뒤로 미루기 연합', 'TK 장녀 연합', '화분 안 죽이기 실천 시민연합', '전국 삼각김밥 미식가 협회', '직장인 점심메뉴 추천조합' 등 많은 참

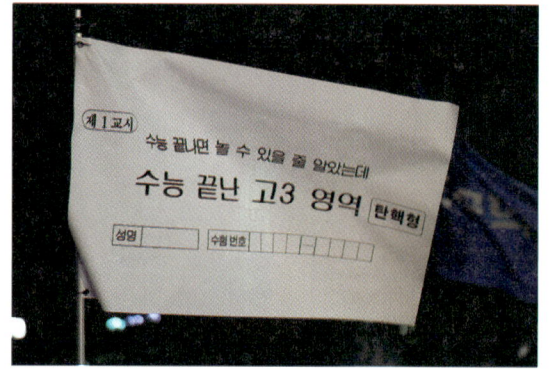

탄핵 촉구 집회현장의 재치 넘치는 깃발

가자가 자신의 관심사나 특징을 기반으로 문구를 정해 자발적으로 깃발을 제작한 것이다.

그 외에도 '강아지 발 냄새 연구회', '전국 고양이 노동조합', '전국 과체중 고양이 연합'처럼 동물을 앞세운 것뿐 아니라 '원고하다 뛰쳐나온 로판 작가 모임회', '논문 쓰다가 뛰쳐나온 사람들' 등 직업적 공통점을 기반으로 하거나 '응원봉을 든 오타쿠 시민연대'처럼 K팝이나 게임 등 공통 관심사를 소재로 한 깃발들이 현장에서 시민들을 웃게 했다. 탄핵을 촉구하는 시민들이 분노와 의지를 참신한 아이디어로 승화했다는 평가가 나온다.

선결제도 새로운 집회문화로 떠올랐다. 집회에 참석 못 한 이들이 현장 인근 업소에 '선결제'해서 집회 참가자들이 무료로 제공받을 수 있게 한 것이다. 이는 한 해외동포가 시작한 것이 알려지면서 주목을 받았는데, 여기에 자신의 응원봉을 가진 팬들을 위해 연예인들이 동참하면서 집회문화로 자리 잡았다. 특히 선결제 열기는 12월 21일 전국농민회총연합(전농)·전국여성농민회총연합(전여농) 소속 '전봉준 투쟁단'의 트랙터 대행진이 경찰에 의해 남태령에서 막혔을 때 절정을 이뤘다. 당일 광화문 집회 중에 소식을 접한 일부 참가자들이 남태령으로 가 밤 새워 트랙터 곁을 지켰는데, 이날 남태령역 출구 앞에는 누군가가 음식과 핫팩 등을 보내온 오토바이 퀵배달과 영하 10°C의 추위 속에 참가자들의 체온유지를 위해 보내준 '난방버스'가 쇄도했다.

MZ세대가 이끄는 새로운 집회는 윤석열 대통령의 첫 번째 체포영장 유효기간 만료를 앞뒀던 1월 5~6일에도 빛이 났다. 이날은 서울 전 지역에 대설주의보가 내려진 날로 새벽부터 눈발이 날렸지만, 참가자들은 일명 우주담요로 불리는 은박담요로 몸을 꽁꽁 싸맨 채 현장을 떠나지 않았다. 그런데 그 모습이 마치 은박지로 포장된 초콜릿 브랜드 '키세스'를 연상케 해 누리꾼들로부터 "응원봉 든 키세스단", "웅장하고 아름다운 키세스들"이란 찬사를 이끌었다.

폭설 속에서도 자리를 지키며 체포를 촉구하는 '키세스 시위대'

전문가들은 집회문화가 변한 원인을 집회의 주역이 MZ세대로 바뀐 데서 찾는다. 구정우 성균관대 사회학과 교수는 "청년세대가 이번 사태를 겪으면서 스스로를 지키겠다는 정치적 각성이 일어났다"고 말하며 "특히 아티스트, 즉 남을 위해 헌신하는 팬덤문화가 민주주의 위기 극복이라는 목표와 결합해 민주·평화적이고 유쾌한 집회가 진행될 수 있었다"고 설명했다.

집회 참가자들의 쉼터로 이용된 '난방버스'

이슈평론

윤석열 대통령, 체포 불응
대통령은 법 위에 있나

NEWSPAPER
尹 측 "경찰 체포영장 집행한다면 신분증 제시·얼굴 공개하라"

윤석열 대통령 측은 1월 13일 경찰의 윤 대통령 체포영장 집행은 불법이라고 거듭 주장하는 한편 경찰이 영장집행에 나선다면 공무원 신분증을 착용·제시하고, 동일인 여부 확인을 위해 마스크 등을 쓰지 말고 얼굴을 공개하라고 요구했다. 윤 대통령 변호인인 윤갑근 변호사는 "공수처의 수사지휘에 따를 의무가 없는 경찰이 스스로 공수처의 시녀가 돼 불법집행의 행동대원이 되는 우를 범하지 말라"고 강조했다.

2025.01.13. 연합뉴스

체포의지 드러낸 공수처, 버티기 한 대통령

윤석열 대통령에 대한 1차 체포영장 집행에 실패한 고위공직자범죄수사처(공수처)와 경찰이 서울서부지방법원에 체포영장을 다시 청구해 발부받았다. 공수처는 경찰과 체포영장 집행시점과 방법에 관해 긴밀히 협의한 것으로 전해졌다. 경찰 국가수사본부는 영장 재발부 나흘째인 1월 10일 수도권 광역수사단(광수단) 소속 수사책임자들을 불렀으며, 전날에는 수도권 광수단과 안보수사대 등에 체포영장 집행 투입을 위한 '수사관 동원령'을 담은 공문도 보낸 것으로 알려졌다. 동원대상은 1,000여 명에 이르는 것으로 전해졌다. 영장집행 의지를 강하게 드러낸 것이다. 그러나 윤 대통령 측은 입장은 강경했다. 공수처에 내란죄 수사권한이 없으며, 서울중앙지법이 아닌

한남동 대통령 관저

무장한 채 관저 주변을 순찰하는 경호처 직원들

서부지법에서 발부받은 체포영장은 위법하다는 것이 그들 주장의 골자다. 이 때문에 윤 대통령은 공수처와 경찰의 계속된 소환과 체포영장 집행에도 꿈쩍도 하지 않았다.

여권에서는 이런 주장도 했다. 현직 대통령의 지위를 무시한 체포가 국격을 격하시킬 수 있다는 것이다. 아울러 현직 대통령의 양손에 수갑을 채우고 기어코 연행하는 사태가 과연 국익에 도움이 되느냐고 반문했다. 권성동 국민의힘 원내대표는 "수사권이 없는 수사기관이 무리하게 영장을 집행하려고 달려오는 바람에 온 나라가 일주일 넘게 혼란상태"라며 "대한민국 혼란상을 전 세계에 홍보할 심산이 아니라면 영장집행은 이쯤에서 포기해야 한다. 역사에 길이 남을 죄를 짓지 말길 바란다"고 주장했다.

헌정사에 유래없는 '법치주의' 대통령의 버티기

여권의 주장대로 현직 대통령의 체포영장 집행은 헌정사에 유래가 없던 일이다. 그러나 현직 대통령의 기습적인 비상계엄 또한 헌정사에 지울 수 없는 얼룩을 남겼다고 많은 이들이 입을 모은다. 게다가 군 장성들의 검찰조사를 통해 계엄 뒤편에 가려진 반헌법적인 음모가 속속 드러나고 있어 내란혐의는 더 짙어졌다.

윤 대통령 입장에서는 그간 야권이 탄핵을 남발했다고 생각하고 이에 대해 불만을 가질 수는 있겠으나, 이를 타개할 방법이 명백히 틀렸다. 암울한 군사정권을 지나 민주주의를 이룩한 지 40년 가까이 지난 시점에서 야당이 마음에 들지 않는다고 무력으로 국회를 통제하겠다는 것이 가당키나 한 일인가. 아울러 법원이 정식으로 발부한 체포영장을 위법하다고 보기 어려운데, 과거 그렇게나 법치를 부르짖던 검찰총장 출신 대통령이 법원이 발부한 영장을 거부한다는 것은 어불성설이다. 한술 더 떠 다른 법원에서 발부한 영장에는 응하겠다니, 대통령은 과연 법 위에 있는 것인가?

결국 체포된 대통령, 조사 성실히 받아야

윤 대통령은 결국 계엄사태 43일 만인 1월 15일 체포됐다. 체포영장에 내란 우두머리로 적시된 윤 대통령은 곧바로 정부과천청사로 이송돼 첫 조사를 받았다. 그러나 10시간이 넘게 이어진 조사에서 윤 대통령은 묵비권을 행사하며 조사를 거부한 것으로 알려졌다. 공수처에 의하면 조사 내내 "진술을 거부하겠다"는 말조차 하지 않았다고 한다.

윤 대통령은 체포 직전 남긴 영상메시지에서 "불법 수사·체포와 영장발부"라는 주장을 했다. 체포가 문제가 있다면 법원에 적부심을 청구해 판단을 받으면 될 일이다. 윤 대통령은 계엄 후 대국민 메시지에서처럼 이제라도 조사에 성실히 응해야 한다. 그것이 대통령으로서의 품위를 지킬 마지막 기회일지도 모른다.

이슈&시사상식
세계는 지금

화마의 상처 씻어낸
노트르담 대성당

복원공사를 마치고 재개관한 노트르담 대성당

2019년 4월 15일 화마에 휩싸여 처참하게 무너졌던 '프랑스의 상징' 노트르담 대성당이 5년여의 복원공사 끝에 2024년 12월 7일(현지시간) 공식적으로 다시 문을 열었다. 프랑스정부는 이날 오후 7시 파리 노트르담 대성당에서 재개관 기념식을 거행했다. 기념식에는 대성당 화재 당시 진화에 나선 소방관들과 성당 복원 작업자들, 가톨릭계 인사들과 세계 각국 귀빈 등 1,500여 명이 참석했다.

5년 만에 시민에게 새롭게 돌아온 '파리의 상징'

프랑스 파리의 상징적인 기념물인 노트르담 대성당을 화마의 상처로부터 복원하는 데는 5년 반이라는 세월이 필요했다. 재개관을 앞둔 2024년 11월 29일(현지시간) 마지막으로 복원공사현장을 방문한 에마뉘엘 마크롱 프랑스 대통령은 5년여 만에 처음 공개된 대성당 내부에 감탄을 금치 못하며 "성당은 복구되고, 재창조되며, 동시에 재건됐다"고 말했다.

마크롱 대통령의 말대로 공개된 대성당 내부는 기존의 모습과 같으면서도 완전히 다른 이미지를 선사했다. 160년 동안 청소가 되지 않아 세월의 흔적을 고스란히 담고 있던 벽면은 잿빛을 벗고 밝은 크림색의 속살을 드러냈다. 대성당의 사방에 둘러쳐진 스테인드글라스도 복구과정에서 때를 벗고 한층 투명해져 외부 빛을 더 강하게 내부로 전달했다. 이런 변화들 덕분에 과거 다소 어두웠던 대성당 내부는 빛이 가득한 성소로 시민들에게 돌아왔다.

노트르담 대성당 화재부터 재개관까지

2019년 4월 15일	대형화재 발생 (첨탑·지붕 3분의 2 소실 및 내부손상) ❶ 첨탑 보수공사용 비계에서 발화(원인 미상) ❷ 첨탑으로 화염 확산 ❸ 첨탑 붕괴 ❹ 중앙예배실 위 목조지붕 붕괴
2024년 12월 7일	재개관 기념식 (교구 인사, 에마뉘엘 마크롱 프랑스 대통령, 도널드 트럼프 미국 대통령 당선인 등 주요 인사 대거 참석)
8일	주 제단 봉헌식 및 개관 미사 (마크롱 대통령, 전 세계 170여 명 주교, 파리 교구 본당 대표 사제, 초청 신자 등)
9일~	일반인 방문 가능

자료 / 노트르담 대성당 홈페이지, AFP

2,063일의 복구기간, 많은 이들이 피땀 흘려

재건에 가까운 대성당의 복원에는 불이 난 2019년 4월 15일로부터 7일까지 5년 7개월하고도 22일, 총 2,063일이 걸렸다. BFM TV에 따르면 대성당 복원 작업은 안전확보 작업에만 약 2년 6개월이 걸렸다. 이 과정에서 두 차례의 작업중단이 있었다. 2019년 8월 대성당 주변의 납 오염 문제가 불거져 작업이 중지됐고, 이듬해 초에는 코로나19 팬데믹이 덮쳐 또다시 작업이 올스톱됐다. 그나마 성당복원이 5년여 만에 마무리될 수 있었던 데에는 대성당을 위해 희생한 이들이 있었기 때문이다. 성당 복원작업에는 프랑스 전역에서 총 2,000명이 동원된 것으로 파악되고 있다. 지붕공, 석공, 목수, 오르간 제작자, 비계 제작자까지 수많은 이의 땀이 들어갔다.

성당 재건에는 총 7억유로(약 1조원)가 소요됐다. 이 비용은 전 세계 150개국, 34만명이 보내온 8억 4,600만유로(1조 2,000억원)의 기부금으로 충당했다. 기부자의 대부분은 프랑스인이지만, 6,000만유로는 외국인 기부자들로부터 모금됐다. 공사가 진행되는 동안 현장의 진행상황에 따라 비계가 수시로 설치됐다가 해제됐다. 건물의 안전을 확보하기 위해 내부에 설치한 비계만 총 1,200톤(t)이 넘었다.

재개관 앞두고 입장료 갈등도 일어나

한편 재개관을 앞두고 프랑스정부와 교계가 대성당 입장료 신설을 놓고 대립을 이어가고 있다는 보도도 나왔다. 11월 18일(현지시간) AFP통신의 보도에 따르면 라시다 다티 프랑스 문화장관은 이날 열린 프랑스 주교회의(CEF)에서 대성당 입장객에게 5유로(약 7,400원)의 입장료 부과를 제안했다. 다티 장관은 근 4,000개의 보호종교시설이 열악한 상태이거나 심지어 위험에 처해 있다면서 대성당 입장료를 걷으면 연간 7,500만유로(약 1,106억원)의 종교 유산 유지기금을 마련할 수 있다고 설명했다.

그러나 교계는 정부의 입장료 부과 제안에 종교시설에 대한 접근의 자유를 내세우며 반대입장을 고수했다. 주교회의 의장인 에릭 드 물랭-보포르 대주교는 교회와 성당은 항상 모든 사람에게 열려 있는 곳이기 때문에 방문객에게 유지비용을 지불하도록 하는 것은 "원래의 소명을 배신하는 것"이라고 지적했다. 현재 방문객들은 대성당에 무료로 입장할 수 있고, 박물관 성격의 '보물실(Treasury)'의 경우에만 유료로 운영된다.

"보호 필요 vs 자유 침해"

중독, 술·담배처럼 위험

요즘 SNS 중독은 세대를 가리지 않고 독이 되고 있다. 특히 상대적으로 절제력이 부족한 청소년의 경우에는 그 정도가 심각한 상태다. 미국 보건당국에 따르면 SNS를 매일 3시간 이상 이용하는 청소년은 그렇지 않은 청소년에 비해 우울증과 불안을 경험할 확률이 2배나 높다고 한다. 청소년은 SNS에서 끊임없이 자신과 타인을 비교하거나 사이버 괴롭힘에 쉽게 노출되기 때문이다. 호주의회가 청소년의 SNS 사용을 금지한 것 또한 같은 맥락이다. 호주에서는 SNS에서 집단괴롭힘을 당한 아동과 청소년이 연이어 목숨을 끊는 사건이 이어지면서 청소년의 SNS 사용에 대한 부정적 여론이 커졌다.

SNS가 대면소통을 대체한 지 오래됐다. 어울려 몸을 부딪치며 하는 놀이문화보다는 SNS를 통해 간접적으로 소통하는 데 익숙하다. 그러나 이렇게 해서는 또래와 소통하고 갈등을 해결하는 방법을 배우기 어렵다.

SNS는 도박에 빠지거나 마약과 같은 유해물질의 유통경로가 되기도 한다. SNS로 다른 사람의 사진이나 동영상을 퍼뜨리다가 자기도 모르게 위법행위를 저지를 수도 있다. 사이버폭력이나 성인콘텐츠에 쉽게 노출되는 건 물론이다. 애플 창업자 스티브 잡스가 자녀들의 스마트 기기 사용을 엄격히 제한한 이유이기도 하다.

인스타그램 운영사 메타와 정보통신업계에 따르면 2025년 1월부터 전 세계에서 각국 미성년자의 인스타그램 계정이 청소년 계정으로 전환된다. 인스타그램에 부모가 자녀의 서비스 사용을 제어할 수 있게 된다는 의미다. 이미 미국, 영국, 캐나다, 호주에서는 지난해 9월, 유럽연합(EU)에서는 작년 연말에 전환작업이 이뤄졌다. 14~18세인 10대 청소년 계정에 해당 조치가 적용될 예정이다. 만 17~18세 청소년의 경우 의무대상에서 제외되지만, 보호자가 관리·감독을 원하면 똑같이 제한을 받게 된다.

청소년 계정은 기본적으로 비공개로 설정되는데, 새로운 팔로워는 해당 청소년이 요청을 수락할 경우에만 팔로워가 되며, 팔로워가 아닌 사람은 청소년의 콘텐츠를 보거나 상호작용할 수 없다. 탐색 탭, 릴스에서는 민감한 내용이 포함된 콘텐츠가 노출되지 않으며, 청소년의 댓글과 DM(다이렉트 메시지) 요청에는 불쾌한 단어와 문구가 자동으로 숨겨진다. 사용시간도 제한된다. 청소년이 하루에 인스타그램을 이용하는 시간이 60분이 되면 앱을 닫으라는 알림이 표시되고, 오후 10시부터 오전 7시까지는 사용제한모드가 설정돼 알림 대신 답장이 자동으로 보내진다.

청소년 SNS 사용금지

업계의 움직임 외에도 미성년자의 소셜네트워크서비스(SNS) 사용을 제한하는 규제는 전 세계에서 전방위적으로 도입되는 추세다. 호주는 올해 말부터 16세 미만 미성년자의 SNS 이용을 전면 금지하는 법안을 시행할 예정이고, 미국 캘리포니아주는 새해 들어 SNS 서비스 업체가 해당 주에 거주하는 미성년자에게 부모의 명시적인 동의가 없으면 중독성 있는 피드를 제공하는 것을 금지하고 오는 2027년에는 연령확인기술을 사용해 이용자가 미성년자인지 파악해 여기에 맞게 피드를 조정하도록 강제하는 법안을 적용하기로 했다. 이에 메타와 구글, X를 회원사로 둔 로비단체 넷초이스는 지난해 이 법이 수정헌법 1조를 위반했다며 전면 시행을 금지하는 소송을 제기했지만, 12월 31일 미국 연방법원은 이를 기각했다.

우리나라는 조정훈 국민의힘 의원이 '정보보호 등에 관한 법률 일부개정법률안'을 대표 발의했고, 현재 위원회 심사 중이다. 개정안은 청소년들의 SNS 과몰입을 예방하기 위해 16세 미만 청소년에 SNS 일별 이용한도를 설정하는 게 골자다. 중독을 유도하는 알고리즘 허용 여부에 대해서는 반드시 친권자 등의 확인을 받도록 한다는 내용도 담겼다.

"스스로 스스로를 제한할 수 있을 때까지"
"SNS가 대면소통을 대체할 수 없어"

"회원가입 없이 사용할 수 있으면?"
"SNS도 엄연한 표현과 소통의 창구"

반대

우회·타인 명의 못 막아

탈출구 없이 길을 막으면 스스로 길을 찾기 마련이다. 정상적으로 SNS를 사용하는 길이 막히면 부모 등 성인 명의로 가입해 SNS를 이용하거나 사이버범죄 등 불법활동에 악용될 위험이 더 큰 다크웹으로 옮겨가기 쉽다. 우회가입이 늘어나는 등 일종의 '풍선효과'가 생길 수 있는 것이다.

SNS 사용을 금지하면서 교육용 플랫폼이나 계정 없이 접근할 수 있는 플랫폼은 규제대상에서 제외하는 것도 문제다. 특히 청소년이 많이 이용하는 데다 '청소년 유해' 콘텐츠도 적지 않은 세계 최대 동영상 플랫폼인 유튜브나 중독성 영상이 많은 틱톡 등을 규제할 수 없는데, 이들 서비스가 회원가입 없이도 사용이 가능하기 때문이다. 청소년 온라인게임 과몰입을 막고 수면권 보장 등을 명목으로 자정부터 오전 6시까지 인터넷게임을 할 수 없도록 한 '셧다운제'가 청소년의 자유권을 침해한다는 지적과 실용성이 논란이 되다가 결국 도입 10년 만인 지난 2022년 1월에 폐지된 것을 생각하면 실용성에도 의문이 든다.

무엇보다 SNS를 법으로 제한하면 헌법이 보장하는 표현의 자유를 침해할 수 있다. 교육적으로도 디지털환경에서 스스로 책임 있고 비판적 생각을 키우는 디지털리터러시 교육의 기회를 애초에 박탈당하는 것이다.

이슈&시사상식
찬반토론 ❷

"경기 활성화 vs 경제 부메랑"

소비·여행 증대

현대경제원은 2020년 임시공휴일의 1일 소비지출액을 2조 1,000억원으로 분석했다. 2023년에도 대체공휴일의 소비효과를 2조 4,000원으로 본 바 있다. 분야별로는 음식점과 숙박과 관련한 지출액이 9,000억원, 운송서비스 분야 6,300억원, 음·식료품 분야 2,700억원, 예술·스포츠·여가 서비스 등 기타 부문에서 6,000억원으로 봤다. 2016년 5월 임시공휴일에도 백화점과 면세점 등 매출액이 1년 전 연휴와 비교해 16%, 19.2% 증가한 바 있다.

무엇보다 우리나라는 '장시간 근로국'이다. 2023년 기준 종사자 1인 이상 사업체 근로자들의 월평균 근로시간은 156.2시간이었다. 경제협력개발기구(OECD) 회원국 중 우리나라보다 많이 일하는 나라는 콜롬비아, 멕시코, 코스타리카, 칠레 등 중남미 4개국과 이스라엘 등 5개국뿐이다. 이런 의미에서 공휴일 확대는 근로자의 과도한 업무 부담을 완화하고, 정기적인 휴식을 제공해 직무 만족도와 삶의 균형을 높이는 데 기여한다. 충분한 휴식은 근로자의 심리적 스트레스를 줄이고, 이는 장기적으로 생산성 향상으로 이어진다. OECD 보고서에 따르면 휴식이 보장된 국가의 근로자는 높은 직업 만족도를 보이고, 경제생산성에도 긍정적 영향을 미치는 것으로 나타났다. 또한 가족 및 지인과 함께 보낼 시간을 제공해 인간관계를 강화하는 데 도움을 준다.

1월 27일 임시공휴일 지정

일	월	화	수	목	금	토
19 1월	20	21	22	23	24	25
26	27 임시공휴일	28	29	30	31	1 2월

설날 연휴: 28~30
엿새연휴

1월 8일 정부와 국민의힘이 설 연휴(1월 28~30일) 전날인 1월 27일을 임시공휴일로 지정했다. 이로써 올해 설은 직전 주말부터 연휴까지 총 6일의 휴일이 이어졌다. 31일 휴가를 낸 경우 다음 주말까지 최장 9일을 쉴 수 있었다. 정부가 임시공휴일을 지정한 것은 침체된 내수를 살리기 위해서다. 장기적인 경기부진에 12·3 비상계엄과 탄핵정국까지 이어지면서 소비심리가 얼어붙었기 때문이다. 실제로 한국은행에 따르면 지난해 12월 소비자심리지수(CCSI)는 88.4로 11월보다 12.3포인트(p) 떨어졌는데, 이는 팬데믹 때인 2020년 3월(-18.3p) 이후 최대폭 하락이다.

이에 정부는 '황금연휴'를 내수경기 진작 카드로 내놓은 것이다. 김상훈 국민의힘 정책위의장은 브리핑에서 내수경기 진작과 관광 활성화 외에도 "국민께 휴식의 기회를 확대제공하면서 삶의 질 개선에도 역할을 할 수 있을 것으로 판단했다"고 말했다. 정부는 지난해 7월 발표한 '역동경제 로드맵'에서도 내수활성화를 위해 공휴일을 활용하는 방안을 제시한 바 있다. 대체공휴일을 확대하거나 월요일 등 주말과 이어지는 특정요일을 공휴일로 지정하는 요일제 공휴일을 도입해 매년 안정적인 휴일 수를 확보하겠다는 것이다.

공휴일 확대

요일제 공휴일은 날짜를 특정하는 현재 방식 대신 '6월 첫 번째 월요일'이나 '6월 두 번째 월요일'처럼 요일을 특정하는 방식이다. 그러나 대체공휴일 지정은 정부 시행령인 '관공서의 공휴일에 대한 규정' 개정사항이지만, 요일제 도입은 국회 차원에서 '공휴일에 관한 법률'을 고쳐야 한다.

'공휴일에 관한 법률(공휴일법)'에 따르면 공휴일은 국경일인 ▲ 3·1절 ▲ 광복절 ▲ 개천절 ▲ 한글날과 그 외 ▲ 1월 1일 ▲ 설날 연휴 ▲ 부처님오신날(석가탄신일) ▲ 어린이날 ▲ 현충일 ▲ 추석 연휴 ▲ 기독탄신일(크리스마스) ▲ 임기만료에 따른 선거의 선거일이다. 이 외에 정부에서 수시로 지정하는 공휴일인 임시공휴일이 있다. 2023년까지 임시공휴일은 총 62번 있었다. 과거에는 대통령 취임식과 선거일 등 다양한 임시공휴일이 있었지만 2006년 '임기만료에 따른 선거의 선거일'이 정식 공휴일로 정해지면서 임시공휴일은 제한적으로 지정됐다. 그런데 최근 임시공휴일은 주로 내수진작 차원에서 지정돼왔다. ▲ 2015년 8월 14일 ▲ 2016년 5월 6일 ▲ 2017년 10월 2일 ▲ 2020년 8월 17일 ▲ 2023년 10월 2일 등이 임시공휴일이었다. 어린이날과 광복절, 개천절 등과 연휴를 노린 포석이었다.

"직장인은 쉬고 싶다"
"쉬어야 여행도 가고 외식도 하고"

"경기침체라 쓸 돈도 없는데"
"정책효과 없이는 공휴일 효과 없어"

반대

얇아진 지갑 사정은?

2020년 임시공휴일 직전에 수도권의 사회적거리두기 단계가 올라가면서 소비가 움츠러들었다. 지난 2023년에도 10월 2일이 임시공휴일로 지정됐지만 해당 월의 소매판매는 감소전환해 지표상으로는 큰 소득이 없었다. 기재부도 임시공휴일 지정이 소매판매에 미친 직접적 영향이 크지 않았다고 분석했다. 올해는 비상계엄과 탄핵정국을 거치면서 소비심리가 바닥을 친 상황이라 임시공휴일 지정이 유의미한 경제적 효과를 이끌어내기는 어렵다.

얼어붙은 소비심리를 녹일 적극적인 유인책이 없어 장기연휴가 여행수요로 이어질지도 미지수다. 정부가 올해 경제정책방향에서 국내관광 촉진을 위한 비수도권 숙박쿠폰 100만장 발급 등을 발표했지만, 추진 일정이 3월로 예정돼 있어 이번 설 연휴에 이 정책이 적용되지 않기 때문이다.

기업으로서는 공휴일이 확대되면 추가 비용이 발생한다. 특히 제조업 같은 생산 기반 산업에서는 가동중단에 따른 매출 손실이 초래한다. 대부분 OECD 국가가 공휴일을 무급휴일로 정한 것과 달리 우리나라는 유급휴일제를 채택하고 있어서다. 공휴일에 문을 여는 사업장은 1.5배 가산임금 등 추가인건비도 발생한다. 평일 하루를 쉬는 날로 바꾸면 30조원 이상의 경제적 손실을 초래한다는 분석결과도 있다.

HOT ISSUE QUIZ

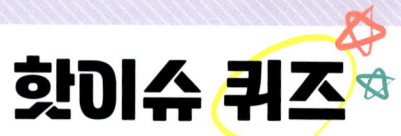

한 달 이슈를 퀴즈로 마무리!

01 (   )(이)란 국가비상 시 국가의 안녕과 공공질서를 유지할 필요가 있을 때 대통령이 선포하는 국가긴급권을 말한다.

02 (   )은/는 항공기가 공항에서 이·착륙할 때 활주로 중앙에 정확히 착지할 수 있도록 유도하는 방위각을 제공하는 시설물이다.

03 도널드 트럼프 미국 대통령은 바이든행정부가 추진해온 (   )(이)나 반도체법에 부정적 입장을 표명했다.

04 한덕수 국무총리의 (   )안이 본회의에서 가결되면서 헌정사상 처음으로 대통령 권한대행이 (   )로 인해 직무가 정지됐다.

05 (   )은/는 경찰수사의 독립성과 수사역량 제고를 위해 출범한 수사기관이다.

06 (   )은/는 자국의 경제적 이익과 산업의 보호를 위해 무역 수출입에 정부가 관여하는 것을 말한다.

07 기존 사법기구로부터 독립돼 3급 이상의 고위공직자의 비리를 고발하는 역할을 담당하는 수사기관은 (   )(이)다.

08 중견건설사로 분류되는 신동아건설이 법원에 (   )을/를 신청하면서 건설업계에 위기감이 고조되고 있다.

09 (   )은/는 핵심도시를 중심으로 일일 생활이 가능하도록 기능적으로 연결된 대도시권을 말한다.

10 판결의 이유가 전부 또는 일부 존재하지 않거나, 불명확한 부분이나 불일치하는 부분이 있는 것을 (   )(이)라고 한다.

11 트럼프 대통령의 친가상화폐 정책과 (   )의 금리인하 결정이 확실시되면서 비트코인 가격이 3일 연속 10만달러를 넘어섰다.

12 (   )은/는 가상공간에 현실세계와 똑같은 대상을 만들어 다양한 시뮬레이션을 거치면서 검증하는 기술이다.

13 (   )을/를 받을 수 있는 선정 기준금액이 해마다 오르면서 수급대상도 확대되고 있다.

14 바르니에 프랑스 총리가 정부가 의회의 표결 없이 단독 입법할 수 있도록 한 (   )을/를 발동한 뒤 의회에서 불신임안이 통과했다.

15 (   )은/는 한 국가나 기업의 경제적 상황을 표현할 수 있는 성장률이나 물가상승률, 실업률 등의 기초적인 정보를 뜻한다.

16 러시아 (   ) 전선에 북한이 1만명이 넘는 병력을 파견했으나, 낯선 전쟁환경과 지원부족 속에서 총알받이로 내몰려 큰 손실을 겪고 있는 것으로 알려졌다.

17 1월 초 미국 서부에서 동시다발적으로 발생한 대형산불이 (   )을/를 타고 번지면서 대응할 수 없는 수준으로 치달았다.

18 아세안축구연맹이 주관하는 (   ) 축구 선수권 대회는 2년에 한 번 열리며, 타이틀 스폰서에 따라 명칭이 조금씩 바뀐다.

19 빠른 배송이 (   ) 경쟁력의 핵심으로 부상한 만큼 배송속도를 높이기 위한 물류업체와 이커머스 업체 간 협업이 더 활발해질 것으로 전망됐다.

20 오징어 게임 시즌1은 (   )(이)라고 불리는 인도시장의 벽마저 뚫으면서 K-콘텐츠의 역사를 새롭게 쓴 작품으로 평가받았다.

21 (   ) 반군이 수도를 장악한 뒤 과도정부를 수립하면서 (   )은/는 13년간의 내전이 끝나고 독재정권이 54년 만에 무너졌다.

22 (   )(이)란 주택도시기금을 통해 무주택 서민에게 낮은 금리로 공급되는 주택담보대출 상품이다.

23 이동통신단말기 사업자가 소비자에게 과도한 지원금을 제공하지 못하도록 지원금 규모를 제한했던 (   )이 10년 만에 폐지된다.

24 조직의 구성원이 충분한 능력을 갖추고 있음에도 불구하고 조직 내의 일정 서열 이상으로 오르지 못하게 하는 이른바 '보이지 않는 장벽'을 (   )(이)라고 한다.

25 (   )은/는 베네수엘라의 빈곤지역에서 활동하는 비정규 무장단체(준 군사단체)를 총칭하는 용어다.

26 (   )은/는 병역판정검사 또는 관련 법령에 의해 보충역으로 처분받은 이들이 주로 근무하며, 집에서 출퇴근이 가능하고 소속기관장의 지휘·감독을 받는다.

---

01 계엄령 02 로컬라이저 03 인플레이션감축법(IRA) 04 탄핵소추 05 국가수사본부 06 보호무역주의 07 고위공직자범죄수사처 08 기업회생절차(법정관리) 09 메가시티 10 이유불비(理由不備) 11 미국 연방준비제도(Fed) 12 디지털트윈 13 기초연금 14 프랑스 헌법 제49조 3항 15 펀더멘털 16 쿠르스크 17 샌타애나 바람 18 동남아시아 19 이커머스 20 발리우드 21 시리아 22 디딤돌대출 23 단통법 24 유리천장 25 콜렉티보 26 사회복무요원

필수 시사상식

시사용어브리핑	94
금융상식 실전문제	100
시사상식 기출문제	106
내일은 TV퀴즈왕	112

화제의 용어를 한자리에!
시사용어브리핑

베타세대 2025~2039년 태어나는 세대
▶ 사회·노동·교육

2025년부터 2039년까지 출생하는 세대로서 2010~2024년 출생한 '알파세대'에 이어 등장할 것으로 예상되는 세대다. 호주의 인구경제학자이자 미래학자인 마크 맥크린들이 제시한 개념이다. 앞서 그는 알파세대의 개념과 명칭을 처음으로 제시하기도 했다. 맥크린들에 따르면 베타세대는 2035년 전 세계 인구의 16%를 차지할 것으로 예측되며, 베타세대가 인공지능(AI) 기술이 자리 잡은 시대에 태어나 AI와 밀접한 세상을 경험하며 성장하는 'AI 네이티브'가 될 것이라고 전망했다.

왜 이슈지?
맥크린들은 **베타세대**가 디지털과 물리적 세계의 경계가 사라지고 가상과 현실이 자연스럽게 융화되는 환경에서 인공지능을 자유롭게 활용하며 살아갈 것이라고 밝혔다.

보편관세 모든 수입품에 일괄적으로 부과하는 관세
▶ 국제·외교

도널드 트럼프 미국 대통령이 2024년 대선기간 중 발표한 관세정책 중 하나로 모든 수입품에 일괄적으로 관세를 부과해 기존의 복잡한 관세체계를 단순화하는 것을 골자로 한다. 즉, 특정 국가나 상품이 아니라 모든 무역국과 상품에 동일한 관세율을 적용하겠다는 것이다. 트럼프 대통령은 대선기간 '새로운 미국 산업주의(New American Industrialism)'라는 공약을 내세우면서 '모든 국가에서 수입하는 모든 상품에 10~20%의 보편관세를 부과하고, 중국산 제품에는 최소 60%의 관세를 부과하겠다'라고 밝힌 바 있다. 그러나 다른 국가들이 이에 상응하는 조치를 취할 경우 무역전쟁이 확산할 수 있다는 우려가 크다.

왜 이슈지?
도널드 트럼프 미국 대통령의 정권인수 및 취임 준비를 위해 구성된 경제팀이 **보편관세** 실현을 위해 세율을 매월 조금씩 높여가는 점진적 접근방식을 검토 중이라는 보도가 1월 14일 나왔다.

디지털 콕핏(Digital Cockpit) 첨단기술이 집약된 운전공간

> 과학·IT

차량 내부에 첨단기술을 활용한 다양한 기능을 배치해 사용자의 운전경험과 편의성을 극대화하는 시스템을 가리킨다. 아날로그 방식의 계기판이나 오디오 중심의 콕핏(운전석과 조수석의 전방영역)이 디지털 제품으로 교체되면서 새롭게 등장했다. LCD·OLED 디스플레이에 속도나 연료상태, 주행정보 등이 표시되고, 차량을 5G에 연결해 실시간 교통정보를 파악하거나 소프트웨어 업데이트 등을 할 수 있으며, 집의 스마트기기와 연동해 차량에서도 가전제품을 제어할 수 있다.

왜 이슈지?
지난 1월 열린 CES 2025에서 LG전자는 무선통신 개발·칩셋 제작회사인 퀄컴과 함께 제작한 '**디지털 콕핏 플랫폼**'을 양사의 전시부스에서 동시에 선보여 주목을 받았다.

데스노믹스(Deathnomics) 전사자에게 지급된 보상금이 러시아 경제에 이득을 가져오는 상황

> 경제·경영

우크라이나 침공 이후 전사자가 늘어날수록 러시아 경제가 성장하는 비극적 상황을 일컫는다. 러시아 경제학자인 블라디슬라프 이노젬체프가 전쟁이 경제에 미치는 영향을 분석한 뒤 제시한 개념으로 '죽음이 불러온 활황'이라는 뜻에서 이같이 명명했다. 현재 러시아정부는 35세 군인 기준 입대 후 1년 내 전사할 경우 유족에게 1,450만루블(약 2억 372만원)의 보상금을 지급하고 있는데, 이는 35세 일반시민이 60세까지 벌 수 있는 기대소득의 총액보다 많은 금액이다. 전쟁이 장기화함에 따라 보상금 지급 역시 증가했는데, 이로 인해 돈이 풀리면서 빈곤층 거주지역에서는 예금이 150%까지 폭증한 것으로 나타났다.

왜 이슈지?
2024년 러시아의 인플레이션이 10%에 육박할 것으로 전망된 가운데 서구 전문가들은 **데스노믹스**로 인해 풀린 돈이 산업생산에 재투자되는 것이 아니라 물가상승만 부추기기 때문에 장기적인 관점에서 러시아 경제에 이로울 것이 없다는 분석을 내놨다.

로컬힙(Local Hip) 특정 지역만의 색깔이 담긴 상품이나 공간, 축제 등을 트렌디하다고 여기는 현상

> 문화·미디어

지역을 뜻하는 'local'과 고유한 개성을 지니면서도 최신 유행에 밝다는 뜻의 'hip'이 합쳐진 단어로 지역만의 감성이 담긴 상품이나 공간, 관광, 축제 등을 포괄하는 개념이다. 지역특색을 활용해 사람들의 관심을 끌 수 있어 점차 심각해지고 있는 지역소멸을 막을 수 있는 대안으로 떠오르고 있다. 특히 소비에서도 개성을 중시하는 젊은 세대를 중심으로 로컬힙이 확산하고 있으며, 문화체육관광부도 지역문화의 가치를 알리기 위해 명소, 콘텐츠 등을 선정하는 '로컬 100' 사업을 추진하고 있다.

왜 이슈지?
최근 Z세대를 중심으로 **로컬힙**이 주목받으면서 그동안 주목받지 못했던 소도시의 맛집을 탐방하거나 로컬브랜드 및 상품을 소비하고, 지역축제에 방문하는 사례가 증가하는 것으로 나타났다.

성인 모색기 성년이 된 이후에도 경제적으로 자립하지 못한 청년을 지칭하는 신조어

▶ 사회·노동·교육

'신흥 성인기'라고도 하며 성인이 됐지만 경제적으로 독립하지 못하고 부모의 지원을 받는 시기를 가리키는 신조어다. 2000년 미국의 심리학자 제프리 아넷이 주창한 개념으로 '유년기-성인기-노년기'의 3단계로 이루어지는 인간의 발달과정 중 유년기와 성인기 사이에 추가된 과도기적 단계다. 산업의 고도화와 교육의 발달로 대학교육을 받은 뒤 취직하는 것이 보편화하면서 전 세계적으로 청소년기 이후 부모에게서 독립하는 성인기에 이르는 시기가 늦춰지고 있다.

왜 이슈지?
지난해 7월 통계청이 발표한 자료에 따르면 경제적 자립을 이루지 못하고 부모에게 의지하는 20대 비율이 80%에 달해 경제협력개발기구(OECD) 36개국 가운데서도 우리나라가 **성인 모색기**에 해당하는 청년들의 비중이 특히 높은 것으로 나타났다.

배트맨(BATMMAAN) 2025년 미국증시를 주도할 것으로 기대되는 8대 기업

▶ 경제·경영

올해 미국증시를 이끌 것으로 전망되는 8개의 대형 기술주다. 근 2년간 전 세계 주식시장을 호령한 미국의 7대 기술기업을 일컫는 '매그니피센트-7(Magnificent-7)'에 최근 제2의 엔비디아로 불리며 급부상한 브로드컴이 추가됐다. 'BATMMAAN'은 브로드컴(Broadcom), 애플(Apple), 테슬라(Tesla), 마이크로소프트(Microsoft), 메타(Meta), 아마존(Amazon), 알파벳(Alphabet), 엔비디아(Nvidia) 등 8개 기업의 영문명 첫 글자를 순서대로 조합한 것이다. 이들 기업은 모두 시가총액 1조달러를 돌파했으며, '서학개미'로 불리는 해외증시에 투자하는 개인투자자 보유 톱20위 내에 모두 포함돼 있어 관심이 집중됐다.

왜 이슈지?
미국 금융시장 전문매체 야후파이낸스에 따르면 '**배트맨(BATMMAAN)**'으로 불리는 대형 기술주 모두 지난해 트럼프 대통령의 대선 승리 이후 12월 30일까지 주가가 평균 74% 상승한 것으로 나타났다.

피지컬 AI(Physical AI) 로봇공학이나 자율주행차 등 실물 하드웨어에 실제로 적용되는 인공지능

▶ 과학·IT

물리적 환경에서 작동하는 실물 소프트웨어나 하드웨어에 적용된 인공지능(AI) 기술을 가리킨다. 센서를 통해 수집한 각종 데이터를 기반으로 학습·분석·예측한 후 행동계획을 수립하고 이를 실제 행동으로 수행하며, 해당 실행결과를 학습해 다음 행동의 효율성을 향상시킬 수 있다. 최근 '휴머노이드 로봇' 개발에 힘쓰고 있는 로봇공학을 비롯해 공장자동화 등의 제조·산업, 수술 지원 로봇 등의 의료, 스마트 가전, 자율주행차 등의 교통 등 광범위한 분야에 활용할 수 있다.

왜 이슈지?
인공지능(AI) 붐과 함께 로봇산업 발전에 대한 기대감이 커지는 가운데 AI반도체 선두주자인 엔비디아 역시 차세대 성장동력으로 **피지컬 AI**를 주목하면서 업계 주요 이슈로 급부상하고 있다.

돈로 독트린(Doctrine of the Donroe) 트럼프 대통령의 대외정책을 지칭하는 용어

> 국제·외교

미국의 보수성향 매체인 뉴욕포스트가 도널드 트럼프 미국 대통령의 대외정책을 지칭하면서 처음 사용한 용어다. 1823년 미국 제5대 대통령인 제임스 먼로가 천명했던 '먼로 독트린(Monroe Doctrine)'과 트럼프 대통령의 이름을 합친 것이다. 여기서 '먼로 독트린'이란 외부세력(유럽 열강)이 아메리카 대륙의 주권 국가들에 대해 간섭하거나 식민지를 건설하는 것을 거부한다는 내용을 담은 비동맹·비식민·불간섭을 골자로 한 고립주의 외교방침을 말한다. 트럼프 대통령이 당선 이후 그린란드의 미국 편입과 파나마운하 환수를 위해 무력 사용을 배제할 수 없다고 밝히면서 논란이 불거졌다.

왜 이슈지?

트럼프 대통령의 그린란드 및 파나마운하 관련 주장을 두고 논란이 확산하는 가운데 공화당과 보수진영에서는 '먼로 독트린'을 빗댄 '**돈로 독트린**', '트럼프 독트린'을 언급하며 트럼프 대통령의 정책을 지지하고 나섰다.

뇌 썩음(Brain Rot) 옥스퍼드대가 선정한 '2024년 올해의 단어'

> 사회·노동·교육

옥스퍼드 영어사전을 편찬하는 옥스퍼드대학이 선정한 '2024년 올해의 단어'다. 사람들이 사회관계망서비스(SNS)를 통해 넘쳐나는 정보나 자극적인 숏폼 콘텐츠를 과잉소비하면서 집중력 저하, 문해력 약화 등 정신적·지적 퇴화가 심각해지는 현상을 꼬집은 단어다. 매년 사회 이슈와 트렌드를 반영해 올해의 단어를 발표하는 옥스퍼드대 출판부는 해당 용어가 1854년 미국의 생태주의자 헨리 데이비드 소로의 수필집에서 처음 등장했으며, 지난 1년간 사용빈도가 230%나 증가했다고 밝혔다.

왜 이슈지?

옥스퍼드대 출판부는 2024년 올해의 단어로 '**뇌 썩음**'을 선정한 이유를 설명하며 "품질이 낮은 온라인 콘텐츠를 과도하게 소비하는 것에 대해 우려를 표할 때 사용되는 용어로 새롭게 주목받았다"고 밝혔다.

2나노 반도체 트랜지스터의 크기가 2나노미터 수준으로 작아진 차세대 첨단반도체

> 과학·IT

반도체 기술공정에서 트랜지스터의 크기가 2나노미터(nm, 10억분의 1m) 수준으로 작아진 차세대 첨단반도체를 말한다. 반도체칩은 전류를 제어하는 핵심소자인 트랜지스터의 크기가 작아질수록 성능향상과 에너지효율 개선을 기대할 수 있는 만큼 2나노 반도체 개발이 성공할 경우 현재 상용화된 5나노·3나노와 비교해 데이터 처리속도가 훨씬 빨라질 것으로 전망된다. 때문에 2나노 반도체가 향후 스마트폰이나 태블릿, 노트북 등에 적용되면 낮은 전력소모와 더불어 더 강력한 성능이 제공될 수 있으며, 대규모 데이터 처리도 가능해져 데이터센터와 클라우드 컴퓨팅 분야에서도 큰 발전이 이뤄질 수 있다.

왜 이슈지?

니혼게이자이신문이 지난 1월 8일 일본의 파운드리(반도체 위탁생산) 기업인 라피더스가 올해 6월까지 미국 반도체기업 브로드컴에 최첨단 **2나노 반도체** 시제품을 공급할 예정이라고 보도했다.

홍색 공급망 중국 중심의 글로벌 공급망

국제·외교

중국이 주요국과 무역갈등을 겪는 과정에서 기존에 수입해서 사용하던 중간재를 자국산으로 대체하는 것을 넘어 기존의 공급망까지 중국산으로 급속하게 대체되는 것을 가리킨다. 중국을 상징하는 '홍색(붉은색)'에서 유래했다. 현재 중국은 자국에서 중간재 투입 자급률을 높여 생산부터 판매까지 전 과정을 중국기업이 주도하게 만든다는 목표를 가지고 있다. 특히 2015년 제조업 활성화를 목표로 발표한 산업고도화 전략인 '중국 제조 2025'에 따라 핵심부품과 원자재 자급률을 2025년까지 70%로 끌어올리겠다는 계획을 달성하기 위해 홍색 공급망을 구축하고, 이를 아세안(ASEAN)과 남미 국가들로 확장하고 있다.

왜 이슈지?
한국은행은 최근 발표한 보고서에서 중국이 일대일로 정책을 통해 **홍색 공급망**을 아세안과 남미로 확장함에 따라 중국의 대(對)한국 수입의 존도도 갈수록 하락할 것이라고 진단했다.

심플렉스(Simplex) 편리함과 효율성을 위해 기꺼이 지갑을 여는 소비 트렌드

경제·경영

간단함을 뜻하는 영단어 'simple'과 자신이 추구하는 가치를 위해서라면 소비를 아끼지 않는 'flex'의 합성어로 편리함과 효율성을 위해 기꺼이 지갑을 여는 소비 트렌드를 말한다. 합리적인 소비에서 저렴한 가격이 우선시되던 과거와 달리 현재의 소비자들은 어떤 일을 할 때 시간과 노력을 줄일 수 있는 상품이나 서비스를 더 중시한다. 이러한 현상은 1인 가구가 핵심 소비층으로 떠오르면서 확산하고 있으며, 유통업계에서는 이들을 타깃으로 한 상품을 잇따라 출시하고 있다.

왜 이슈지?
최근 간편식 시장의 규모가 확대하고 이커머스 플랫폼에서는 간편결제가 일상화되는 등 번거로운 일은 피하고 간편하면서도 실용성을 선호하는 경향이 두드러지면서 '**심플렉스**'를 향한 유통업계의 관심도 높아지고 있다.

디지털 관광도민증 제주도가 NFT 멤버십과 연계해 발급할 예정인 디지털 도민증

사회·노동·교육

제주도가 침체에 빠진 내국인 관광객 유치와 더불어 관광산업의 디지털 전환을 위해 내놓은 방안이다. 2025년 발급목표는 10만명이며, 블록체인 기반의 대체불가토큰(NFT)과 연계돼 개인 고유의 디지털 족적을 보관할 수 있고 타인에 의한 무단복제는 불가능하다. 이에 따라 관광도민증을 발급받고 제주도를 방문한 관광객들은 방문장소와 시간에 대한 기록은 물론 촬영한 사진 등을 플랫폼에 올려 기록할 수 있다. 제주도는 디지털 관광도민증이 본격적으로 발급되면 젊은 세대의 제주 재방문율을 높일 수 있을 뿐만 아니라 충성관광객 육성 등 관광수요도 창출할 수 있을 것으로 기대하고 있다.

왜 이슈지?
제주도는 오는 9월 추석연휴부터 시행 예정인 **디지털 관광도민증** 발급계획을 발표하면서 관광행적에 따라 여행지원금 지급 또는 관광지 할인권 등이 제공될 것이라고 밝혔다.

돈다(DONDA) AI와 반도체로 주목받는 5개 기업

경제·경영

인공지능(AI)과 반도체로 주목받는 5개 기업을 가리키는 신조어로 이들 기업 모두 시가총액 상위기업으로 꼽힌다. 구체적으로 AI 바둑프로그램 알파고를 개발한 구글의 자회사 딥마인드(Deepmind), 챗GPT 개발 이후 생성형 AI를 선도하고 있는 오픈AI(OpenAI), AI 반도체의 선두주자인 엔비디아(Nvidia), 데이터분석 플랫폼인 데이터브릭스(Databricks), 생성형 AI 클로드를 개발한 앤스로픽(Anthropic) 등이다. 2024년 주식시장과 산업계에서는 AI와 반도체의 강세가 두드러지게 나타났다.

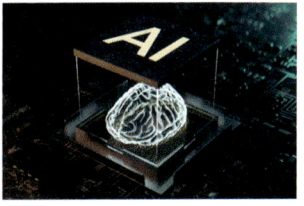

왜 이슈지?
수년 전부터 인공지능(AI)의 시대가 도래할 것이라고 예견된 가운데 전문가들은 '**돈다(DONDA)**'가 한동안 주식시장과 AI·반도체 업계를 주도할 것이라고 전망하고 있다.

백골단(白骨團) 군사독재 시절 시위진압을 위해 동원됐던 비공식적 사복경찰 부대

사회·노동·교육

1980년대부터 1990년대까지 일어난 학생시위와 노동운동 등의 사회적 저항을 진압하기 위해 조직된 비공식적 사복경찰 부대를 지칭하는 용어다. '백골단'이라는 명칭은 당시 이들이 하얀 헬멧과 사복을 착용한 것에서 유래했다는 설이 가장 유력하다. 사복을 입고 활동했기 때문에 일반시민과 잘 구분되지 않았고 진압과정에서 폭력행사와 무차별적인 체포 등이 이루어져 당시 이들에 대한 시위대와 시민들의 공포심이 상당했던 것으로 알려져 있다. 시위대에 잠입해 내부동향 및 주요 인물을 파악하거나 시위를 급습해 주도자와 관련자를 체포하는 역할을 맡았으나 대부분의 활동이 법적 정당성이 없다는 점에서 논란이 됐다.

왜 이슈지?
1월 9일 윤석열 대통령 관저를 사수하겠다며 스스로를 '**백골단**'이라고 지칭한 '반공청년단'의 국회 기자회견을 주선한 김민전 국민의힘 의원 대해 더불어민주당 등 야(野) 6당은 제명을 추진하기로 했다.

그라데이션 K 다문화국가로 변화하고 있는 한국의 현황을 반영한 용어

문화·미디어

우리나라가 단일민족·단일문화라는 고정관념에서 벗어나 다양한 배경과 문화를 가진 사람들이 함께 어우러지면서 다문화국가로 진화하고 있다는 시대적 흐름이 반영된 용어다. 김난도 서울대 소비자학과 교수가 2025년 트렌드를 전망하며 발표한 10개 소비 키워드(스네이크 센스) 중 하나로 '그라데이션'은 다양한 문화와 정체성이 경계 없이 융합하는 과정을 비유한 것이다. 행정안전부가 2024년 10월 발표한 자료에 따르면 국내 외국인 인구는 총인구수 대비 약 5%에 달한다.

왜 이슈지?
다문화가정이 늘어나면서 사회 전반적으로 여러 변화가 나타나는 가운데 외국 식재료나 글로벌 음식에 대한 수요가 증가하는 등 **그라데이션 K**가 한국의 소비패턴 변화를 주도하는 추세다.

금융상식 실전문제

01 주요 경제지표에 대한 설명 중 적절하지 않은 것은?

① 국내생산자가 생산한 부가가치 또는 최종생산물의 총계를 GDP라 한다.
② GDP에 교역조건 변화에 따른 실질무역손익을 더하면 GNI가 된다.
③ 우리나라의 국외순수취요소소득은 (-)를 보이고 있다.
④ 국민소득은 만들어서 나눠 가지고 쓰는 양이 모두 같게 되는데 이를 '국민소득 3면 등가의 원칙'이라 한다.

해설 GDP(국내총생산)에 교역조건 변화에 따른 실질무역손익을 더하면 GDI(국내총소득)가 된다. GNI(국민총소득)는 GDI에 국외순수취요소소득을 더해 산출한다.

02 다음 중 각국의 주요 은행을 묶어 컴퓨터 네트워크를 구성하고, 은행 상호 간의 지급·송금업무 등을 위한 데이터 통신의 교환을 목표로 하는 협정은?

① CHIPS
② CEDEL
③ SWIFT
④ TARGET

해설 SWIFT는 '국제은행 간 통신협정'으로 각국의 주요 은행을 묶어 컴퓨터 네트워크를 구성하고 은행 상호 간의 지급·송금업무 등을 위한 데이터 통신의 교환을 목표로 한다.
① CHIPS : 뉴욕어음교환소가 운영하는 민간결제시스템을 말한다.
② CEDEL : 유로클리어와 함께 유로채의 인도와 결제를 담당해 유로본드 성장에 기여하고 있는 기관이다.
④ TARGET : 유럽이 단일통화권이 됨에 따라 유럽 각국의 자금결제를 수행하기 위해 도입된 국제결제시스템 중 하나다.

03 다음 중 금융투자회사 입장에서 랩어카운트의 장점으로 옳지 않은 것은?

① 고객과의 친밀감이 증가한다.
② 이익상충이 적어 고객의 신뢰획득이 가능하다.
③ 투자상담사의 소속의식이 강화된다.
④ 수수료로부터 자유로운 운용이 가능하다.

해설 랩어카운트(Wrap Account)란 주식, 채권, 금융상품 등 증권회사(투자매매업자)에 예탁한 개인투자자의 자금을 한꺼번에 싸서(Wrap) 투자자문업자로부터 운용서비스 및 그것에 따른 부대서비스를 포괄적으로 받는 계약을 의미한다.

구분	랩어카운트의 장점
금융투자회사	• 안정적인 수익 기반 • 이익상충이 적어 고객의 신뢰획득 가능 • 투자상담사의 소속의식 강화 • 고객과의 친밀감 증가
고객	• 이익상충의 가능성이 적음 • 소액의 전문가서비스 제공 가능 • 대량거래에도 단일수수료 부과 • 영업직원에 대한 의존도 탈피

04 다음 〈보기〉에서 국제회계기준(IFRS)에 대한 설명으로 옳은 것을 모두 고르면?

— • 보기 • —

ㄱ. IFRS는 국제회계기준위원회가 공표하는 회계기준으로 유럽 국가들이 사용한다.
ㄴ. IFRS의 기본 재무제표는 개별 재무제표다.
ㄷ. 취득원가 등 역사적 원가에서 공정가치로 회계기준을 전환했다.
ㄹ. 우리나라의 경우 상장사, 금융기업 등에 대해 2012년부터 의무 도입했다.

① ㄱ, ㄴ ② ㄱ, ㄷ
③ ㄴ, ㄷ ④ ㄴ, ㄹ

해설 ㄱ. 국제회계기준위원회(IASB)는 회계처리 및 재무제표의 통일성을 목적으로 IFRS를 공표한다.
ㄷ. 보유자산을 공정가치로 측정함에 따라 현재의 시장가격을 기준으로 해당 자산을 평가한다.
ㄴ. IFRS를 도입한 기업은 연결 재무제표를 기본 재무제표로 사용해야 한다.
ㄹ. 우리나라는 2011년부터 상장사, 금융기업 등에 대해 IFRS를 의무 도입했다.

🔒 01 ② 02 ③ 03 ④ 04 ②

05 다음 사례에 대한 설명으로 적절한 것은?

> 맞벌이 부부인 A씨와 B씨는 회사 일이 바빠 대부분의 식료품을 온라인으로 주문한다. 이들은 온라인 사이트에서 판매하는 제품의 금액이 오르든 말든 별로 상관하지 않고 구매하는 편이다.

① 가격탄력성이 높다.
② 가격탄력성이 낮다.
③ 소득탄력성이 높다.
④ 소득탄력성이 낮다.

해설 가격탄력성이란 소비자가 가격 변화에 얼마나 민감하게 반응하는지를 확인하기 위한 지표로, 사례에 나타난 부부는 제품의 가격 변화에 둔감하므로 '가격탄력성이 낮다'가 사례에 대한 설명으로 적절하다.

06 다음 완전경쟁시장과 독점시장에 대한 설명 중 옳지 않은 것은?

① 완전경쟁시장에서의 개별 경제주체는 가격에 영향을 줄 수 없고, 시장에서 결정된 가격에 따라서 소비와 생산을 결정한다.
② 독점시장에서는 생산자 간의 경쟁이 전혀 나타나지 않으며, 생산자는 생산량 혹은 가격을 자신의 이윤이 가장 커지도록 조절한다.
③ 완전경쟁시장에서는 한계비용과 한계수입이 시장에서 결정된 가격과 같다.
④ 개별 경제주체 관점에서 완전경쟁시장의 수요곡선은 우하향하며, 독점시장의 수요곡선은 수평이다.

해설 개별 경제주체 관점에서 완전경쟁시장의 개별 기업은 완전한 경쟁하에서 특정한 시장가격을 요구받는다(반대로 개별 소비자 입장에서도 시장가격을 요구받음). 이때 요구가격보다 조금이라도 높은 값에 제품을 판매하고자 한다면 모든 소비자들은 다른 기업의 표준화된 제품을 구매할 것이다. 이 경우 시장가격보다 낮은 가격은 한계비용보다 아래에 위치하게 되므로 기업이 판매를 중단하게 된다. 따라서 완전경쟁시장하의 개별 기업의 관점에서는 수요곡선이 수평선을 이룬다. 반면 독점시장의 경우 개별 기업의 수요공급곡선이 곧 산업전체의 수요공급곡선이 된다(공급자 즉, 개별 기업의 공급곡선 독점).

07 다음 중 조직의 유형에 대한 설명으로 옳은 것은?

① 공식조직은 비공식 조직에 비해 규모가 거대한 조직을 가리킨다.
② 조직발달사에 따르면 공식조직의 내부집단으로서 비공식조직들이 발생했다.
③ 환경보존을 홍보하는 상품을 직접 판매하고, 그 수익을 극대화하기 위해 운영되는 조직은 비영리조직에 해당한다.
④ 비공식조직 내에서의 행동유형 공유는 공식조직의 기능을 지원하기도 한다.

해설 비공식조직이 회사 내 동호회와 같이 공식조직 내에 있을 경우, 비공식조직 내에서의 취미 공유 등 행동의 공유는 공식조직에서의 업무 효율을 증대시키기도 한다.
① 공식조직과 비공식조직의 구분 기준은 규모가 아니라 공식화 정도다.
② 조직발달의 역사는 인간관계에 기반을 둔 비공식조직에서 시작하여 여러 공식적인 체계가 형성되는 공식조직 순서로 발전했다.
③ 환경보존이라는 공익적 메시지를 담은 상품을 판매하더라도, 그 수익을 극대화하려는 목적에서 운영된다면 영리조직에 해당한다.

08 다음 중 상품에 대한 고객의 구매를 의도적으로 줄임으로써 적절한 수요를 창출하는 마케팅 전략은 무엇인가?

① 앰부시 마케팅
② 노이즈 마케팅
③ 마이크로 마케팅
④ 디마케팅

해설 ① 앰부시 마케팅 : 교묘히 규제를 피해 가는 마케팅 전략
② 노이즈 마케팅 : 상품을 각종 구설에 휘말리도록 하여 소비자들의 이목을 집중시키고, 이를 통해 판매를 늘리려는 마케팅 전략
③ 마이크로 마케팅 : 상권 내 소비자들의 특성, 취향, 생활양식 등에 관한 종합적 자료를 활용하여 지역 소비자의 욕구를 충족시키려는 마케팅 전략

🔒 05 ② 06 ④ 07 ④ 08 ④

09 다음 중 여러 관점에서의 소득재분배에 대한 내용으로 옳지 않은 것은?

① 공리주의는 최대 다수의 최대 행복이라는 사상으로 대표된다.
② 공리주의 관점에서 가장 바람직한 소득분배 상태는 사회구성원 전체의 효용의 곱이 최대가 되는 것이다.
③ 평등주의는 소득재분배 과정에서 저소득계층에게 보다 높은 가중치를 부여한다.
④ 자유주의는 소득재분배 문제에서 정당한 권리의 원칙을 주장한다.

해설 공리주의 관점에서 가장 바람직한 소득분배 상태는 사회구성원 전체의 효용의 곱이 아니라 합이 최대가 되는 것이다.

10 다음 〈보기〉에서 규제샌드박스에 대한 설명으로 옳은 것을 모두 고르면?

── • 보기 • ──
ㄱ. 신제품 및 서비스 산업의 양성을 활발하게 하기 위한 제도다.
ㄴ. 신제품 및 서비스 출시에 따른 기존 제품 및 서비스의 생존권 보호를 위한 제도다.
ㄷ. 신제품 및 서비스라 하더라도 사람의 생명과 안전에 위협을 줄 경우 규제 대상이다.
ㄹ. 신제품 및 서비스 출시 시 기존 법령이나 규제한도를 벗어나더라도 이에 대한 규제를 완화해주는 제도다.

① ㄴ
② ㄱ, ㄷ
③ ㄱ, ㄹ
④ ㄱ, ㄷ, ㄹ

해설 규제샌드박스는 신제품 및 서비스의 시장진출을 용이하도록 하기 위한 제도로, 일정 기간 동안 기존의 법령이나 규제한도를 넘어서더라도 이에 대해 제한하지 않거나 이를 유예시키는 것을 말한다.
ㄱ. 신제품 및 서비스 산업의 시장진출을 용이하도록 하는 제도이므로 옳은 설명이다.
ㄷ. 사람의 생명과 안전에 위협이 되지 않는 범위 내에서 신제품 및 서비스에 대해 기존 법령이나 규제한도를 완화해주는 제도다. 따라서 사람의 생명과 안전에 위협이 된다면 기존 법령이나 규제가 적용된다.
ㄹ. 신제품 및 서비스의 시장진출을 용이하도록 하기 위한 제도이므로 기존 법령이나 규제한도에도 불구하고 이를 적용하지 않거나 적용을 보류한다.
ㄴ. 규제샌드박스는 신제품을 지원하는 사업으로 기존 제품의 생존권 보호를 위한 제도와는 거리가 멀다.

11 다음 중 디지털 발자국에 대한 설명으로 옳지 않은 것은?

① 소비자가 온라인에서 활동하면서 남긴 기록이다.
② 기업은 이를 분석해 고객 맞춤형 디지털 광고나 프로모션을 개발한다.
③ 온라인상의 개인이 원치 않는 정보를 삭제해 주는 전문업체를 디지털 세탁소라고 한다.
④ 기업은 옵트인(Opt-in) 방식으로 정보를 수집한다.

> **해설** 기업은 사용자가 정보제공에 거부하지 않으면 동의한 것으로 간주하는 옵트아웃(Opt-out) 방식으로 정보를 수집한다. 이 때문에 개인정보 침해 논란이 이어지고 있다.

12 다음 중 빈칸에 공통으로 들어갈 용어로 옳은 것은?

> 해외의 한 보안기업이 신용카드 정보를 비롯해 개인정보를 훔치는 새로운 안드로이드 뱅킹 (　　) 악성코드 '블랙락(Black Rock)'을 발견했다. 현재 블랙락은 구글 가짜 업데이트를 위장해 유포되고 있으며, 장치에 서비스 접근권한을 요청해 감염된 스마트폰에 사이버 공격을 할 수 있다.
> 신용카드 번호 등 개인의 재무정보를 목표로 하는 기존 (　　)와/과 달리 블랙락은 SNS 등의 비재무 앱을 대상으로 개인정보를 탈취한다. 전문가들은 블랙락이 비대면의 코로나-19 상황을 악용하려는 것 같다고 판단했다.

① 바이러스　　　　　　　　　② 웜
③ 트로이목마　　　　　　　　 ④ 혹스

> **해설** 트로이목마(Trojan Horse)는 유용한 프로그램인 것처럼 위장해 사용자들로 하여금 거부감 없이 설치를 유도하는 악성코드다.
> ① 바이러스(Virus) : 파일 속에 숨어 다니며 프로그램을 변형하거나 기존 프로그램의 정상적인 작동을 방해하면서 스스로를 복사하고 다른 컴퓨터를 감염시키는 악성 프로그램
> ② 웜(Worm) : 네트워크를 통해 자신을 복제하고 전파하는 악성 프로그램
> ④ 혹스(Hoax) : 메일을 통해 공신력 있는 기관을 사칭하거나 복잡한 기술용어들을 나열하면서 사용자의 컴퓨터 시스템에 큰 위험이 있음을 경고하는 가짜 바이러스

시사상식 기출문제

01 "행복한 가정은 모두 비슷하게 닮았지만, 불행한 가정은 저마다의 이유로 불행하다"는 문장으로 시작하는 소설은? [2024년 경인일보]

① 〈카라마조프가의 형제들〉
② 〈죄와 벌〉
③ 〈안나 카레니나〉
④ 〈전쟁과 평화〉

해설
문제에 제시된 문장은 러시아의 대문호 '레프 톨스토이'의 소설 〈안나 카레니나〉의 첫 문장이다. 1870년대 러시아 사교계의 위선을 비판한 작품이다. 남편 카레닌과의 애정 없는 생활에 염증을 느낀 주인공 안나가 외국으로 도피해 청년 귀족 우론스키와 사랑을 나누지만 우론스키의 사랑이 식자 스스로 목숨을 끊는다는 비극적인 내용이다.

02 다음 중 2025년 1월까지 손흥민이 소속됐던 구단이 아닌 것은? [2024년 경인일보]

① 바이어 04 레버쿠젠
② 토트넘 홋스퍼
③ 함부르크SV
④ SV 베르더 브레멘

해설
손흥민은 2010년 프로 데뷔 이후 독일 분데스리가 소속의 함부르크SV(2010~2013)와 바이어 04 레버쿠젠(2013~2015)에서 뛰었고, 2015년에는 영국 프리미어리그 토트넘 홋스퍼에 입단해 현재까지 활약하고 있다.

03 '지역내총생산'을 뜻하는 영어 약자는? [2024년 뉴시스]

① GDP
② GRDP
③ GRI
④ GDI

해설
지역내총생산(GRDP)은 일정기간 동안 일정 경제구역 내에서 생산된 모든 재화와 서비스의 시장가격 합을 뜻한다. 한편 지역총소득(GRI)은 경제구역 내에서 주된 경제활동을 수행하는 거주자가 생산활동에 참여한 대가로 받은 소득의 합을 의미한다.

04 일론 머스크의 '스페이스X'에서 개발 중인 달 착륙선의 이름은? [2024년 뉴시스]

① 리질리언스
② 블루오리진
③ 버진갤럭틱
④ 스타십

해설
스타십(Starship)은 일론 머스크의 우주기업 스페이스X가 달과 화성으로 사람들을 보낸다는 목표 하에 개발하고 있는 다목적 탐사선이다. 스페이스X는 미 항공우주국(NASA)의 달 유인탐사 계획인 '아르테미스 프로젝트'에서도 달착륙선 개발·발사 작업에 참여하고 있다.

05
'스타벅스'의 전 CEO로 스타벅스를 글로벌 브랜드로 성장시킨 주역은? [2024년 뉴시스]

① 고든 보커
② 제럴드 제리 볼드윈
③ 하워드 슐츠
④ 지브 시글

해설
커피브랜드 '스타벅스'는 1971년 고든 보커, 제럴드 제리 볼드윈, 지브 시글이 창업했다. 1982년 스타벅스의 마케팅 담당자로 일하게 된 하워드 슐츠는 이탈리아에 갔다가 에스프레소 커피를 보고서, 이를 스타벅스에 적용할 것을 경영진에 권했다. 그러나 거절당한 슐츠는 회사를 떠나 '일 지오날레'라는 커피 프랜차이즈를 설립해 큰 성공을 거둔다. 이 성공을 바탕으로 1987년 스타벅스를 인수한 슐츠는 스타벅스를 세계적 브랜드로 성장시켰다.

06
미국의 금융지주회사로 JP모건 체이스, 골드만삭스와 함께 세계 최대 투자은행으로 꼽히는 곳은? [2024년 뉴시스]

① 모건 스탠리
② 뱅크 오브 아메리카
③ 리먼 브라더스
④ 메릴린치

해설
'모건 스탠리(Morgan Stanley)'는 1935년 설립된 미국의 금융지주회사다. JP모건 체이스, 골드만삭스와 함께 세계 최대 규모의 투자은행으로 손꼽힌다. 세계 대공황 직후 JP모건의 손자 헨리 스터지스 모건과 해럴드 스탠리가 설립했으며, 명칭도 두 설립자의 이름에서 따왔다. 2007년 세계 경제위기를 일으킨 '서브프라임 모기지사태' 당시 큰 위기를 맞았으나 미국 연방준비위원회의 규제를 받는 금융지주로 개편돼 고비를 넘겼다.

07
다음 중 국회의원 출신의 지자체장이 아닌 사람은? [2024년 뉴시스]

① 오세훈 서울특별시장
② 김영록 전라남도지사
③ 이장우 대전광역시장
④ 김동연 경기도지사

해설
2025년 1월 기준, 보기의 인물 중 국회의원 당선 이력이 없는 인물은 김동연 경기도지사이다. 김동연 지사는 2017년 6월 9일부터 2018년 12월 10일까지 문재인정부의 제4대 부총리 겸 기획재정부 장관을 역임했다.

08
다음 중 국제 안보협의체인 오커스와 쿼드에 모두 참여하고 있는 국가는? [2024년 뉴시스]

① 일본
② 영국
③ 호주
④ 인도

해설
쿼드(Quad)는 '법치를 기반으로 한 자유롭고 개방된 인도·태평양 전략'의 일환으로 미국과 일본, 인도, 호주 4개 국가가 모여 구성한 안보협의체다. 오커스(AUKUS)는 미국, 영국, 호주 등 3국이 출범한 외교안보 3자 협의체로 명칭 또한 세 국가의 이름 첫글자에서 따왔다.

09 북한의 특수작전부대로 2024년 10월 우크라이나-러시아 전쟁에 파병된 것으로 알려진 부대의 이름은? [2024년 MBN]

① 호랑이군단
② 폭풍군단
③ 백두산군단
④ 태풍군단

해설
폭풍군단은 북한군의 특수작전부대로 훈련이 잘 되고 충성심이 특히 굳건한 부대로 전해진다. 경보병여단, 항공육전단, 저격여단 등 특수작전에 특화된 예하 여단을 거느리고 있다. 지난 2024년 10월 북한군 동향을 감시하던 국가정보원은 러시아 해군 수송함이 북한군을 실어 나르는 장면을 포착했다. 이어진 첩보와 조사에서 1만명이 넘는 폭풍군단 소속병력들이 러시아군을 지원하기 위해 파병된 사실이 드러나면서 국제적 파장이 일었다.

10 덴마크의 제약사 노보 노디스크가 출시한 성인용 비만치료제의 이름은? [2024년 MBN]

① 위고비
② 삭센다
③ 제니칼
④ 콘트라브

해설
위고비(Wegovy)는 덴마크의 제약회사인 노보 노디스크가 2021년 개발한 성인용 비만치료제다. 본래는 제2형 당뇨를 치료하기 위한 약품이었으나, 비만인의 체중감량효과가 있다는 것이 확인되면서 미국 FDA에서 비만치료제로 승인을 받았다. 이후 미국에서 위고비는 선풍적인 인기를 얻었고, 지난 2024년 10월에는 우리나라에도 정식 출시가 되면서 큰 화제를 불러 일으켰다.

11 해류가 해안에서 바다 쪽으로 급속히 빠져나가는 현상은? [2024년 MBN]

① 향안류
② 파송류
③ 이안류
④ 연안류

해설
해류가 해안에서 바다로 빠져나가는 이안류는 폭이 좁고 빨라 휴가철 해수욕장에서 이안류로 인한 사고가 자주 발생한다. 이안류에서 빠져나오기 위해서는 잠수하여 해안선에 평행으로 수영하면 된다. 이안류는 다양한 장소에서 짧은 시간에 발생하기 때문에 예측하기가 매우 어렵다.

12 선진국에 비해서는 품질이, 개발도상국에 비해서는 비용경쟁에서 밀리는 현상은? [2024년 MBN]

① 넛 크래커
② 블랙스완
③ 치킨게임
④ 넛지

해설
넛 크래커(Nut-cracker)는 원래 호두 같은 단단한 견과류를 양쪽으로 눌러 깨는 도구인 호두까기 기계를 말한다. 그런데 국제시장에서는 어떤 국가의 상품이 양쪽에서 압력을 받는 상황에 대해 선진국에는 생산·수출 물품의 품질경쟁에서 밀리고, 개발도상국에는 생산비용 측면에서 경쟁력을 잃는 모습을 뜻하기도 한다.

13 베토벤이 작곡한 교향곡이 아닌 것은?

[2024년 대전광역시공공기관통합채용]

① 영웅 교향곡
② 운명 교향곡
③ 전원 교향곡
④ 미완성 교향곡

해설
독일의 음악가인 루트비히 판 베토벤은 음악사에 남을 주옥같은 교향곡을 작곡한 인물이다. 특히 유명한 것은 〈교향곡 3번, "영웅"〉, 〈교향곡 5번 "운명"〉, 〈교향곡 6번 "전원"〉 등이다. 미완성 교향곡은 보통 오스트리아의 작곡가인 프란츠 슈베르트의 〈교향곡 8번〉을 말하는 것으로, 슈베르트는 이 작품을 의도적으로 미완성으로 남겨두었다.

14 우리 몸에서 배고픔을 느낄 때 분비되는 호르몬의 이름은?

[2024년 대전광역시공공기관통합채용]

① 아디포넥틴
② 인슐린
③ 그렐린
④ 세로토닌

해설
그렐린(Ghrelin)은 펩타이드계 호르몬으로 배고픔을 느낄 때 위에서 주로 생성되며 식욕을 당기게 한다. '배고픔 호르몬'이라고도 부른다.

15 다음 중 고구려의 도읍지가 아닌 곳은?

[2024년 대전광역시공공기관통합채용]

① 졸본성
② 위례성
③ 국내성
④ 평양성

해설
고구려는 동가강 유역의 졸본 지역에서 다섯 부족의 연맹체로서 발원했다. 이후 주몽이 고구려를 건국하고 시조가 되어 졸본성으로 도읍을 정했고, 이후 유리왕이 국내성으로, 훗날 장수왕이 평양성으로 도읍을 옮겼다. 위례성은 한강 이남에 있었던 백제 건국 초기의 도읍이다.

16 대한제국의 고종이 주도한 국가개혁은?

[2024년 대전광역시공공기관통합채용]

① 광무개혁
② 을미개혁
③ 갑오개혁
④ 갑신정변

해설
1892년 러시아 공사관에서 경운궁으로 환궁한 고종은 광무개혁을 천명하며 국가의 연호를 광무로 하고, 환구단을 쌓아 황제 즉위식을 거행하여 대한제국이 자주 독립국가임을 선언했다. 광무개혁은 구본신참으로서 복고주의적이고 점진적인 개혁을 표방했으며, 근대적 시설을 확충하고자 했다. 정치적으로는 대한국국제를 반포해 전제 황권을 강화했음을 선언했다.

09 ② 10 ① 11 ③ 12 ① 13 ④ 14 ③ 15 ② 16 ①

17 흥행을 예상치 못했다가 입소문을 타고 성공을 거두게 된 영화를 뜻하는 말은?

[2024년 광주광역시공공기관통합채용]

① 리덕스필름
② 텐트폴
③ 시네라마
④ 슬리퍼 히트

해설
슬리퍼 히트(Sleeper Hit)란 개봉 전에는 흥행을 예상하지 못해 소규모 극장이나 단관에서만 상영된 영화가 관객의 입소문을 타고 점차 흥행하게 되는 경우를 말한다. 슬리퍼 히트의 대표 사례에는 〈록키〉(1976), 〈귀여운 여인〉(1990), 〈원스〉(2008) 등이 있다.

18 다음 중 독립협회에 대한 설명이 틀린 것은?

[2024년 광주광역시공공기관통합채용]

① 만민공동회를 주최했다.
② 러시아의 절영도 조차 요구를 저지했다.
③ 중추원을 개편했다.
④ 고종의 퇴위반대운동을 벌이다가 해산됐다.

해설
갑신정변 이후 미국에서 돌아온 서재필은 독립신문을 창간하고, 독립협회를 설립했다. 또 청의 사신을 맞던 영은문을 헐고 그 자리에 독립문을 세웠다. 독립협회는 만민공동회를 개최해 민중에게 근대적 지식과 국권 등을 고취시켰으며, 헌의 6조를 결의하여 고종에게 건의했다. 독립협회는 서구식 입헌 군주제의 실현을 목표로 하고 있었으나, 보수세력이 동원한 황국협회의 방해와 고종에 의해 3년 만에 해산됐다.

19 스타트업이 주로 구사하는 것으로 데이터를 통해 사용자를 분석해 마케팅 전략을 수립하는 것은?

[2024년 광주광역시공공기관통합채용]

① 린스타트업
② 그로스해킹
③ 에이비 테스팅
④ 퍼포먼스 마케팅

해설
그로스해킹(Growth Hacking)은 사용자의 행동을 분석해 나타나는 다양한 정보를 사업적으로 활용하는 것이다. 사용자가 특정 페이지에 접속한 기록이나 시간 등의 단순한 정보부터 선호 정보, 선호 정보전달 양식 등과 같은 고차원적 정보까지 모든 데이터를 활용하여 마케팅 전략을 수립하거나 새로운 비즈니스를 모색한다. 페이스북, 인스타그램, 에어비앤비, 트위터, 드롭박스 등이 이 기술을 활용해 사업을 성장시킨 것으로 유명하다.

20 지역문화를 소재로 혁신적인 아이디어를 창출하는 사람을 뜻하는 말은?

[2024년 광주광역시공공기관통합채용]

① 로컬 마케터
② 로컬 벤처
③ 글로컬 비즈니스
④ 로컬 크리에이터

해설
로컬 크리에이터는 '지역가치 창업가'라고 불린다. 지역의 환경과 문화를 소재로 상업적 가치를 창출하는 비즈니스 모델 또는 사업을 개발·구축하는 역할을 한다. 중소벤처기업부는 2020년부터 지역경제에 활력을 불어넣기 위해 이러한 로컬 크리에이터를 지원하는 사업을 진행 중이다.

21. 주식시장에서 보유한 주식이나 채권이 없는 상태에서 매도 주문한 경우를 일컫는 말은?

[2024년 광주광역시공공기관통합채용]

① 공매도
② 숏커버링
③ 블록딜
④ 윈도드레싱

해설
주식이나 채권이 없는 상태에서 매도 주문하는 것을 공매도라고 한다. '숏커버링'은 주식시장에서 매도한 주식을 다시 사들이는 것이고, '블록딜'은 주식을 대량으로 보유한 매도자가 대량으로 구매할 매수자에게 장외 시간에 그 주식을 넘기는 거래를 말한다. '윈도드레싱'은 실적이 좋은 주식은 집중 매입하고, 실적이 저조한 주식을 처분해 투자 수익률을 최대한 높이는 행위이다.

22. 다음 중 고대국가인 부여에 관한 설명으로 틀린 것은?

[2024년 광주광역시공공기관통합채용]

① 행정구역을 사출도로 나누어 다스렸다.
② 사람이 죽었을 때에는 순장제가 실시됐다.
③ 혼인 시에는 민며느리제가 실시됐다.
④ 제천행사인 영고가 12월에 열렸다.

해설
부여는 왕 아래 마가, 우가, 저가, 구가의 가(加)들이 각자의 행정구역인 사출도를 다스렸으며, 왕이 통치하는 중앙과 합쳐 5부를 구성하는 연맹왕국이었다. 또한, 남의 물건을 훔치면 12배로 갚도록 하는 1책 12법이라는 엄격한 법률이 있었고, 매년 12월에는 풍성한 수확제·감사제의 성격을 지닌 영고라는 제천행사가 열렸다. 장사를 지낼 때는 사람을 죽여 매장하는 순장제를 실시했다.

23. 가톨릭에서 위령미사를 바칠 때 사용된 음악을 뜻하는 것은?

[2024년 광주광역시공공기관통합채용]

① 광상곡
② 레퀴엠
③ 그레고리오성가
④ 오르가눔

해설
레퀴엠(Requiem)은 '위령곡', '진혼곡'이라고도 불린다. 가톨릭에서 죽은 이를 기리기 위한 위령 미사에서 사용된 곡을 뜻한다. 광상곡은 '카프리치오(Capriccio)'라고도 불리며, 일정한 형식에 구속되지 않는 자유로운 요소가 강한 기악곡을 말한다.

24. 0과 1 사이의 값에서 1에 가까울수록 불평등 정도가 높은 것을 뜻하는 경제지수는?

[2024년 광주광역시공공기관통합채용]

① 지니계수
② 엥겔지수
③ 로렌츠곡선
④ BIS지수

해설
지니계수는 계층 간 소득분포의 불균형 정도를 나타내는 수치로, 소득이 어느 정도 균등하게 분배돼 있는지를 평가하는 데 주로 이용된다. 지니계수는 0과 1 사이의 값을 가지며 1에 가까울수록 불평등 정도가 높다는 뜻이다.

17 ④ 18 ④ 19 ② 20 ④ 21 ① 22 ③ 23 ② 24 ①

내일은 TV 퀴즈왕

방송에 출제됐던 문제들을 모아! 재미로 풀어보는 퀴즈~!~!

01 영국의 극작가 제임스 배리가 쓴 동화에 나오는 가상의 나라에서 유래한 것으로 스스로를 나이보다 젊다고 여기고 나이 들기를 거부하는 신드롬은? [장학퀴즈]

정답 최근 나이보다 어리게 사는 것이 트렌드가 되면서 어린 시절 가지고 놀던 장난감 또는 스티커가 들어 있는 캐릭터 빵을 구매하거나 동안 외모를 유지하는 데 투자를 아끼지 않는 등 네버랜드 신드롬이 확산했다.

02 일제강점기 당시 신민회는 일제에 대한 무장투쟁의 필요성을 느껴 이회영을 주축으로 독립군 양성에 주력하기 위해 서간도에 이 단체를 설립했다. 이 단체는 무엇인가? [장학퀴즈]

정답 신흥무관학교는 1919년 5월 3일 개교한 독립군 양성학교로 이회영, 이동녕 등이 1911년 만주 삼원보에 설립한 신흥강습소가 그 전신이다. 군사교육뿐만 아니라 민족정신 함양을 위해 국어, 국사, 지리교육 등도 중시했다.

03 제시된 지문에 띄어쓰기를 올바로 적용하면? [우리말 겨루기]

> 한해를끝내며지난밤너나없이둘러앉아 내년은물론내내년계획까지얘기했다.

정답 지문에 띄어쓰기를 올바로 적용하면 다음과 같다. '한 해를 끝내며 지난밤 너나없이 둘러앉아 내년은 물론 내내년 계획까지 얘기했다.'

04 '이기다'의 뜻풀이에 포함되어 있지 않는 단어는? [우리말 겨루기]

① 맞대다　② 가누다
③ 차지하다　④ 억누르다
⑤ 견디다

정답 '이기다'는 '몸을 곧추거나 가누다', '내기나 시합, 싸움 따위에서 재주나 힘을 겨루어 우위를 차지하다', '감정이나 욕망, 흥취 따위를 억누르다', '고통이나 고난을 참고 견디어 내다'라는 뜻이 있다.

05 조선의 22대 왕 정조는 사도세자의 무덤에 이것이 만연하자 잡아서 이로 깨물어 죽였으며, 1960년에는 산림보호를 위해 이것을 잡는 범국민운동이 펼쳐지기도 했다. 이것은 무엇인가? [유 퀴즈 온 더 블럭]

정답 '한국구비문학대계'에 따르면 정조는 아버지인 사도세자의 융릉에 조성한 소나무 숲에 송충이가 만연하여 피해가 커지자 화를 내며 송충이를 잡아 입으로 깨물어 죽였는데, 이후 송충이가 모두 사라졌다고 전해진다.

06 이것은 동의보감에서 '포공영'이라고 불리며 열을 내리고 독소를 풀어주는 데 탁월한 효능이 있다고 기록돼 있다. 문만 나서면 지천에서 볼 수 있다 하여 이름 붙여진 이것은? [유 퀴즈 온 더 블럭]

정답 민들레는 강인한 생명력을 가지고 있어 민초의 상징으로 여겨지기도 하는 식물이다. 바람에 퍼진 씨앗이 사방팔방 싹이 터서 어디서든 흔히 볼 수 있어 '문둘레'라고 부르던 것이 지금의 '민들레'가 되었다는 설이 있다.

07 외과의사 A, B, C가 전염병 환자를 수술하려고 한다. 이 전염병은 환자와 의사가 서로 닿으면 전염되며, 의사와 의사 간에도 전염될 수 있다. 이를 방지하기 위해 의사는 반드시 멸균장갑을 껴야 하는데 멸균장갑은 파란색과 하얀색 단 두 켤레뿐이다. 아래 조건을 토대로 그 누구도 병에 전염되지 않도록 장갑을 사용하는 방법은? [문제적 남자]

- 세 의사는 한 번에 한 사람씩 차례대로 수술실에 들어갈 수 있다.
- 장갑은 겹쳐 낄 수 있고 뒤집어서 낄 수도 있다.
- 환자와 의사 또는 의사와 의사는 장갑의 같은 면을 사용할 수 없다.
- 환자에게 닿는 장갑은 같은 면을 사용할 수 있다.

정답

주어진 조건을 토대로 세 명의 의사가 장갑 두 켤레를 조건에 맞춰서 사용할 수 있는 방법을 예시로 들면 다음과 같다.

구분	장갑 사용방법
A의사	하얀 장갑을 먼저 끼고 그 위에 파란 장갑을 겹쳐서 낌
B의사	파란 장갑만 낌
C의사	하얀 장갑을 뒤집어 낀 다음 그 위에 파란 장갑을 낌

다만 병이 전염되지 않기만 하면 되므로 장갑 사용방법은 의사들 간에 겹치지 않게 한다면 서로 바꿀 수 있고, 환자들에게 닿는 장갑도 파란 장갑에서 하얀 장갑으로 바꿀 수 있다.

08 다음 빈칸에 들어갈 숫자는? [문제적 남자]

3, 8, 15, 22,
32, 42, 51, 58,
70, 79, 88, ?

정답

제시된 숫자 간의 연관성이나 숫자 배열에 적용된 일정한 규칙을 알아내야 풀 수 있는 문제다. 각각의 숫자 사이에 나타나는 규칙을 찾아보면 '주어진 숫자+디지털 숫자 획수=다음 숫자'임을 알 수 있다. 예를 들어 맨 처음 제시된 숫자인 3의 디지털 숫자 획수는 5이다. 따라서 다음 숫자는 3+5=8이 된다. 나머지 숫자들도 동일한 규칙이 적용되므로 ?에 들어갈 숫자는 88+14=102가 된다.

취업! 실전문제

최종합격 기출면접   **116**

기업별 최신기출문제   **120**

한국사능력검정시험   **130**

면접위원을 사로잡는 답변의 기술   **140**

합격으로 가는 백전백승 직무분석   **144**

센스있는 신입사원이 되는 비법   **148**

최신 자격 정보   **150**

최종합격 기출면접

01 LH 한국토지주택공사

LH 한국토지주택공사는 '살고 싶은 집과 도시로 국민의 희망을 가꾸는 기업'이라는 비전 아래 '국민중심', '미래혁신', '소통화합', '안전품질', '청렴공정'을 핵심가치로 추구하고 있다. 토지의 취득·개발·비축·공급, 도시의 개발·정비, 주택의 건설·공급·관리 업무를 수행함으로써 국민주거생활의 향상과 국토의 효율적인 이용을 도모하여 궁극적으로 국민경제의 발전에 이바지하는 것을 목적으로 한다.

1 인성검증면접

인성검증면접은 지원자의 직무역량과 인성, 가치관, 태도 등 종합적인 요소들을 평가한다. 이러한 유형의 면접은 주어지는 질문에 대해 지원자가 잘 알고 있는지를 확인하기보다는 그에 대처하는 태도를 더욱 중요하게 평가하므로 잘 알지 못하거나 공격적으로 느껴지는 질문이 주어지더라도 당황하지 않고 침착하게 답변하는 것이 중요하다.

기출문제

- 인간관계에서 가장 중요하다고 생각하는 것을 말해 보시오.
- 자기관리 비법을 말해 보시오.
- 선임이 비리를 저지른 사실을 알게 되었을 때 어떻게 대처할 것인가?
- 귀하보다 어린 선임이 있을 텐데 괜찮은가?
- 효율적인 업무를 위해 중요한 요소라고 생각하는 것을 말해 보시오.
- 무리한 요구를 하는 민원인을 어떻게 대처할 것인지 말해 보시오.
- 귀하에 대한 주변 사람들의 평가가 어떠한지 말해 보시오.
- 공동체에 적응하기 위한 자신의 방법을 말해 보시오.
- 회사나 집단에서 성공한 사람들의 특징은 무엇이라고 생각하는가?
- 사회취약계층을 위한 주거를 기획할 때 설계에서 어떻게 반영할 수 있겠는가?
- 한국토지주택공사에 들어오기 위해 어떠한 노력을 했는가?
- 인생에서 가장 치열하게 살았던 경험에 대해 말해 보시오.
- 살면서 실패했던 사례를 말해 보시오.
- 공기업을 택한 이유가 무엇인가?
- 단독주택과 아파트의 차이를 설명해 보시오.
- 행복주택에 대해 말해 보시오.
- 10년 후 무엇을 하고 있을 것이라고 생각하는가?

2 직무역량면접

직무역량면접은 실무와 관련한 역량을 평가하기 위한 질문들이 주를 이룬다. 업무와 관련해 마주할 수 있는 상황을 제시한 후 그에 따른 결과나 해결방안을 물어보거나 공사가 현재 진행하고 있는 사업에 대한 질문이 주어지는 경우가 많으므로 미리 대비해두는 것이 좋다.

기출문제

- 귀하가 거주하는 지역에서 기억나는 도시재생을 말해 보시오.
- 한국토지주택공사에서 진행하는 사업을 아는 대로 말해 보시오.
- 한국토지주택공사에서 진행하는 사업 중 개선했으면 하는 것은 무엇인가?
- 토지계획, 주택 등 한국토지주택공사의 현안에 대해 아는 대로 말해 보시오.
- 한국토지주택공사의 브랜드 이미지 개선방법을 제시해 보시오.
- 한국토지주택공사의 부채가 계속해서 늘어나면 어떻게 해야 할지 제시해 보시오.
- 한국토지주택공사가 건설한 아파트에 부실공사로 인하여 문제가 생겨 민원전화를 받은 상황을 가정할 때, 주민들이 역정을 내며 화를 내는 상황에서 본인은 어떻게 대처할 것인가?
- 건축물의 에너지 절감을 실현할 수 있는 방안을 말해 보시오.
- 인상 깊었던 토목구조물을 선정하고 그 이유에 대해 말해 보시오.
- 국내 토목구조물 설치가 필요한 지역과 구체적인 구조물을 선정하고 그에 따른 사회적·경제적 가치창출과 검토방안을 수립해 보시오.
- 최근 크고 작은 싱크홀 발생이 증가하면서 국민이 불안해하고 있다. 전체 싱크홀의 80% 이상이 서울에서 발생하는 등 도심지에서의 싱크홀 발생문제가 대두되고 있는데, 이러한 싱크홀 예방대책에 대해 발표해 보시오.
- 한국토지주택공사에서 일하게 되면 토목, 도시계획, 건축 등 다양한 분야와 다양한 부서의 사람들과 만나게 되고, 다른 시공사 사람들과도 만나게 될텐데 그때 어떤 방법으로 빠르고 정확하게 소통할 것인지 본인의 사례 중심으로 효율적인 소통방법을 구상해 보시오.
- 최근 한국토지주택공사에 하도급 인부들의 민원이 끊이질 않고 있다. 인부들은 정당하게 일했기 때문에 그에 대한 임금을 받아야 하는데, 하도급사가 제때 임금을 주지 않아 계속 임금이 체불되는 상황이다. 하도급사에 항의하는 것만으로는 임금을 받을 수 없었기에 인부들이 한국토지주택공사에 문제를 해결해달라고 민원을 넣고 있는 것이다. 이러한 상황을 해결하기 위한 방안을 설명해 보시오.
- A사는 최근 트렌드를 반영한 주택공급 방안을 모색 중에 최근 '1인 가구 증가'라는 시장 트렌드를 반영하기로 했다. 1인 가구 증가는 간편하게 조리할 수 있는 간편가정식뿐만 아니라 2장 식빵, 1조각 생선 등 소포장 판매상품 및 혼자 식사할 수 있는 1인 식당 증가와 같이 유통·식품 업계 전반으로 확대되고 있다. 뿐만 아니라 1인 가구 및 인테리어 등 다양한 업계에서 반영되고 있는 추세이다. 주택공급에 있어서도 아파트, 다세대 주택 등 다인 가구를 위한 주택공급에서 1인 가구를 위한 주택공급으로 변화할 것으로 보인다. 이러한 상황을 반영해 1인 가구를 위한 주택공급 방안을 수립해 보시오.
- 4차 산업혁명과 조경을 어떻게 적용할 수 있는지 설명해 보시오.
- 기후변화에 조경이 대처하는 방안에는 어떤 것들이 있을지 설명해 보시오.

02 한국중부발전

한국중부발전은 "미래 가치를 선도하는 종합에너지 기업, 대한민국 발전 산업의 기술력을 업그레이드 시키는 도전의 기업"이라는 비전 아래 창조적 에너지로 세계와 소통해 한국중부발전의 미래를 이끄는 인재를 선발하고자 한다. 이에 따라 '혁신적 사고와 열정으로 새로운 가치창출에 도전하는 인재', '상호 존중과 배려로 세계와 소통하는 인재', '강한 자부심과 책임감으로 자기업무에 주도적인 인재'를 핵심 인재상으로 내세우고 있다.

1 PT면접·토론면접

PT면접은 인성면접만으로는 알 수 없는 지원자의 문제해결능력이나 전문성, 창의성, 기본 실무능력, 논리성을 관찰하기 위한 것으로 지원자 간의 변별력이 높아 많은 기업에서 적용하고 있다. 보통 전공 및 전문지식, 시사와 관련된 주제를 제시한 뒤 지원자에게 발표를 준비할 수 있는 시간을 주고 이후 순서대로 발표하는 형식으로 진행된다. 정확한 답이나 지식보다는 논리적 사고와 의사표현력이 더 중시되므로 자신의 생각을 어떻게 설명하는지가 평가요소가 된다. 토론면접은 지원자 간 협업을 통한 공통의 문제해결 과정을 관찰하고, 개인의 직무역량은 물론 소통과 협업능력을 평가한다.

기출문제

- 발전소에 생길 수 있는 문제점을 전공과 연계하여 제시하고, 어떤 부분을 보완해야 할지 말해 보시오.
- 화력발전소에 열병합 태양광발전기가 몇 개 있는지 알고 있는가?
- 화력발전소에 관한 홍보방안을 제시해 보시오.
- 지난해 한국중부발전의 사업보고서와 분기보고서를 본 적이 있는가?
- 탈황 · 탈질설비에 대해 들어본 적 있는가?
- 중부발전 외에 다른 발전소에 대해 아는 게 있다면 말해 보시오.
- 한국중부발전이 친환경 이미지를 구축하기 위해 어떻게 해야 할지 말해 보시오.
- 한국중부발전의 가장 큰 사업을 말해 보시오.
- 한국중부발전이 나아가야 할 방안에 대해 말해 보시오.
- 그린뉴딜에 대해 발표해 보시오.
- 새로운 에너지(신재생에너지) 패러다임을 맞이해 공사의 추구방향과 전략을 제시해 보시오.
- 신재생에너지를 활용한 비즈니스 모델을 제시해 보시오.
- 사내 스마트워크의 실행과 관련한 이슈의 해결방안을 제시해 보시오.
- 발전기 용접부에 누수가 발생했다면 원인은 무엇이고, 누수를 방치한다면 어떤 문제점이 생기는지에 대해 발표해 보시오.
- 발전소 보일러 효율 저하 원인 점검사항에 대해 말해 보시오.
- 보일러 효율을 높이는 방안에 대해 말해 보시오.
- 친환경정책과 관련된 정부정책을 연관 지어 한국중부발전이 나아가야 할 방향을 토론해 보시오.
- 발전소 부산물의 재활용 방안을 제시해 보시오.
- 미세먼지 감소대책에 대해 토론해 보시오.
- 신재생에너지와 화력발전소의 미래 방향에 대해 발표해 보시오.
- 한국중부발전의 발전소 안전사고 방지를 위한 대책에 대해 발표해 보시오.
- 중부발전의 마이크로그리드 사업방안을 제시해 보시오.
- 한국중부발전에서 빅데이터를 어떻게 적용해야 하는지 제시하고, 적용 전까지 본 공사에서 취해야 할 방안을 말해 보시오.

2 인성면접

인성면접은 지원자가 제출한 자기소개서를 토대로 한 질문이 주어지며, 이를 통해 지원자의 성격과 역량을 파악해 기업에서 필요로 하는 인재상과 가치에 부합하는지를 평가한다. 실전에서 당황하지 않기 위해서는 사전에 예상질문을 만들어 주변 사람들과 연습하며 어떤 유형의 질문에 취약한지 확인해 보고, 예상하지 못한 질문이 주어질 경우에는 어떻게 대처할지 생각해 두는 것이 좋다.

기출문제

- 윤리를 위해 반드시 해야 할 것 세 가지와 하지 말아야 할 것 세 가지를 말해 보시오.
- 조직목표 달성을 위해 희생했던 경험이 있다면 말해 보시오.
- 귀하가 한국중부발전에 기여할 수 있는 점을 구체적으로 말해 보시오.
- 한국중부발전에 지원한 동기를 말해 보시오.
- 발전업에 관심을 가지게 된 계기를 말해 보시오.
- 가장 싫어하는 소통방식의 유형은 무엇인가? 상사가 다음과 같은 유형의 소통방식을 사용한다면 어떻게 대처할 것인가?
- 발전소에서 문제가 발생했을 때, 귀하는 어떻게 처리할 것인지 말해 보시오.
- 리더십을 발휘한 경험이 있는가?
- 존경하는 상사가 있는가? 있다면 그 상사의 단점은 무엇이고, 귀하에게 동일한 단점이 있다면 이를 어떻게 극복할 것인지 말해 보시오.
- 고령의 현직자, 협력업체의 베테랑과의 갈등을 극복하는 노하우를 말해 보시오.
- 협력업체와의 갈등을 어떻게 해결하겠는가?
- 업무별로 귀하가 해당 업무에 적합한 인재인 이유를 설명해 보시오.
- 조직생활에서 중요한 것은 전문성인가 조직 친화력인가?
- 개인의 경험을 토대로 근무에 있어 무엇을 중요하게 생각하는가?
- 상사가 부당한 지시를 할 경우 어떻게 할 것인가?
- 갈등이 생겼던 사례를 말하고, 어떻게 해결했는지 말해 보시오.
- 여러 사람과 협업하여 업무를 처리한 경험과 협업 시 생긴 갈등을 어떻게 해결했는지 말해 보시오.
- 현 직장에서 이직하려는 이유가 중부발전에서도 똑같이 발생한다면 어떻게 하겠는가?
- CPA를 준비하다가 포기했는데 입사 후에 기회가 되면 다시 준비할 것인가?
- 귀하는 교대근무 상세일정을 작성하는 업무를 담당하고 있다. A선배가 편한 시간대에 근무 배치를 요구할 때, 귀하는 어떻게 대처하겠는가? (A선배를 편한 시간대에 근무 배치할 때, 후배 사원인 C와 D가 상대적으로 편하지 않은 시간대에 근무를 하게 된다)
- 본인의 장단점에 대해 말해 보시오.
- 우리나라 대학생들이 책을 잘 읽지 않는다는 통계가 있다. 본인이 일 년에 읽는 책의 권수와 최근 가장 감명 깊게 읽은 책을 말해 보시오.
- 이전 직장에서 가장 힘들었던 점은 무엇인가?
- 친구랑 크게 싸운 적이 있는가?
- 노력했던 경험에는 어떤 것이 있는가?
- 한국중부발전의 장단점에 대해 말해 보시오.
- 갈등상황이 생길 때 어떻게 대처할 것인지 말해 보시오.
- 한국중부발전을 30초 동안 홍보해 보시오.
- 업무를 진행하는 데 있어 가장 중요한 자세는 무엇이라고 생각하는가?
- 입사 10년 후 자신의 모습에 대해 말해 보시오.

기업별 최신기출문제

01 서울교통공사

1. 의사소통능력

01 다음 글에서 언급되지 않은 내용은?

> 전 세계적인 과제로 탄소중립이 대두되자 친환경적 운송수단인 철도가 주목받고 있다. 특히 국제에너지기구는 철도를 에너지 효율이 가장 높은 운송수단으로 꼽으며, 철도 수송을 확대하면 세계 수송부문에서 온실가스 배출량이 그렇지 않을 때보다 약 6억톤이 줄어들 수 있다고 했다. 게다가 철도의 에너지 소비량은 도로의 22분의 1이고 온실가스 배출량은 9분의 1에 불과해, 탄소배출이 높은 도로 운행의 수요를 친환경 수단인 철도로 전환한다면 수송부문 총배출량이 획기적으로 감소될 것이라 전망하고 있다.
> 이와 같은 전망에 발맞춰 우리나라의 S철도공단도 '녹색교통'인 철도 중심 교통체계를 구축하기 위해 박차를 가하고 있으며, 정부 역시 '2050 탄소중립 실현' 목표에 발맞춰 저탄소 철도 인프라 건설·관리로 탄소를 지속적으로 감축하고자 노력하고 있다.
> S철도공단은 철도 인프라 생애주기 관점에서 탄소를 감축하기 위해 먼저 철도 건설 단계에서부터 친환경·저탄소 자재를 적용해 탄소배출을 줄이고 있다. 실제로 중앙선 안동~영천 간 궤도 설계 당시 철근 대신에 저탄소 자재인 유리섬유 보강근을 콘크리트 궤도에 적용했으며, 이를 통한 탄소감축 효과는 약 6,000톤으로 추정된다. 이 밖에도 저탄소 철도건축물 구축을 위해 2025년부터 모든 철도건축물을 에너지 자립률 60% 이상(3등급)으로 설계하기로 결정했으며, 도심의 철도 용지는 지자체와 협업을 통해 도심 속 철길 숲 등 탄소 흡수원이자 지역민의 휴식처로 철도부지 특성에 맞게 조성되고 있다. S철도공단은 이와 같은 철도로의 수송 전환으로 약 20%의 탄소감축 목표를 내세웠으며, 이를 위해서는 정부의 노력도 필요하다고 강조했다. 특히 수송수단 간 공정한 가격 경쟁이 이루어질 수 있도록 도로 차량에 집중된 보조금 제도를 화물차의 탄소배출을 줄이기 위한 철도 전환교통 보조금으로 확대하는 등 실질적인 방안의 필요성을 제기하고 있다.

① 녹색교통으로 철도 수송이 대두된 배경
② 철도 수송 확대를 통해 기대할 수 있는 효과
③ 국내의 탄소감축 방안이 적용된 건축물 사례
④ 정부의 철도 중심 교통체계 구축을 위해 시행된 조치
⑤ S철도공단의 철도 중심 교통체계 구축방안

해설 세 번째 문단을 통해 정부가 철도 중심 교통체계 구축을 위해 노력하고 있음을 알 수는 있으나, 구체적으로 시행된 조치는 언급되지 않았다.

02 다음 글을 이해한 내용으로 가장 적절한 것은?

> 도심항공교통, UAM은 Urban Air Mobility의 약자로 전기 수직이착륙기(eVTOL)를 활용해 지상에서 450m 정도 상공인 저고도 공중에서 사람이나 물건 등을 운송하는 항공교통수단 시스템을 지칭하는 용어이다. 기체 개발부터 운항, 인프라 구축, 플랫폼 서비스 그리고 유지보수에 이르기까지 이와 관련된 모든 사업을 통틀어 일컫는 말이기도 하다.
> 도심항공교통은 전 세계적인 인구 증가와 대도시 인구 과밀화로 인해 도심의 지상교통수단이 교통체증 한계에 맞닥뜨리면서 이를 해결하고자 등장한 대안책이다. 특히 이 교통수단은 활주로가 필요한 비행기와 달리 로켓처럼 동체를 세운 상태로 이착륙이 가능한 수직이착륙 기술, 또 배터리와 모터로 운행되는 친환경적인 방식과 저소음 기술로 인해 탄소중립 시대에 새로운 교통수단으로 주목받고 있다.
> 이 때문에 많은 국가와 기업에서 도심항공교통 상용화 추진에 박차를 가하고 있으며 우리나라 역시 예외는 아니다. 현대자동차 등 국내기업들은 상용화를 목표로 기체 개발 중에 있으며, 핵심 인프라 중 하나인 플라잉카 공항 에어원을 건설 중이다. 다수의 공기업 역시 미래모빌리티 토탈솔루션 구축 등의 도심항공교통 생태계 조성 및 활성화를 추진 중에 있다.
> 실제로 강릉시는 강릉역 '미래형 복합환승센터'에 기차, 버스, 철도, 자율주행차뿐만 아니라 도심항공교통까지 한곳에서 승하차가 가능하도록 개발사업 기본계획을 수립해 사업 추진에 나섰으며, 경기 고양시 역시 항공교통 상용화를 위한 도심항공교통 이착륙장을 내년 완공을 목표로 진행 중에 있다.
> 이와 같은 여러 단체와 시의 노력으로 도심항공교통이 상용화된다면 많은 기대효과를 가져올 수 있을 것이라 전망되는데, 특히 친환경적인 기술로 탄소배출 절감에 큰 역할을 할 것으로 판단된다. 이뿐만 아니라 도시권역 간 이동시간을 단축해 출퇴근 교통체증을 해소할 수 있고, 또 획기적인 운송서비스의 제공으로 사회적 비용을 감소시킬 수 있을 것으로 보인다.

① 도심항공교통(UAM)은 상공을 통해 사람이나 물품 등의 이동을 가능하게 하는 모든 항공교통수단 시스템을 지칭한다.
② 도심항공교통수단은 지상교통수단의 이용이 불가능해짐에 따라 대체방안으로 등장한 기술이다.
③ 도심항공교통은 수직이착륙 기술을 가지고 있어 별도의 활주로와 공항이 없이도 어디서든 운행이 가능하다.
④ 국내 공기업과 사기업, 그리고 정부와 각 시는 도심항공교통의 상용화를 위해 역할을 분담해 추진 중에 있다.
⑤ 도심항공교통이 상용화된다면, 도심지상교통이 이전보다 원활하게 운행이 가능해질 것으로 예측된다.

> **해설** 다섯 번째 문단의 '도시권역 간 이동시간을 단축해 출퇴근 교통체증을 해소할 수 있고'라는 내용을 통해 도심항공교통의 상용화를 통해 도심지상교통이 이전보다 원활해질 것임을 예측할 수 있다.
> ① 도심항공교통은 비행기와 달리 '저고도 상공'에서 사람이나 물품 등을 운송하는 교통수단, 또는 이와 관련된 모든 사업을 통틀어 말하는 용어로 모든 항공교통수단 시스템을 지칭한다고 보기는 어렵다.
> ② 도심항공교통은 지상교통수단의 이용이 불가능해진 것이 아니라, 인구 증가와 인구 과밀화 등 여러 요인으로 인해 지상교통 수단만으로는 한계에 다다라 이에 대한 해결책으로 등장한 기술이다.
> ③ 두 번째 문단의 내용을 통해 알 수 있듯이 도심항공교통은 수직이착륙 기술을 가지고 있어 활주로의 필요성이 없는 것은 맞지만, 세 번째 문단의 '핵심 인프라 중 하나인 플라잉카 공항 에어원 건설 중에 있다'라는 내용을 통해 해당 교통수단을 위한 별도의 공항이 필요함을 짐작할 수 있다.
> ④ 제시문에서 공기업과 사기업, 그리고 각 시가 도심항공교통의 상용화를 목표로 박차를 가하고 있음은 알 수 있으나, 그들이 역할을 분담하여 공동의 목표를 향한다는 내용은 찾을 수 없다.

01 ④ 02 ⑤

2. 자원관리능력

※ S대학교에 근무하는 K씨는 전자교탁 340개를 강의실에 설치하고자 한다. 다음 자료를 보고 이어지는 질문에 답하시오. [03~04]

- K씨는 전자교탁 340개를 2월 1일 수요일에 주문할 예정이다.
- 모든 업체는 주문을 확인한 다음날부터 전자교탁을 제작하기 시작한다.
- 2월 20일에 설치가 가능하도록 모든 업체가 2월 18일까지 전자교탁을 제작해야 한다.
- 전자교탁 제작을 의뢰할 업체는 모두 5곳이며 각 업체에 대한 정보는 다음과 같다.

업체	1인 1개 제작시간(시간)	제작 직원 수(명)	개당 가격(만원)
A	4	7	50
B	5	10	50
C	4	3	40
D	2	5	40
E	6	6	30

- A, B, C업체는 월~토요일에 근무하고 D, E업체는 월~금요일에 근무하며, 모든 업체는 1일 8시간 근무를 시행한다.
- 모든 업체는 연장근무를 시행하지 않는다.

03 비용을 최소로 해 각 업체에 전자교탁 제작을 의뢰한다고 할 때, 다음 중 E업체에 의뢰한 전자교탁의 수는?(단, 소수점 아래는 버린다)

① 48개
② 72개
③ 96개
④ 144개
⑤ 192개

해설 2월 18일까지 모든 업체가 제작을 완료해야 하므로 18일까지 각 업체의 근무시간 및 제작 개수는 다음과 같다.

업체	1인 1개 제작시간(시간)	2월 18일까지 근무시간(시간)	2월 18일까지 1인 제작 수(개)	제작 직원 수(명)	2월 18일까지 총 제작 수(개)	개당 가격(만원)
A	4	120	30	7	210	50
B	5	120	24	10	240	50
C	4	120	30	3	90	40
D	2	96	48	5	240	40
E	6	96	16	6	96	30

개당 가격이 가장 저렴한 업체에 최대한 많은 양을 의뢰한다. 따라서 가격이 가장 저렴한 E업체에는 2월 18일까지 E업체가 제작 가능한 전자교탁의 총 개수인 96개의 제작을 의뢰할 수 있고, 가격이 두 번째로 저렴하면서 C업체보다 1인 1개 제작시간이 더 짧은 D업체에는 240개, C업체에는 남은 4개의 제작을 의뢰할 수 있다. 그리고 이때 필요한 비용이 최소가 되므로 E업체에 제작을 의뢰한 전자교탁의 수는 96개이다.

04 교내내부 일정이 촉박해져 전자교탁 제작이 기존 예정 완료일보다 이른 2월 9일까지 완료돼야 한다고 한다. 이에 따라 비용을 최소로 하여 제작을 다시 의뢰하고자 할 때, 필요한 비용은?(단, 소수점 아래는 버린다)

① 1억 2,460만원
② 1억 4,420만원
③ 1억 6,480만원
④ 1억 8,820만원
⑤ 1억 9,860만원

해설 2월 9일까지 모든 업체가 제작을 완료해야 하므로 18일까지 각 업체의 근무시간 및 제작 개수는 다음과 같다.

업체	1인 1개 제작시간(시간)	2월 9일까지 근무시간(시간)	2월 9일까지 1인 제작 수(개)	제작 직원 수(명)	2월 9일까지 총 제작 수(개)	개당 가격(만원)
A	4	56	14	7	98	50
B	5	56	11	10	110	50
C	4	56	14	3	42	40
D	2	48	24	5	120	40
E	6	48	8	6	48	30

개당 가격이 가장 저렴한 업체에 최대한 많이 의뢰한다. 먼저 개당 가격이 가장 저렴한 E업체에 전자교탁 48개의 제작을 의뢰하고 그다음으로 저렴한 C업체와 D업체에 각각 42개, 120개의 제작을 의뢰한다. 남은 전자교탁은 340−(48+42+120)=130개이고, 남은 두 업체의 개당 가격은 50만원이다. 따라서 필요한 비용은 130×50만+(42+120)×40만+48×30만=14,420만원=1억 4,420만원이다.

3. 문제해결능력

05 다음 〈조건〉에 따라 성우, 희성, 지영, 유진, 혜인, 재호가 근무할 때, 반드시 참인 명제는?

조건

- 성우, 희성, 지영, 유진, 혜인, 재호는 각자 다른 곳에서 근무하고 있다.
- 근무할 수 있는 곳은 감사팀, 대외협력부, 마케팅부, 비서실, 기획팀, 회계부이다.
- 성우가 비서실에서 근무하면, 희성이는 기획팀에서 근무하지 않는다.
- 유진이와 재호 중 한 명은 감사팀에서 근무하고, 나머지 한 명은 마케팅부에서 근무한다.
- 유진이가 감사팀에서 근무하지 않으면, 지영이는 대외협력부에서 근무하지 않는다.
- 혜인이가 회계부에서 근무하지 않을 때에만 재호는 마케팅부에서 근무한다.
- 지영이는 대외협력부에서 근무한다.

---

① 재호는 감사팀에서 근무한다.
② 희성이는 기획팀에서 근무한다.
③ 성우는 비서실에서 근무하지 않는다.
④ 혜인이는 회계부에서 근무하지 않는다.
⑤ 유진이는 감사팀에서 근무하지 않는다.

> **해설** 일곱 번째 조건에 따라 지영이는 대외협력부에서 근무하고, 다섯 번째 조건의 대우에 따라 유진이는 감사팀에서 근무한다. 그러므로 재호는 마케팅부에서 근무하며, 여섯 번째 조건에 따라 혜인이는 회계부에서 근무를 할 수 없다. 세 번째 조건에 의해 성우가 비서실에서 근무하게 되면, 희성이는 회계부에서 근무하고, 혜인이는 기획팀에서 근무하게 되며, 세 번째 조건의 대우에 따라 희성이가 기획팀에서 근무하면, 성우는 회계부에서 근무하고, 혜인이는 비서실에서 근무하게 된다. 이를 정리하면 다음과 같다.

감사팀	대외협력부	마케팅부	비서실	기획팀	회계부
유진	지영	재호	성우 혜인	혜인 희성	희성 성우

> 따라서 반드시 참인 명제는 '혜인이는 회계부에서 근무하지 않는다'이다.

06 다음 문장에서 범하고 있는 논리적 오류로 가장 적절한 것은?

공부를 잘하는 사람은 무엇이든 잘할 것이다.
---

① 근접 효과
② 초두 효과
③ 최신 효과
④ 후광 효과
⑤ 현저성 효과

> **해설** 후광 효과는 대상에 대해 긍정적 또는 부정적인 측면으로 인해 그와 무관한 영역에 대해서도 같은 시각으로 평가하는 논리적 오류이다.

02 건강보험심사평가원

1. 의사소통능력

01 다음 중 빈칸에 들어갈 내용으로 가장 적절한 것은?

> 주의력 결핍 과잉행동장애(ADHD)는 학령기 아동에게 흔히 나타나는 질환으로, 주의력 결핍, 과잉행동, 충동성의 증상을 보인다. 이는 아동의 학교 및 가정생활에 큰 영향을 미치며, 적절한 치료와 관리가 필요하다. ADHD의 원인은 신경화학적 요인과 유전적 요인이 복합적으로 작용하는 것으로 여겨진다. 도파민과 노르에피네프린 같은 신경전달물질의 불균형이 주요 원인으로 지목되며, 가족력이 있는 경우 ADHD 발병 확률이 높아진다. 연구에 따르면, ADHD는 상당한 유전적 연관성을 보이며, 부모나 형제 중에 ADHD를 가진 사람이 있을 경우 발병 확률이 증가한다.
>
> 환경적 요인도 ADHD 발병에 영향을 줄 수 있다. 임신 중 음주, 흡연, 약물 사용 등이 발병 확률을 높일 수 있으며, 조산이나 저체중 출산도 연관성이 있다. 이러한 환경적 요인들은 태아의 뇌 발달에 영향을 주며 ADHD 발병 가능성을 증가시킬 수 있다. 그러나 이러한 요인들이 단독으로 ADHD를 유발하는 것은 아니며, 다양한 요인이 복합적으로 작용하여 증상이 나타난다.
>
> ADHD 치료는 약물 요법과 비약물 요법으로 나뉜다. 약물 요법에서는 메틸페니데이트 같은 중추신경 자극제가 널리 사용된다. 이 약물은 도파민과 노르에피네프린의 재흡수를 억제해 증상을 완화한다. 이러한 약물은 주의력 향상과 충동성 감소에 효과적이며, 많은 연구에서 그 효능이 입증됐다. 비약물 요법으로는 행동개입 요법과 심리사회적 프로그램이 있다. 이는 구조화된 환경에서 집중을 방해하는 요소를 최소화하고, 연령에 맞는 개입방법을 적용한다. 예를 들어, 학령기 아동에게는 그룹 부모훈련과 교실 내 행동개입 프로그램이 추천된다.
>
> 가정에서는 부모가 아이가 해야 할 일을 목록으로 작성하도록 돕고, 한 번에 한 가지씩 처리하도록 지도해야 한다. 특히 아이의 바람직한 행동은 칭찬하고, 잘못된 행동에는 책임을 지도록 하는 것이 중요하다. 이러한 방법은 아이의 자존감을 높이고 긍정적인 행동을 강화하는 데 도움이 된다. 학교에서는 과제를 짧게 나누고, 수업이 지루하지 않도록 하며, 규칙과 보상을 일관되게 유지해야 한다. 교사는 ADHD 아동의 주의가 산만해질 수 있는 환경적 요소를 제거하고, 많은 격려와 칭찬을 통해 학습동기를 유발해야 한다.
>
> ADHD는 완치가 어려운 만성질환이지만 적절한 치료와 관리를 통해 증상을 개선할 수 있다. 약물 치료와 비약물 치료를 병행하고 가정과 학교에서 적절한 지원이 이루어지면 ADHD 아동도 건강하고 행복한 삶을 영위할 수 있다. 결론적으로, ADHD는 _____ 따라서 다양한 원인에 부합하는 맞춤형 치료와 환경 조성을 통해 아동의 잠재력을 최대한 발휘할 수 있도록 지원해야 한다. 이는 아동이 자신의 능력을 충분히 발휘하고 성공적인 삶을 살아가는 데 중요한 역할을 한다.

① 완벽한 치료가 불가능한 불치병이다.

② 약물 치료를 통해 쉽게 치료가 가능하다.

③ 다양한 원인이 복합적으로 작용하는 질환이다.

④ 아동에게 적극적으로 개입해 충동성을 감소시켜야 하는 질환이다.

> **해설** 제시문은 ADHD의 원인과 치료방법에 대한 글이다. 첫 번째 문단에서는 ADHD가 유전적 원인에 의해 발생한다고 설명하고, 두 번째 문단에서는 환경적 원인에 의해 발생한다고 설명하고 있다. 이를 종합하면 ADHD는 다양한 원인이 복합적으로 작용하는 질환임을 알 수 있다. 또한 빈칸 뒤에서도 다양한 원인에 부합하는 맞춤형 치료와 환경 조성이 필요하다고 했으므로 빈칸에 들어갈 내용으로 가장 적절한 것은 ③이다.

05 ④   06 ④ / 01 ③

2. 수리능력

02 다음은 직장가입자 보수월액보험료에 대한 자료이다. A씨가 〈조건〉에 따라 장기요양보험료를 납부할 때, A씨의 2023년 보수월액은?(단, 소수점 첫째 자리에서 반올림한다)

직장가입자 보수월액보험료

- 개요 : 보수월액보험료는 직장가입자의 보수월액에 보험료율을 곱하여 산정한 금액에 경감 등을 적용하여 부과한다.
- 보험료 산정 방법
  - 건강보험료는 다음과 같이 산정한다.
    (건강보험료) = (보수월액)×(건강보험료율)
    ※ 보수월액 : 동일사업장에서 당해 연도에 지급받은 보수총액을 근무월수로 나눈 금액

  - 장기요양보험료는 다음과 같이 산정한다.
    2022.12.31. 이전 : (장기요양보험료) = (건강보험료)×(장기요양보험료율)
    2023.01.01. 이후 : (장기요양보험료) = (건강보험료)× $\frac{(장기요양보험료율)}{(건강보험료율)}$

2020~2024년 보험료율

(단위 : %)

구분	2020년	2021년	2022년	2023년	2024년
건강보험료율	6.67	6.86	6.99	7.09	7.09
장기요양보험료율	10.25	11.52	12.27	0.9082	0.9182

조건

- A씨는 S공사에서 2011년 3월부터 2023년 9월까지 근무했다.
- A씨는 3개월 후 2024년 1월부터 S공사에서 현재까지 근무하고 있다.
- A씨의 2023년 장기요양보험료는 35,120원이었다.

---

① 3,866,990원　　　　　　　　　　　② 3,974,560원
③ 4,024,820원　　　　　　　　　　　④ 4,135,970원

해설 (건강보험료)=(보수월액)×(건강보험료율)이고,

2023년 1월 1일 이후 (장기요양보험료)=(건강보험료)× $\frac{(장기요양보험료율)}{(건강보험료율)}$ 이므로

(장기요양보험료)=(보수월액)×(건강보험료율)× $\frac{(장기요양보험료율)}{(건강보험료율)}$ 이다. 그러므로 (보수월액)= $\frac{(장기요양보험료)}{(장기요양보험료율)}$ 이다.

따라서 A씨의 2023년 장기요양보험료는 35,120원이므로 보수월액= $\frac{(35,120)}{(0.9082\%)} = \frac{(35,120)}{(0.9082)} \times 100 ≒ 3,866,990$원이다.

3. 문제해결능력

03 S문구의 회원인 A사원은 제시된 품목들을 구매하려고 한다. 구매 조건에 따라 예산 60,000원으로 최대한 많은 물품을 구매하려고 할 때, A사원은 물품을 최대 몇 개까지 구매할 수 있는가?

S문구 품목별 가격 및 할인정보

품목	단위	가격	할인
스테이플러	1개	5,000원	2개 이상 구매 시 20% 할인
메모홀더	1개	5,000원	5개 이상 구매 시 20% 할인
다용도 테이프	1개	3,000원	S문구 회원 10% 할인
화이트보드	1개	20,000원	S문구 회원 20% 할인
서류꽂이	1개	10,000원	S문구 회원 10% 할인

구매 조건
- 모든 품목을 반드시 1개 이상 구입한다.
- 한 품목당 5개 이상은 구매할 수 없다.

① 9개
② 10개
③ 11개
④ 12개

해설 다용도 테이프, 화이트보드, 서류꽂이는 S문구의 회원인 A사원은 항상 할인받을 수 있다. 반면 메모홀더는 5개 이상을 구매해야 할인이 가능하므로 할인을 받을 수 없다. 이를 바탕으로 품목별로 할인이 적용된 1개당 가격을 정리하면 다음과 같다.
- 스테이플러 : 5,000원(2개 이상 구매 시 4,000원)
- 메모홀더 : 5,000원
- 다용도 테이프 : 2,700원
- 화이트보드 : 16,000원
- 서류꽂이 : 9,000원

먼저 모든 품목을 1개씩 구매하면 다음과 같다.
- 5,000+5,000+2,700+16,000+9,000=37,700원 → 남은 예산 : 60,000−37,700=22,300원

다음으로 가장 가격이 낮은 다용도 테이프를 최대한 구매(3개 추가 구매)하면 남은 예산은 다음과 같다.
- 22,300−(2,700×3)=14,200원

남은 예산으로 스테이플러나 메모홀더 중 할인을 받을 수 있는 스테이플러를 구매해야 하며, 이미 구입한 스테이플러 1개를 할인 가격으로 환산하여 구매 가능한 개수(n개)를 구하면 다음과 같다.
- 14,200+5,000(초기 스테이플러 1개의 정가)>n×4,000(스테이플러 할인가)
- 19,200>4,000n → 4.8>n

그러므로 스테이플러는 최대 4개를 살 수 있다.
따라서 S문구에서 구매 가능한 최대 물품 수는 스테이플러 4개, 메모홀더 1개, 다용도 테이프 4개, 화이트보드 1개, 서류꽂이 1개로 총 11개이다.

4. 정보능력

04 다음 중 개인정보보호법에서 사용하는 용어에 대한 정의로 옳지 않은 것은?

① '가명처리'란 추가 정보 없이도 특정 개인을 알아볼 수 있도록 처리하는 것을 말한다.
② '정보주체'란 처리되는 정보에 의해 알아볼 수 있는 사람으로 그 정보의 주체가 되는 사람을 말한다.
③ '개인정보'란 살아 있는 개인에 관한 정보로서 성명, 주민등록번호 및 영상 등을 통해 개인을 알아볼 수 있는 정보를 말한다.
④ '처리'란 개인정보의 수집, 생성, 연계, 연동, 기록, 저장, 보유, 가공, 편집, 검색, 출력, 정정, 복구, 이용, 제공, 공개, 파기, 그 밖에 이와 유사한 행위를 말한다.

> **해설** '가명처리'란 개인정보의 일부를 삭제하거나 일부 또는 전부를 대체하는 등의 방법으로 추가 정보가 없이는 특정 개인을 알아볼 수 없도록 처리하는 것을 말한다(개인정보보호법 제2조 제1의2호).
> ② 개인정보보호법 제2조 제3호
> ③ 개인정보보호법 제2조 제1호 가목
> ④ 개인정보보호법 제2조 제2호

05 다음은 생활보조금 신청자의 소득 및 결과에 대한 자료이다. 월 소득이 100만원 이하인 사람은 보조금 지급이 가능하고, 100만원을 초과한 사람은 보조금 지급이 불가능할 때, 보조금 지급을 받는 사람의 수를 구하는 함수로 옳은 것은?

생활보조금 신청자 소득 및 결과

	A	B	C	D	E
1	지원번호	소득(만원)	결과		
2	1001	150	불가능		
3	1002	80	가능		보조금 지급 인원 수
4	1003	120	불가능		
5	1004	95	가능		
6	⋮	⋮	⋮		
7					

① COUNTIF(A:C,"<=100")
② COUNTIF(A:C,<=100)
③ COUNTIF(B:B,"<=100")
④ COUNTIF(B:B,<=100)

> **해설** 「COUNTIF(범위,조건)」 함수는 조건을 만족하는 범위 내 인수의 개수를 셈하는 함수다. 이때, 열 전체에 적용하려면 해당 범위에서 숫자를 제외하면 된다. 따라서 B열에서 값이 100 이하인 셀의 개수를 구하는 함수는 「COUNTIF(B:B,"<=100")」이다.

06 다음은 초등학생의 주 차별 용돈에 대한 자료이다. 빈칸에 들어갈 함수를 바르게 짝지은 것은?(단, 한 달은 4주로 한다)

초등학생 주 차별 용돈

	A	B	C	D	E	F
1	학생번호	1주	2주	3주	4주	합계
2	1	7,000	8,000	12,000	11,000	(A)
3	2	50,000	60,000	45,000	55,000	
4	3	70,000	85,000	40,000	55,000	
5	4	10,000	6,000	18,000	14,000	
6	5	24,000	17,000	34,000	21,000	
7	6	27,000	56,000	43,000	28,000	
8		한 달 용돈이 150,000원 이상인 학생 수				(B)

	(A)	(B)
①	=SUM(B2:E2)	=COUNTIF(F2:F7,">=150,000")
②	=SUM(B2:E2)	=COUNTIF(B2:E2,">=150,000")
③	=SUM(B2:E2)	=COUNTIF(B2:E7,">=150,000")
④	=SUM(B2:E7)	=COUNTIF(F2:F7,">=150,000")
⑤	=SUM(B2:E7)	=COUNTIF(B2:F2,">=150,000")

해설
- 초등학생의 한 달 용돈의 합계는 B열부터 E열까지 같은 행에 있는 금액의 합산액이다. 따라서 (A)에 들어갈 함수는 「SUM(B2:E2)」이다.
- 한 달 용돈이 150,000원 이상인 학생 수는 [F2] 셀부터 [F7] 셀까지 금액이 150,000원 이상인 셀의 개수로 구할 수 있다. 따라서 (B)에 들어갈 함수는 「COUNTIF(F2:F7,">=150,000")」이다.

07 다음 중 빅데이터 분석기획 절차를 순서대로 바르게 나열한 것은?

① 범위 설정 → 프로젝트 정의 → 위험계획 수립 → 수행계획 수립
② 범위 설정 → 프로젝트 정의 → 수행계획 수립 → 위험계획 수립
③ 프로젝트 정의 → 범위 정의 → 위험계획 수립 → 수행계획 수립
④ 프로젝트 정의 → 범위 설정 → 수행계획 수립 → 위험계획 수립

해설 빅데이터 분석을 기획하고자 할 때는 먼저 범위를 설정한 다음 프로젝트를 정의해야 한다. 그 후에 수행계획을 수립하고 위험계획을 수립해야 한다. 따라서 빅데이터 분석기획 절차를 순서대로 나열한 것은 ②이다.

04 ① 05 ③ 06 ① 07 ②

한국사능력검정시험

기본편(제60회)

01 (가) 나라에 대한 설명으로 옳은 것은? [3점]

① 영고라는 제천 행사가 있었다.
② 신지, 읍차 등의 지배자가 있었다.
③ 혼인 풍습으로 민며느리제가 있었다.
④ 읍락 간의 경계를 중시하는 책화가 있었다.

기출 태그 #삼한 #소도 #천군 #천신 #수릿날
#제정분리 #벼농사 #계절제

해설
삼한은 벼농사가 발달하여 해마다 씨를 뿌리고 난 뒤인 5월에 수릿날을 정해 풍년을 기원하고, 추수를 하는 10월에는 계절제를 열어 하늘에 제사를 지냈다. 또한, 제사장인 천군이 소도라는 신성 지역을 따로 관리하는 제정분리 사회였다.
② 삼한은 신지, 읍차라고 불린 지배자가 각 소국을 지배했다.

02 밑줄 그은 '제도'로 옳은 것은? [2점]

① 흑창
② 상평창
③ 진대법
④ 제위보

기출 태그 #고구려 고국천왕 #을파소
#빈민 구제 #진대법

해설
고구려 고국천왕은 국상인 을파소의 건의에 따라 먹을거리가 부족한 봄에 곡식을 빌려주고 겨울에 갚게 하는 빈민 구제책인 진대법을 실시했다.

03 (가)에 들어갈 문화유산으로 옳은 것은? [2점]

문화유산 카드

- 종목: 국보
- 시대: 고려
- 소장처: 국립중앙박물관
- 소개: 원의 영향을 받은 탑으로, 대리석으로 만들어졌다. 목조 건축을 연상하게 하는 다채로운 조각들이 섬세하게 새겨져 있다.

(가)

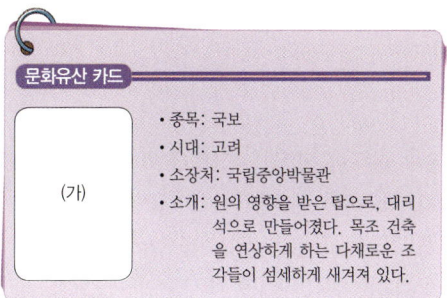

① 불국사 삼층 석탑　② 분황사 모전 석탑

③ 영광탑　④ 경천사지 십층 석탑

기출 태그　#고려 #원간섭기 #경천사지 십층 석탑
　　　　　　#불탑 #석탑 #개성 #국립중앙박물관

해설
개성 경천사지 십층 석탑은 원의 석탑 양식에 영향을 받아 만들어진 고려 원간섭기의 다각 다층 대리석 불탑이다. 일제강점기에 일본 헌병들에 의해 불법 반출됐다가 1919년 국내로 반환됐다. 당시 경복궁 회랑에 보관됐다가 2005년부터 국립중앙박물관에 전시돼 있다.

04 다음 퀴즈의 정답으로 옳은 것은? [2점]

제시된 단계별 힌트를 종합하여 알 수 있는 기구는 무엇일까요?

1단계 | 고려 무신정권기의 최고 권력 기구입니다.
2단계 | 임시 기구로 출발했습니다.
3단계 | 최충헌이 설치했습니다.

① 중방
② 교정도감
③ 도병마사
④ 식목도감

기출 태그　#최충헌 #고려 무신정권기
　　　　　　#교정별감 #교정도감

해설
고려 최씨 무신정권기에 최충헌은 국정을 총괄하는 최고 권력 기구인 교정도감을 설치하고, 스스로 기구의 최고 관직인 교정별감이 되어 인사 및 재정 등을 장악했다.

05 (가) 기구에 대한 설명으로 옳은 것은? [2점]

> 호조의 관리들이 국가의 물자를 빼돌렸는데 비위의 범위가 넓다네.

> 서둘러 (가) 의 수장인 대사헌께 보고 하세.

① 왕명 출납을 관장했다.
② 수도의 행정과 치안을 맡았다.
③ 외국어 통역업무를 담당했다.
④ 사간원, 홍문관과 함께 삼사로 불렸다.

기출 태그 #조선 #사헌부 #대사헌
#양사 #대간 #삼사 #서경권

해설
조선시대 사헌부는 관리의 비리를 감찰하는 역할을 했다. 사간원과 함께 양사 또는 대간이라 불렸으며, 5품 이하 관리에 대한 서경권을 행사했다.
④ 조선시대 사헌부는 관리의 비리를 감찰하고 풍속을 교정하던 기구로 사간원, 홍문관과 함께 삼사로 불렸다.

06 (가), (나) 사이의 시기에 있었던 사실로 옳은 것은? [3점]

> (가) 효종이 죽자 자의대비의 상복 입는 기간을 두고 예송이 발생했다.
> (나) 신하들이 언제라도 탕평의 의미를 되새기라는 뜻에서 왕이 성균관 앞에 탕평비를 세웠다.

① 비변사가 폐지됐다.
② 훈련도감이 설치됐다.
③ 경신환국으로 서인이 집권했다.
④ 무오사화로 김일손 등이 처형됐다.

기출 태그 #조선 현종 #기해예송 #남인 #허적
#조선 숙종 #조선 영조 #탕평책

해설
(가) 예송 논쟁(기해예송)(1659): 조선 현종 때 효종의 왕위 계승에 대한 정통성과 관련하여 인조의 계비인 자의 대비의 복상 문제를 놓고 서인과 남인 사이에 예송 논쟁이 발생했다. 기해예송 당시 서인은 효종이 둘째 아들이므로 자의대비의 복상 기간을 1년으로 주장했고, 남인은 효종을 장자로 대우하여 3년 복상을 주장했으나 서인 세력이 승리했다.
(나) 탕평비 건립(1742): 조선 영조는 붕당정치의 폐해를 막고 능력에 따른 인재를 등용하기 위해 탕평책을 실시했고, 이를 알리고자 성균관에 탕평비를 건립했다.
③ 남인의 영수인 허적이 궁중에서 쓰는 천막을 허락 없이 사용한 문제로 숙종과 갈등을 빚었다. 이후 허적의 서자인 허견의 역모 사건까지 이어지면서 허적을 비롯한 남인이 몰락하고 서인이 집권하게 됐다(1680).

07 (가) 시기에 있었던 사실로 옳은 것은? [2점]

고종은 환구단에서 황제 즉위식을 거행하고, 경운궁에서 새로운 국호인 (가) 을/를 선포했지.

여기는 환구단의 일부인 황궁우야.

① 당백전을 발행했다.
② 영선사를 파견했다.
③ 육영공원을 설립했다.
④ 대한국 국제를 제정했다.

기출 태그 #조선 고종 #원수부 #대원수 #대한제국 #광무개혁 #환구단

해설
아관파천 이후 경운궁으로 돌아온 고종은 연호를 광무로 하여 대한제국을 수립하고, 환구단에서 황제로 즉위했다. 이후 고종은 광무개혁을 실시하고, 황제 직속의 원수부를 설치하여 대원수로서 군대를 통솔하고자 했다.
④ 대한제국을 선포한 고종은 대한국 국제를 제정한 후 황실을 중심으로 나라를 강하게 만들기 위해 근대화 정책인 광무개혁을 추진했다.

08 (가)에 들어갈 인물로 옳은 것은? [1점]

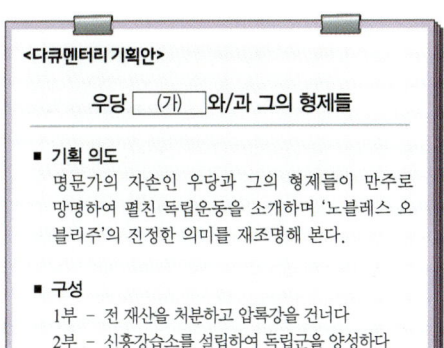

<다큐멘터리 기획안>

우당 (가) 와/과 그의 형제들

■ 기획 의도
명문가의 자손인 우당과 그의 형제들이 만주로 망명하여 펼친 독립운동을 소개하며 '노블레스 오블리주'의 진정한 의미를 재조명해 본다.

■ 구성
1부 - 전 재산을 처분하고 압록강을 건너다
2부 - 신흥강습소를 설립하여 독립군을 양성하다

① 신채호
② 안중근
③ 이회영
④ 이동휘

기출 태그 #이회영 #신민회 #신흥무관학교 #신흥강습소 #만주 독립운동 #간도 #독립군 양성

해설
우당 이회영은 명문가의 자손으로 태어났으나 국권 피탈 이후 전 재산을 처분하고, 형제들과 함께 만주로 가 독립운동을 전개했다. 1907년 안창호, 양기탁, 이동녕 등과 함께 비밀결사 단체인 신민회를 조직했으며, 1912년에는 독립군 지도자 양성을 위해 신흥강습소를 설립했다. 이후 신흥강습소는 1919년에 본부를 옮기면서 신흥무관학교로 명칭이 바뀌었다.
③ 이회영은 서간도 삼원보 지역에 신민회 회원인 이상룡 등과 함께 독립군 양성학교인 신흥강습소(훗날 신흥무관학교)를 설립했다.

05 ④ 06 ③ 07 ④ 08 ③

09 (가)에 들어갈 내용으로 옳은 것은? [2점]

주제: ○○○ 정부가 한 일
- 역사 바로 세우기의 일환으로 옛 조선총독부 건물을 철거했어.
- 경제협력개발기구(OECD)에 가입했어.
- (가)

① 금융실명제를 실시했어.
② 경부고속도로를 준공했어.
③ 제1차 경제 개발 5개년 계획을 추진했어.
④ 미국과 자유무역협정(FTA)을 체결했어.

기출 태그 #역사 바로 세우기 #OECD #김영삼정부 #외환위기 #구제 금융

해설
김영삼정부는 민족정기 회복을 위해 '역사 바로 세우기' 사업을 진행하여 조선총독부 건물을 철거하고, 국민학교의 명칭을 초등학교로 변경했다. 또한, 한국 경제의 세계화를 위해 경제협력개발기구(OECD)에 가입했다. 김영삼정부 말에는 외환위기로 인해 국제통화기금(IMF)으로부터 구제 금융을 받게 되어 기업 구조 조정, 대규모 실업 등의 사태가 발생하기도 했다.
① 김영삼정부는 부정부패와 탈세를 없애기 위해 금융실명제를 실시했다.

10 (가)에 들어갈 세시 풍속으로 옳은 것은? [1점]

(가)
동지로부터 105일째 되는 날인 (가) 은/는 양력 4월 5일 무렵으로 중국 춘추시대 개자추 이야기에서 유래됐다고 전한다. 이 날에는 불을 사용하지 않고 찬 음식을 먹었으며 조상의 묘를 돌보았다.

① 단오
② 칠석
③ 한식
④ 삼짇날

기출 태그 #한식 #4대 명절 #양력 4월 5일 #동지로부터 105일

해설
한식은 동지로부터 105일째 되는 날로, 설날·단오·추석과 함께 4대 명절에 해당한다. 한식이라는 이름은 글자 그대로 찬 음식을 먹는 날이라는 데서 유래됐다. 이날 나라에서는 종묘와 각 능원에 제사를 하고, 민간에서는 산소에 올라가 술, 과일, 떡 등의 음식으로 제사를 지냈으며, 무덤이 헐었으면 잔디를 새로 입혔다. 또한, 한식은 농사가 시작되는 시기로 농작물의 씨를 뿌리고 풍년을 기원했다.

심화편(제58회)

01 (가) 시대의 생활 모습으로 옳은 것은? [1점]

부산 동삼동 유적에서 출토된 빗살무늬 토기는 농경과 정착 생활이 시작된 (가) 시대의 대표적 유물 중 하나입니다. 이 유적에서는 곡물 등을 가공하는 데 사용한 갈돌과 갈판도 출토됐습니다.

① 가락바퀴를 이용하여 실을 뽑았다.
② 주로 동굴이나 막집에서 거주했다.
③ 명도전, 반량전 등의 화폐가 유통됐다.
④ 거푸집을 이용하여 세형 동검을 만들었다.
⑤ 쟁기, 쇠스랑 등의 철제 농기구를 사용했다.

02 다음 상황이 전개된 배경으로 옳은 것은? [2점]

자네 들었는가? 백제의 동성왕이 사신을 보내 혼인을 청하셨다더군.

들었네. 우리 마립간께서 이벌찬 비지의 딸을 보내신다고 하네.

① 법흥왕이 금관가야를 병합했다.
② 장수왕이 한성을 공격하여 함락시켰다.
③ 김유신이 비담과 염종의 반란을 진압했다.
④ 영양왕이 온달을 보내 아단성을 공격했다.
⑤ 김춘추가 당으로 건너가 군사 동맹을 성사시켰다.

기출 태그 #신석기시대 #부산 동삼동 #빗살무늬 토기 #농경과 정착 생활 #갈돌과 갈판

해설
부산 동삼동 유적은 신석기시대의 대표적인 유적지로 조개껍데기가 쌓여 만들어진 패총이 발견됐다. 이와 함께 독무덤, 주거지, 화덕자리 등 각종 생활 시설물도 출토됐다. 신석기시대 사람들은 강가나 바닷가에 정착하여 움집을 짓고 살면서 채집·수렵 생활을 했다. 또한, 이 시기에는 조·피 등을 재배하는 농경 생활이 시작되어 갈돌과 갈판으로 곡식을 갈아서 음식을 만들어 먹었다.
① 신석기시대에는 가락바퀴로 실을 뽑아 뼈바늘로 옷을 지어 입기도 했다.

기출 태그 #백제 동성왕 #혼인 #마립간 #이벌찬 비지의 딸

해설
② 고구려 장수왕이 수도를 국내성에서 평양성으로 옮기고, 남진 정책을 추진하여 신라와 백제를 공격하자 백제의 비유왕과 신라의 눌지왕이 나제 동맹을 맺어 이에 대항했다(433). 이후 백제 동성왕은 신라 소지왕과 결혼 동맹을 맺어 비유왕 때 이루어진 기존의 나제 동맹을 더욱 강화했다(493).

09 ① 10 ③ / 01 ① 02 ②

03 다음 상황 이후에 전개된 사실로 옳은 것은? [2점]

> 왕이 구원을 요청하자, 태조는 장수에게 명하여 정예 병사 1만명을 보내 구원하게 했다. 견훤은 구원병이 아직 도착하지 않은 것을 알고, 겨울 11월에 갑자기 왕경(王京)에 침입했다. 왕은 비빈, 종실 친척들과 포석정에 가서 연희를 즐기느라 적병이 이르는 것도 깨닫지 못했다.
> — 『삼국사기』 —

① 김흠돌이 반란을 도모했다.
② 장문휴가 당의 등주를 공격했다.
③ 궁예가 국호를 태봉으로 바꾸었다.
④ 원종과 애노가 사벌주에서 반란을 일으켰다.
⑤ 경순왕 김부가 경주의 사심관으로 임명됐다.

기출 태그 #고려 태조 #견훤 #왕경(王京) 침입 #포석정 연희 #삼국사기

해설
통일신라 장군 출신인 견훤은 완산주(현재 전주)에 도읍을 정하고 후백제를 건국했다(900). 이후 견훤은 군사를 이끌고 신라 금성을 기습 공격했다. 이에 고려 왕건은 신라를 돕기 위해 군사를 보냈으나 공산 전투에서 후백제군에게 크게 패했다. 견훤은 김부를 경순왕으로 즉위시키고 철군했다(927).
⑤ 신라 경순왕 김부가 스스로 고려에 투항하면서 신라가 멸망했고(935), 경순왕은 경주의 사심관으로 임명됐다.

04 다음 대화가 이루어진 시기의 경제상황으로 옳은 것은? [1점]

몇 해 전 주전도감을 설치하고 화폐를 유통시켜 나라의 부강과 백성의 편익을 꾀했으나, 널리 활용되지 못하고 있사옵니다.

주현에 명령하여 주식점(酒食店)을 열고 백성들에게 화폐를 활용해 음식을 사 먹을 수 있게 하여 그 이로움을 알게 하라.

① 활구라고 불리는 은병이 유통됐다.
② 특산품으로 솔빈부의 말이 유명했다.
③ 송상이 전국 각지에 송방을 설치했다.
④ 청해진을 설치하여 해상무역을 전개했다.
⑤ 시장을 감독하는 관청인 동시전이 설치됐다.

기출 태그 #주전도감 #화폐 #주식점(酒食店) #삼한통보 #해동통보 #해동중보

해설
① 고려시대에 상업활동이 활발해지면서 국가 재정관리의 효율성을 위해 화폐 발행의 필요성이 대두됐다. 이에 따라 숙종 때 화폐주조를 전담하는 관서인 주전도감을 설치하고 삼한통보, 해동통보, 해동중보 등의 동전과 활구(은병)를 제작했다. 의도한 만큼 화폐의 유통이 활성화되지 못하자 숙종은 개경 및 각 지방에 주식점(酒食店)을 열어 화폐통용을 추진했다.

05 (가)에 대한 조선의 정책으로 옳은 것은? [2점]

> **이달의 인물**
> **우리 외교를 빛낸 인물, 이예**
> ■ 생몰: 1373년 ~ 1445년
> ■ 경력: 통신부사, 첨지중추원사, 동지중추원사
>
> 울산의 아전 출신으로 호는 학파(鶴坡), 시호는 충숙(忠肅)이다. 수십 차례 (가) 에 파견되어 외교 문제를 해결하려고 노력했다. 특히 조선과 (가) 사이에 세견선의 입항 규모를 정한 계해약조 체결에 기여했다.

① 하정사, 성절사 등을 파견했다.
② 경성, 경원에 무역소를 설치했다.
③ 광군을 조직하여 침입에 대비했다.
④ 부산포, 제포, 염포의 삼포를 개항했다.
⑤ 사절 왕래를 위하여 북평관을 개설했다.

06 (가), (나) 사이의 시기에 있었던 사실로 옳은 것은? [3점]

> (가) 왕에게 이괄 부자가 역적의 우두머리라고 고해바친 자가 있었다. 하지만 왕은 "반역은 아닐 것이다"라고 하면서도, 이괄의 아들인 이전을 잡아오라고 명했다. 이에 이괄은 군영에 있던 장수들을 위협하여 난을 일으켰다.
>
> (나) 최명길을 보내 오랑캐에게 강화를 청하면서 그들의 진격을 늦추도록 했다. 왕이 수구문(水溝門)을 통해 남한산성으로 향했다. 변란이 창졸 간에 일어났기에 도보로 따르는 신하도 있었고 성안 백성의 통곡 소리가 하늘을 뒤흔들었다. 초경을 지나 왕의 가마가 남한산성에 도착했다.

① 정봉수가 용골산성에서 항전했다.
② 이순신이 명량에서 대승을 거두었다.
③ 권율이 행주산성에서 적군을 격퇴했다.
④ 서인 세력이 폐모살제를 이유로 반정을 일으켰다.
⑤ 정여립의 모반사건을 계기로 기축옥사가 발생했다.

기출 태그 #조선 세종 #이예 #외교 문제 #계해약조 #세견선의 입항 규모

해설
④ 조선 세종 때 대마도주의 요구를 받아들여 부산포, 제포, 염포의 3포를 개방했다. 이후 이예가 대마도주와 교섭하여 세견선의 숫자를 정하고, 제한된 범위 내에서 무역을 허락하는 계해약조를 체결했다.

기출 태그 #이괄 #이전 #이괄의 난 #최명길 #척화론 #주화론 #병자호란 #남한산성

해설
(가) 이괄의 난(1624): 인조반정 때 큰 공을 세웠던 이괄은 공신 책봉 과정에서 2등 공신을 받은 것에 불만을 품었다. 이에 이괄이 반역을 일으킬지도 모른다는 구실로 아들인 이전을 잡아오라는 명까지 떨어지자 이괄은 반란을 일으켜 도성을 장악했다.
(나) 병자호란(1637): 후금이 국호를 청으로 고치고 조선에 군신관계를 강요하자 조선에서는 척화론과 주화론이 첨예하게 대립했고, 결국 조선이 사대요청을 거부하여 병자호란이 일어났다. 남한산성으로 피란했던 인조는 강화도로 보낸 왕족과 신하들이 인질로 잡히자 삼전도에서 굴욕적인 항복을 했다.
① 조선 인조 때 정묘호란이 발발하자 후금에 맞서 정봉수와 이립이 용골산성에서 의병을 이끌며 항전했다(1627).

03 ⑤ 04 ① 05 ④ 06 ①

07 밑줄 그은 '이 왕'의 업적으로 옳은 것은? [2점]

① 수도 방위를 위하여 금위영을 창설했다.
② 속대전을 편찬하여 통치제도를 정비했다.
③ 삼군부를 부활시켜 군국기무를 전담하게 했다.
④ 초계문신제를 실시하여 젊은 문신들을 재교육했다.
⑤ 전세를 1결당 4~6두로 고정하는 영정법을 제정했다.

기출태그 #정민교 #군정탄(軍丁歎)
#조선 영조 #황구첨정 #균역청 #양역 제도 개선

해설
조선 후기 군역으로 인한 농민들의 부담이 가중되자 영조는 균역법을 제정하여 기존 1년에 2필이었던 군포를 1필만 부담하게 했다. 이로 인해 감소된 재정은 지주에게 결작으로 부과하고, 어장세·선박세·염세 등의 잡세 수입으로 보충했다.
② 조선 영조는 국가운영에 대한 법을 새로 규정하기 위해 『속대전』을 편찬했다. 『경국대전』을 기본으로 하고 새롭게 증보된 내용만 수록하여 편찬했는데, 특히 호전과 형전에 새로운 내용이 다수 포함됐으며 극형을 폐지하는 등 이전보다 발전된 형태를 보였다.

08 다음 상황 이후의 사실로 옳은 것은? [3점]

① 알렌의 건의로 광혜원이 세워졌다.
② 박문국에서 한성순보가 발행됐다.
③ 무기 제조공장인 기기창이 설립됐다.
④ 서울과 부산을 연결하는 경부선이 개통됐다.
⑤ 우편 사무를 관장하는 우정총국이 처음 설치됐다.

기출태그 #대한제국 #전화설비 가설 및 운영권
#한성전기회사 #교환수 #광무 6년 #경부선

해설
대한제국 시기 황실과 미국인의 합작으로 한성전기회사가 세워졌다(1898). 이후 한성전기회사는 전등, 전화 등의 시설 운영권을 부여 받았으며, 발전소를 세우고 서울 서대문에서 청량리 구간을 운행하는 전차를 개통했다(1899).
④ 일본인 회사가 부설권을 획득한 경부선은 서울과 부산을 연결한 철도로, 우리나라 최초의 철도인 경인선에 이어 두 번째로 개통됐다(1905).

09 (가)~(다)를 작성된 순서대로 바르게 나열한 것은? [3점]

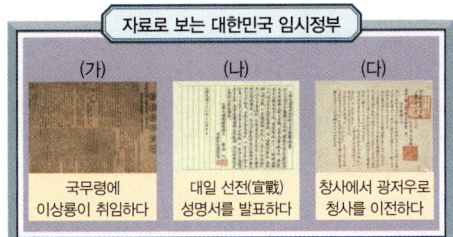

자료로 보는 대한민국 임시정부
- (가) 국무령에 이상룡이 취임하다
- (나) 대일 선전(宣戰) 성명서를 발표하다
- (다) 창사에서 광저우로 청사를 이전하다

① (가) – (나) – (다)
② (가) – (다) – (나)
③ (나) – (가) – (다)
④ (나) – (다) – (가)
⑤ (다) – (가) – (나)

기출 태그 #대한민국 임시정부 #김구 #국무령
#이상룡 #대일 선전(宣戰) 성명서

해설
(가) 국민대표회의 해산 이후 대한민국 임시정부는 이승만을 탄핵하고 박은식을 대통령으로 선출했다. 이후 2차 개헌을 단행하여 국무령을 수반으로 하는 의원 내각제를 채택하고, 최초 국무령에 이상룡이 취임했다(1925).
(다) 중일 전쟁이 발발하자 김구는 대한민국 임시정부의 청사를 창사, 광저우 등으로 이동했다(1937).
(나) 일본군의 진주만 기습 공격으로 연합국과 태평양 전쟁이 발발하자 대한민국 임시정부는 김구 주석과 조소앙 외교부장 명의로 대일 선전 성명서를 발표하여 일본에 대한 선전포고를 명문화했다(1941).

10 (가), (나) 사이의 시기에 있었던 사실로 옳은 것은? [3점]

(가) 군사적 안전 보장의 입장에서 볼 때 태평양 지역의 정세 및 이 지역에 대한 미국의 정책은 어떤 것인가. 태평양 지역 방위선은 알류샨 열도에서 일본을 거쳐 오키나와, 필리핀 군도로 이어진다.

(나) 상호적 합의에 의하여 미합중국의 육군, 해군과 공군을 대한민국의 영토 내와 그 부분에 배치하는 권리를 대한민국은 허락해 주고 미합중국은 수락한다.

① 좌우 합작 위원회가 출범했다.
② 여수 순천 10 · 19 사건이 일어났다.
③ 미국 의회에서 트루먼 독트린이 발표됐다.
④ 베트남 파병에 관한 브라운 각서가 체결됐다.
⑤ 거제도 포로 수용소에 있던 반공 포로가 석방됐다.

기출 태그 #애치슨 선언 #한미 상호방위조약
#태평양 지역 방위선 #군사적 안전 보장

해설
(가) 애치슨 선언(1950.1.): 미 국무장관인 애치슨이 한국을 미국의 태평양 방위선에서 제외한다는 내용을 포함하여 발표한 것으로, 6 · 25 전쟁 발발의 원인을 제공했다.
(나) 한미 상호방위조약(1953.10.): 이승만정부는 6 · 25 전쟁 휴전 이후 한미 상호방위조약을 체결하여 미국과 군사적 동맹을 맺었다.
⑤ 이승만정부는 6 · 25 전쟁 당시 유엔군의 휴전 협상 진행에 반대하여 반공 포로를 석방했다(1953.6.).

이슈&시사상식
답변의 기술

협업을 위한
의사소통능력

면접에는 상당히 다양한 평가기준이 있지만, 많이 적용되는 평가기준 중 하나는 '의사소통능력'입니다. 이때 면접위원이 지원자에게 원하는 의사소통능력은 단순히 일상생활에서의 표현이나 말솜씨, 친목을 위한 유머 등을 의미하는 것이 아니라 직장인으로서 업무를 효과적으로 수행할 수 있는 조직구성원으로서의 의사소통능력일 것입니다. 따라서 이번 칼럼에서는 '협업을 위한 의사소통'과 관련하여 제시될 수 있는 다양한 질문들을 소개하고자 합니다.

NCS직업기초능력의 매뉴얼에서는 의사소통능력에 대해 다음과 같이 소개하고 있습니다.

> 의사소통능력은 자신이 상대방에게 메시지를 전달하는 과정뿐만 아니라 상대방과의 상호작용을 통해 메시지를 다루는 과정이며, 성공적인 의사소통을 하기 위해서는 쉽게 표현하는 것도 중요하지만, 상대방이 어떻게 받아들일 것인가에 대한 고려가 바탕이 되어야 합니다.

위에서 설명하는 의사소통능력은 '협업을 위한 의사소통'을 강조하고 있습니다. 이러한 능력의 중요성은 다음과 같이 요약할 수 있습니다. 첫째, 협업적 의사소통이 잘 될 경우 모든 조직구성원이 각 팀의 목표 및 진행상황에 대한 이해도를 높일 수 있고, 이를 기반으로 목표를 원활하게 완수할 수 있습니다. 둘째, 협업적 의사소통은 업무를 수행하는 과정에서 어떤 문제가 발생했을 때 가장 신속하고 효율적으로 해결할 수 있는 환경을 제공합니다. 셋째, 협업적 의사소통능력이 좋을수록 구성원 사이의 신뢰를 구축하고 내적 공감과 협력도의 강화에 기여합니다. 넷째, 조직 내에서 의사결정과정의 투명성을 높입니다. 이를 통해 팀원들은 자신에게 주어진 업무를 더 잘 이해할 수 있고, 성과를 향상시키는 기반이 다져집니다.

이를 바탕으로 협업을 위한 의사소통능력에 가장 필요한 대표적인 네 가지 행동특성인 '명확한 커뮤니케이션', '신중한 태도', '신뢰의 확보', '성과를 위한 소통'에 관한 예시질문과 답변을 살펴보겠습니다.

첫 번째는 명확한 커뮤니케이션의 중요성에 관한 질문입니다. 팀 내 구성원 간 의견이 일치하지 않을 때 발생할 수 있는 불필요한 마찰이나 오해를 피하고, 업무효율성을 높이기 위해서는 의견이나 아이디어, 우선순위에 관해 명확하게 소통하는 것이 매우 중요합니다.

Q. 명확한 의사소통을 하기 위해 노력하고 있는 부분은 무엇이 있습니까?

지원자A

주위 사람과 의사소통을 잘하기 위해 항상 다른 사람의 이야기를 먼저 듣고 경청하는 습관을 가지고 있습니다. 제 의견을 내세우기보다는 다른 사람의 이야기에 잘 동의하기 때문에 주위 사람들에게 좋은 평판을 얻고 있습니다. 설사 상대방의 말이 저의 의견과 다르더라도 상대방과 마찰을 일으키기보다는, 상대방의 말에 순응하여 분위기를 좋게 만드는 것을 중요하게 생각하고 있습니다.

지원자A의 답변은 명확한 의사소통에 대한 핵심적인 내용보다는 좋은 대화의 일반적인 의미 중 하나인 '경청'의 측면에서만 답변하고 있습니다. 물론 대화를 할 때는 경청도 중요하지만, 업무적인 대화에서 상호명확성을 원하는 면접위원의 의도와는 조금 거리가 먼 아쉬운 답변입니다.

지원자B

제 의견을 표현할 때에는 상대방의 의견을 먼저 듣고 존중하는 자세를 가지고 있습니다. 하지만 업무에 있어서 상대방과 의견이 다를 수도 있다고 생각합니다. 그런 경우에는 각자의 의견이나 아이디어를 제시하고, 우선순위를 정해 상대방을 설득할 수 있도록 대화를 능동적으로 이끌며 협업을 잘할 수 있는 환경을 만들 수 있도록 노력하고 있습니다.

반면 지원자B는 지원자A와 비교하여 업무소통의 명확성이란 관점에서 분명한 태도를 취하고 있습니다. 핵심내용은 '의견의 우선순위를 정한다'는 것과 '능동적인 협업마인드'입니다. 즉 소통의 명확성을 높이는 이유를 협업정신과 연계하여 지원자A보다 설득력있게 답변했습니다.

다음은 신중한 태도의 중요성에 관한 질문입니다. 업무를 하다보면 그 과정이 원활하게 진행되지 않거나 실패를 하는 경우가 있습니다. 그럴 때를 대비해 매 단계에서 신중한 의사소통이 필요합니다. 이는 일반적인 친목회나 학교와 같은 모임에서의 의사소통과는 다른 측면이라고 할 수 있습니다.

Q. 귀하는 직장 내에서 다른 사람과 소통함에 있어서 대화의 주제가 민감하거나 답변에 신중해야 할 주제라면, 어떠한 방식으로 소통하는 것이 낫다고 생각합니까?

위와 같은 질문을 하는 면접관의 의도는 직장인으로서 조직 내에서 의사소통을 할 때 항상 즐거운 대화만 할 수는 없다는 것을 전제로 합니다. 따라서 질문에 답변할 때에는 직장은 친목단합이 아니라 일정한 업무적 성과를 창출하기 위해 존재하는 기능적 집단이라는 것을 염두에 두어야 합니다.

지원자C

사실 민감한 주제나 이슈에 대해서는 여간하면 당장은 회피하는 것이 좋다고 생각합니다. 왜냐하면 직장에서의 동료관계는 서로 간에 예의를 갖추는 것이 가장 기본이기 때문입니다. 자칫 민감한 주제에 대해 섣불리 이야기하다보면 관계가 악화할 수 있습니다. 하지만 어쩔 수 없이 그러한 주제에 대해 대화를 하는 경우에는 제 의견을 굳이 표출하지 않고, 잠잠하게 경청하는 편이 나을 것입니다.

지원자C와 같은 답변은 질문에 충실히 답하려고 애를 썼지만, 직장이 기능적 목적을 추구하는 집단이라기보다는 집단구성원의 친목 또는 화합에 목적을 둔 집단이라는 관점에 가깝습니다. 물론 이러한 답변을 두고 옳고 그름을 규정할 수는 없지만, 면접위원이 질문한 의도와는 다소 거리가 멀고, 무엇보다 지원자C가 직장 내에서의 인간관계가 업무를 매개로 연속되는 지속적인 관계임을 간과하고 있다는 점이 아쉽습니다.

지원자D

직장에서의 모든 대화에서 의견이 합치할 수는 없습니다. 특히 결정이나 답변에 신중해야 할 주제는 더욱 그럴 경우가 많을 것입니다. 저는 그런 경우 서로 공감하고 합치할 주제와 신중해야 할 주제를 구분한 뒤, 당사자 간에 공감하는 주제에 관해 이야기를 나누며 공감도를 높이는 것을 우선으로 하고, 그다음 신중해야 할 주제에 대해 서로가 개방적인 마인드를 발휘하게끔 유도하여 의견통일을 이루도록 노력하겠습니다.

반면 지원자D의 답변은 지원자C의 답변에 비해 전반적으로 조직구성원으로서의 업무지향성과 협업마인드를 어필한다는 측면에서 설득력이 있습니다. 대부분의 직장에서는 어떤 일을 두고 여러 가지 대안을 제시하는 과정에서 대립하는 경우가 많습니다. 이 경우 타협할 만한 부분이 있는지, 공감할 부분이 있는지를 정하고, 그 과정에서 서로에게 열린 마인드를 갖고 의견을 조율해 나가는 것이 중요합니다.

다음은 신뢰 확보의 중요성에 대한 질문입니다. '협업'의 관점에서는 각각의 팀원이 자신의 아이디어와 고유한 역량을 팀에서 발휘할 수 있도록 서로 안심하고 믿을 수 있는 환경을 스스로 조성해야 합니다. 이를 위해서는 서로에게 진심으로 관심을 기울이고 있으며 그 능력을 믿는다는 것을 확실하게 느끼게 할 수 있는 소통의 자세가 요구됩니다.

Q. 팀 내에서 팀원과 의사소통을 할 때, 상대방의 신뢰를 확보하기 위한 의사소통의 방식이 있다면 말씀해 주십시오.

팀에서 상호 간 신뢰를 확보하기 위한 의사소통방식이란 일반적으로 다른 사람의 이야기를 듣는 것이 아니며, 또 일방적으로 다른 사람에게 나의 의견을 강요하거나 주장하는 것만도 아니라는 것을 전제로 합니다. 따라서 위의 이러한 전제를 바탕으로 상대방과 협업을 원활하게 할 수 있는 방안에 대한 지원자의 생각이나 행동이 무엇인지 알기 위한 질문입니다.

지원자E

저는 직장동료와 대화를 하는 경우 언제나 상대방의 선의를 믿고서 대화를 합니다. 또 대화를 하는 도중에 상대방의 기분을 상하게 하지 않기 위해 누구보다 신경을 많이 쓰고 있습니다. 그래서 저를 아는 사람들은 누구나 저를 '선한 사람'이라고 평가합니다. 동료와의 소통에 있어서 저는 늘 상대방의 기분을 좋게 만드는 것에 가장 큰 기쁨을 가지고 있습니다.

지원자E의 답변은 전반적으로 다소 밋밋하고 단방향적입니다. 상대방의 신뢰를 확보한다는 것은 나 혼자만 잘해서 되는 것이 아니라 서로가 잘해야 하는 쌍방향적 관점이 중요하므로 면접위원이 기대하는 답변으로 풀어내지 못한 측면이 있습니다.

지원자F

조직이나 팀 내에서 협업능력과 신뢰도를 높이기 위해서는 중요한 전제가 있어야 합니다. 상대방에 대한 존중과 더불어 팀에 주어진 목표나 업무를 성공적으로 수행하기 위해 상대방이 나에게 원하는 니즈를 파악하는 것입니다. 저는 이를 위해 늘 메모를 해서 상대방의 니즈와 피드백을 서면으로 정리합니다. 팀 내 의사소통은 지속이며 연속적이기 때문에 이러한 습관이 매우 중요하다고 생각해 항상 실천하기 위해 노력하고 있습니다.

지원자F의 답변은 지원자E에 비해 팀원 간의 원활한 협업을 위한 소통의 관계를 업무와 관련해 조금 더 넓고 포괄적으로 정의하고 있습니다. 상대방에게 신뢰를 얻기 위한 방법으로 단순히 도덕적인 태도뿐만 아니라 상대방이 원하는 니즈가 무엇인지 파악하기 위해 노력한다는 것과 이와 관련된 구체적인 행동(메모, 피드백 정리 등)을 드러내고 있습니다. 이러한 소통의 자세는 업무를 수행하는 담당자로서 신뢰를 확보하는 것이 지속적이고 연속적인 선상에 있다는 것을 나타내는 설득력이 있는 답변입니다.

마지막으로 성과를 위한 의사소통의 중요성입니다. 조직이나 팀에서 함께 보내는 물리적 시간이 많다고 해서 조직이나 팀이 그만큼 더 협력적이지는 않습니다. 시간이라는 자원을 무한한 것이 아니라 한정된 자원으로 간주한다면, 성과를 위한 소통의 자세는 곧 같은 시간에 더 많은 성과를 낼 수 있는 소통의 자세를 의미합니다.

Q. 직장 내에서 동료들과 소통을 할 때, 구체적으로 성과를 높이기 위한 귀하의 의사소통의 방식이나 노하우가 있다면 소개해 주십시오.

지원자G

저는 직장에서 동료와 대화할 때는 마음의 즐거움, 즉 상대방의 마음을 기쁘게 할 수 있는 대화가 가장 중요하다고 생각합니다. 저와 대화를 나눈 사람들은 저의 유머감각에 대해 많이 이야기하곤 합니다. 따라서 대화할 때 유머러스하다는 것이 장점이라 이야기하고 싶습니다.

지원자G의 답변을 요약하면 '유머감각이 있는 의사소통의 기술'에 대해 강조하고 있습니다. 물론 직장인들에게도 유머감각은 필요합니다. 하지만 이번 질문은 직장 내에서의 의사소통에 관해 묻는 것이므로 면접위원이 가장 기대하는 우선순위의 덕목이 '유머감각'은 아닐 것입니다.

지원자H

직장 내에서의 대화는 항상 시간이라는 한정된 자원의 중요성을 염두에 두어야 합니다. 따라서 주어진 시간 내에 더 많은 성과를 내기 위해서는 상대방과의 대화에서 대화의 밀도를 높이기 위해 노력해야 한다고 생각합니다. 단순히 소통의 양이 많다고 하여 그만큼 성과가 많아지는 것은 아닐 것입니다. 그래서 저는 문서자료와 구두 대화를 적절하게 활용해 짧은 시간에도 소통의 질을 높일 수 있도록 평소 노력하고 있습니다.

반면 지원자H는 직장 내에서 업무적인 성과를 올리기 위한 적극적이고 현실적인 의사소통의 자세를 직접적으로 드러내어 더 설득력이 있습니다. 따라서 업무효율이나 업무성과를 높이는 소통능력의 유무가 질문의 의도라면, 직장인으로서의 현실적인 소통능력의 장점을 잘 어필한 답변이라 할 수 있습니다.

지금까지 협업마인드의 관점에서 가장 중요한 네 가지 행동특성을 살펴보았습니다. 물론 앞서 언급한 내용만 있는 것은 아닙니다. 협업적 의사소통능력을 개발하기 위해서는 이밖에도 의사소통의 상호 수용성, 책임감 있는 소통의 자세 등이 필요합니다. 또한 사후검토와 피드백, 메시지의 단순화, 적극적 경청, 감정의 억제 등도 감안해야 합니다.

앞으로 다양한 면접현장에서 직장인으로서 필요한 의사소통능력에 대한 질문을 접하게 될 경우 질문자의 의도를 미리 잘 파악해 면접위원이 기대하는 답변을 할 수 있도록 노력하는 것이 중요합니다. 특히 지원회사의 조직문화, 업종, 산업현황 등 기본적인 환경에 대한 정보를 미리 습득한다면 더 원활한 답변을 할 수 있을 것입니다.

필자 소개

안성수. 경영학 박사(Ph.D.)
리더십/인사컨설팅 및 채용 관련 콘텐츠 개발
NCS 채용컨설팅/NCS 퍼실리테이터/전문평가위원
공무원/공공기관 외부면접위원
인사/채용 관련 자유기고가
저서 〈NCS와 창의적 사고기법〉, 〈NCS직무가이드〉 外

이슈&시사상식
직무분석

고객의 요구를 예측해 트렌드를 이끄는
마케팅(Marketing)

마케팅 직군 소개

마케팅이란?
기업이 갖고 있는 유형의 제품 또는 무형의 콘텐츠나 서비스에 상품의 가치를 담아 소비자 또는 고객사의 구매욕구를 자극시켜 실제 구매까지 이어지게 하는 전체적인 행위

나와 맞는 마케팅 직무는 무엇이 있을까?
마케팅 업무 프로세스는 일반 직무 서너 개 이상을 합친 매우 복합적인 성격을 갖고 있다. 각각의 세부업무 특성을 제대로 파악하고 본인이 가진 역량과 자질을 매칭시켜 보자.

부서	주요 업무
시장조사 분석	• 판매 지역에 대한 세부적인 리서치 • 리서치 결괏값으로 상품화 분석
상품기획	• MI(Market Intelligence : 시장조사 분석) 결괏값으로 SWOT 분석을 통해 STP 전략 수립 후 상품화 • 정확한 PLC(Product Life Cycle : 제품수명주기) 관리로 신모델 런칭 및 구모델 단종 시점 체크 • 판가 및 원가 등을 면밀히 검토해 제품 수익 구조화
브랜드 마케팅	• 각 세그멘테이션(Segmentation)별 차별화된 브랜딩 전략 수립 • 트렌드를 읽는 전략 수립
마케팅 커뮤니케이션	• 상품 런칭 전후에 대비해 고객과 쌍방향 커뮤니케이션 • 다양한 ATL(Above The Line), BTL(Below The Line), CTL(Cross The Line) 기획 및 운영

1. 시장조사분석 직무에 대한 이해

몇 년 전까지만 하더라도 이 직무를 MR(Marketing Research)이라고도 불렀다. 본래는 시장조사 부서로 기능했으나, 현재에 와서는 단순한 시장조사 역할에서 멈추지 않고 그 조사 결괏값을 정량·정성 분석해 새로운 상품을 만들어내는 데 매우 중요한 정보를 제공하고 있다.

주요 업무
- 지역 및 소비층에 대한 세부 분석
- 경쟁사와의 비교 분석(판가, 매출, 시장의 반응, 사양 비교 등)
- 다양한 항목에 대한 정량·정성 통계자료 수집 및 데이터 분석
- 지역별 4P(Product, Price, Promotion, Place) 또는 4C(Communication, Cost, Convenience, Customer) 실행전략 수립을 위한 기초자료 제공
- 리서치 펌 에이전시(Research Firm Agency) 관리 및 협업

2. 필요 역량과 자질 및 사전 준비항목

일반적으로 취업준비생들이 자기소개서나 면접 때 본인 강점으로 많이 어필하는 단어가 '분석력'이다. 시장조사분석 담당자는 새로 수집한 혹은 기존 자료를 분석해 정보를 생산할 수 있어야 하므로 단순한 '조사' 수준에 그치지 않는 '분석' 능력이 필요하다. 진정한 분석력이란 조사된 수치들을 데이터화해 트렌드를 볼 수 있도록 정량·정성 분석을 할 수 있는 능력이다. 또한 객관성과 논리성이 없는 분석은 의미가 없기 때

문에 기본적인 통계 툴을 활용할 줄 알아야 한다.

필요 역량과 자질
- 통계데이터 활용 능력(사회조사분석사, SPSS, R, STATA, EVIEWS 및 엑셀 고급 수준 등)
- 빅데이터 활용 및 분석 능력
- 리서치 펌 경험(인턴 또는 아르바이트 등)

국내 로컬 또는 외국계 리서치 펌들의 경우 수시로 아르바이트나 파견직 또는 계약직을 채용하고 있으며 이와 관련된 정보는 취업포털사이트 등에서 검색을 통해 쉽게 찾을 수 있다. 기업에서 마케팅을 하고 싶다면 관련 에이전시에서 아르바이트나 인턴, 현장실습, 계약직 등등 실제 근무경험을 쌓는 것을 우선 시할 필요가 있다.

사전 준비항목
- 데이터 활용 능력 관련 자격증 취득 및 교육과정 수료
- 실제 데이터 수집 조사 및 분석 경험
- 리서치 펌 인턴 및 아르바이트 지원을 통한 실무경험 축적
- 지원기업·지원기업 상품군에 대한 정보 축적 및 자료 분석

3. 상품기획 직무에 대한 이해

기업이 다루는 상품의 특성에 따라 콘텐츠기획 또는 서비스기획이라고도 불리는 상품기획은 주로 다양한 정보와 이에 따른 트렌드 반영 예측 등을 통해 기업의 단기 또는 중장기 상품 라인업 계획을 수립하는 업무를 맡고 있다. 즉, 새로운 상품이나 콘텐츠를 창조하는 셈이다.

주요 업무
- MI 결괏값을 토대로 STP(Segmentation, Targeting, Positioning : 시장을 세분화하고, 이에 따라 목표시장과 표적시장을 선정한 뒤, 표적시장에 적절한 제품을 설정하는 전략), SWOT(Strength, Weakness, Opportunity, Threat : 환경분석을 통해 강점과 약점, 기회와 위협요인을 규정하고 이를 토대로 마케팅 전략을 수립하는 기법) 분석 후 최적의 상품 기획
- 단기·중기·장기 상품 포트폴리오 및 로드맵 구성
- 시장조사, 영업, 개발, 디자인, 생산, 품질 등 사내 부서와의 협업
- PLC 관리를 통한 재고 및 수익 최적화
- NPI(New Product Introduction : 신제품 개발) 및 EOL(End Of Life : 제품 판매 중단) 프로세스 관리

4. 필요 역량과 자질 및 사전 준비항목

상품기획은 시장의 요구와 변화를 누구보다 빨리 캐치해야 할 뿐만 아니라 제품의 특성과 사양을 빠르게 습득하고 이해해야 한다. 또한 원가 개념을 제대로 숙지하고 손익을 계산할 수 있어야 하며, 동시에 제품의 전체적인 수명주기를 관리해야 한다. 이 매력적인 직무를 제대로 수행할 수 있는 역량과 자질은 무엇이며, 이를 어필할 수 있는 사전 준비항목에는 어떤 것이 있을까?

필요 역량과 자질
- 프로젝트 수행 리더 경험 및 역량
- 조율자, 협업의 역량과 자질
- 공모전, 창업동아리 경험 등 협업 기반의 기획력
- 원가 기반의 손익 프로세스 이해

주요 업무
- BI(Brand Identity : 브랜드 정체성) 및 CI(Corporate Identity : 기업 정체성)를 확실하게 인지시키기 위한 아이디어 창출과 접근전략 구상
- 상품별 주요 고객층을 겨냥한 최적의 네이밍 시행 및 브랜딩 방법 조사
- 소비자의 감성과 이성을 모두 충족시킬 수 있는 브랜드 전략 구상
- 시장조사분석, 상품기획과의 협업으로 상품의 가치를 쉽게 인식시키는 스킬 연마
- 마음점유율을 끌어올려 중장기 시장점유율 확대 효과 구현

사전 준비항목
- 아이디어 공모전 참여
- 다양한 조직활동에서의 협업을 이끈 사례
- 창업동아리에서 제품·콘텐츠 원가 및 손익분석 경험
- 글로벌 또는 국내 쇼, 박람회, 전시회 기사 탐독

5. 브랜드마케팅 직무에 대한 이해

상품기획에서 신상품을 창조한다면, 브랜드마케팅에서는 이름을 지어주는 역할을 한다고 볼 수 있다. 기업에서 만든 제품에 딱 어울리는 이름을 짓고, 팔릴 수 있는 상품의 가치를 만들어주는 작명가인 셈이다.

제품의 이름에는 소비자들과 시장에 전달할 그 제품의 가치와 철학, 그리고 그 기업의 가치가 담겨 있어야 한다. 게다가 제품이 갖고 있는 성능, 효능, 셀링 포인트 등은 물론 스토리텔링이 돼 있어야 한다. 해당하는 타깃층이 선호하고 오래 뇌리에 남아 있어야 할 이름이어야 하는 것은 기본이다.

그렇기에 사실 브랜드마케팅 업무는 신입사원에게 쉬이 맡기지 않는다. 최소한 상품기획이나 마케팅 커뮤니케이션 등 마케팅 영역 내 관련 업무들을 5년 이상 정도는 수행해 봤어야 자연스럽게 그 제품에 상품으로서의 가치를 담아낼 브랜드를 지어낼 수 있다고 판단한다.

6. 필요 역량과 자질 및 사전 준비항목

영업에서는 경쟁사 대비 '시장점유율(Market Share)'을 끌어올리는 것이 중요한 목표 중 하나인 반면, 마케팅에서는 고객의 '마음점유율(Mind Share)'을 끌어올려야 하며, 이러한 역할을 하는 핵심 부서가 바로 브랜드마케팅이라고 할 수 있다.

앞서 말한 바와 같이 브랜드마케팅은 신입 채용이 상대적으로 매우 적은 직무다. 하지만 준비하는 자에게 길은 있는 법이다. 브랜드마케팅 직무에 지원하고자 한다면 아래와 같은 사항을 참고해 어디서든 고객의 마음점유율을 끌어올릴 방법을 어필할 수 있도록 준비하자.

필요 역량과 자질
- 창의적인 아이디어
- 보이는 부분과 다른 이면을 볼 줄 아는 통찰력
- 영어 등 어학 구사 능력
- 스토리텔링을 통한 감성 자극

사전 준비항목
- 국내외 브랜드 성공전략 관련 사례 분석경험 쌓기
- 지원업종 내 다양한 브랜드 이해를 통한 차별화 포인트 발굴
- 지원기업과 경쟁사의 기업 CI 및 상품 BI 콘셉트 이해

7. 마케팅커뮤니케이션 직무에 대한 이해

취업준비생들이 '마케팅'이라는 단어를 들었을 때 가장 먼저 떠올리는 직무가 바로 마케팅커뮤니케이션이 아닐까 싶다. 실제로 마케팅커뮤니케이션은 '전공을 막론하고 많은 인문상경계 취업준비생들이 선호하는 직무'이기도 하다.

마케팅커뮤니케이션은 홍보를 통해 제품을 소개하고 광고를 통해 소비자들의 지갑을 열게 해주는 역할을 하며, 이러한 광고홍보에는 ATL과 BTL, CTL 방식 등을 혼합해 운영한다. 즉, 돈을 들여서 매체 광고를 하든, 소비자와의 직접적인 접촉을 하는 팸플릿, DM발송, SNS마케팅이나 제휴마케팅 등을 하든 제품을 제대로 알리고 소비자들이 실제로 구매하게끔 만드는 것이다.

주요 업무
- BM(Brand Marketing : 브랜드마케팅)에서 확정된 브랜딩 전략을 실제로 실행
- 각 시장별 특성을 감안한 다양한 프로모션 실행 전략 수립
- 온·오프 믹스 프로모션을 통해 ATL, BTL 효과 극대화(VMD, POP 제작, SNS마케팅, 바이럴 마케팅, 주요 대중매체 광고 운영 등)
- 광고·홍보 에이전시 선정 및 협업
- 전사적 또는 지역별 마케팅 비용 산정 및 효율화

8. 필요 역량과 자질 및 사전 준비항목

대부분의 취업준비생들은 마케팅커뮤니케이션 담당자를 채용할 때 광고홍보 관련 전공자, 미디어콘텐츠 전공자, 신문방송학 전공자들을 선호한다고 생각하지만 사실 꼭 그렇지만은 않다. 물론 전공 공부를 통해 이론을 접하는 것도 중요하겠지만 마케팅 업계에서는 그보다는 '관련 경력과 경험이 풍부한 지원자'를 더 선호한다.

필요 역량과 자질
- 창의적인 아이디어
- 동일 팩트에 대해 계층별 차별화된 어필 및 설득력
- SNS 활용 능력 및 효율 분석 능력
- 비용 집행에 대한 관리 능력
- 플랫폼과 콘텐츠 이해

사전 준비항목
- 개인 또는 회사 블로그 관리 경험(기업 서포터즈, 파워블로거 등)
- 광고·홍보 공모전 참여 경험
- 각종 마케팅 자료·툴 제작 경험
- 전시회 등 다양한 행사 참석 및 서포터즈 경험

이처럼 마케팅커뮤니케이션 직무에서 지원자에게 요구하는 역량은 전공이나 이론보다는 인턴 경력이나 영상 편집과 같은 실무 경험임을 알 수 있다. 그러니 홍보 관련 비전공자라고 해도 움츠러들지 말고 자신 있게 업계에 뛰어들어 보도록 하자.

구글도 모르는 직무분석집

취업준비 왕초보부터 오버스펙 광탈자까지! 취업 성공 사례로 알아보는 인문상경계 및 이공계 직무에 대한 모든 것을 총망라했다.

저자 류정석
CDC취업캠퍼스 대표로서 15년간 대기업 인사팀 외 다양한 부서에서 근무한 경험을 바탕으로 직무 중심의 취업 전략을 제공한다.

심층 취업컨설팅 문의 ceo@cdcjob.co.kr

상사의 '알아서'
융단폭격을 피하는 방법

상사가 하는 말 중에 '알아서 좀 해라'라는 말이 있습니다. 사실 이 말만큼 무책임한 말도 없거니와, 그 의미 또한 다양합니다. 도대체 뭘 알아서 하라고 하는 것일까요?

구체적으로 명확하게 알려주면 가장 좋겠지만, 세상에는 그렇게 친절한 상사가 많지 않습니다. 사실 본인도 '알아서'의 의미를 알고 말하는 것 같지도 않아 보입니다. 상사는 도대체 왜, 무엇을, 어떻게 '알아서' 하라고 하는 것일까요? 지금부터 '알아서'의 의미에 대해서 함께 알아보도록 하겠습니다.

'알아서'의 첫 번째 의미

첫 번째 의미는 '선제적으로 대응해라'라는 것입니다. 상사는 본인이 어떤 일을 지시하거나 확인하기 전에 미리 대응하길 바란다는 의미로 '알아서'라고 말하는 것입니다.

이때 필요한 사고가 바로 프로세스 사고입니다. 이는 일의 시작부터 끝까지의 과정을 머릿속에 정리하고 있어야 가능합니다. 프로세스 사고를 한다는 것에는 구체적으로 세 가지 의미가 담겨 있습니다.

> **프로세스 사고란?**
> - 첫째, 일의 순서를 알고
> - 둘째, 일의 최종 아웃풋을 알며
> - 셋째, 일의 전체상을 앎

일의 진행순서뿐만이 아니라, 최종 아웃풋을 머릿속에 그리며 주변의 일들과 어떤 관련성을 가지고 진행되고 있는지 일 전체의 상까지 알고 일하는 것이 프로세스의 완성입니다. 일의 종착지까지 예상하여 한 스텝 더 나간 일처리를 해낸 직원에게 뭐라고 할 상사가 있을까요?

'알아서'의 두 번째 의미

두 번째는 '고민할 시간이 부족하니, 결정 좀 대신 해 달라'라는 의미의 '알아서'입니다. 내가 결정한 사항에 대해 상사가 말도 안 되는 이유를 덧붙여 반려하는 경우도 있습니다. 하지만 부하직원의 도리는 결과와 상관없이 지시사항에 대해 내 생각을 정리해서 보고하는 것입니다.

때때로 상사가 지시한 사안에 대해서 보고할 때, 결론이나 의견 없이 정보만 늘어놓는 경우가 있습니다. 특히 기획서나 제안서 작업에서 이런 특징이 두

드러지는데 정보나 현황, 분석결과는 있지만 어떻게 하겠다는 알맹이가 빠진 경우가 많습니다. 이때 상사가 건넬 수 있는 말은 얼마 없습니다.

"그래서 하고 싶은 말이 뭐야?"
"결론이 뭐야?"
"어쩌겠다는 거야?"

무언가를 보고할 때는 생각과 결론이 명확해야 합니다. 사안에 관해 나의 관점과 스탠스를 정해서 보고해야 합니다. 이때 대안을 두세 가지로 정리해서 가면 유리합니다. 여러 가지 대안을 제시해서 최종 선택권을 상사에게 넘겨주는 겁니다. 대신 여러 대안 중에 '내 생각은 이것이다'라고 결정한 뒤 보고해야 합니다.

"본 사안에 대해서 두 가지 경우를 생각해 봤습니다.
A의 경우 이런 장점과 단점이 있고,
B의 경우 이런 장점과 단점이 있는데,
저는 A로 추진하는 것이 좋다고 생각합니다."

물론 내가 결정한 대안이 선택받지 못할 수 있습니다. 하지만, 여러 가지 대안을 고민하고 내 생각을 결정해 보고하는 능력을 보여주는 것만으로도 충분히 일처리를 잘했다고 인정받을 수 있습니다.

'알아서'의 세 번째 의미

세 번째는 '시키지 않아도'라는 의미입니다. 사실 마지막이 가장 어렵습니다. '시키지 않은 일을 왜 해야 하는지 모르겠고, 지금 하는 일도 많은데 뭘 또 해야 하지?'라는 고민에 봉착할 수 있습니다. 하지만 '일 잘한다'는 소리를 듣고 싶고, 나의 능력을 더 인정받고 싶다면 시키지 않은 일을 찾아서 하는 것도 필요합니다.

여기서 시키지 않은 일은 '일을 좀 더 잘할 수 없을까?', '지금의 제도나 방식을 개선할 수 없을까?', '새로운 일이나 다른 방법은 없을까?'를 고민하는 것입니다. 한마디로 '문제의식'을 키워서 그 문제의식을 나만의 아이디어로 연결시키는 것을 의미합니다.

매번 하던 대로, 시키는 대로 일을 하는 사람에게 새로움을 기대하기는 힘듭니다. 반면 '왜 저렇게 하지?'라거나 '더 나은 방식은 없을까?'라며 기존 방식에 문제의식을 가지고 접근하면 새로운 방법이 보이고, 기회를 만들어 낼 수 있습니다. 이것이 상사들이 직원들에게 바라는 가장 크고, 가장 어렵지만, 가장 절실한 '알아서'의 의미라고 생각합니다.

물론 알아서 한다는 것은 정말 힘든 일입니다. 상사의 '알아서'를 제대로 해석하기 위해서는 지식과 경험이 필요하고, 팀이나 회사가 돌아가는 흐름을 잘 알고 있어야 합니다. 많은 일을 하는 것 같지도 않으면서, 나보고 알아서 해오라고 하는 상사가 원망스러울 수도 있습니다. 하지만 '알아서'의 의미를 알고 일하는 능력은 결코 상사의 비위를 맞추기 위한 처세술이 아닙니다. 스스로 일을 잘하는 방법을 고민하고, 일 잘하는 사람이 될 수 있게 만들어 주는 가장 강력한 무기입니다.

신입사원 비법서

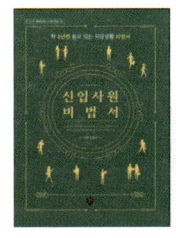

입사 후 모든 게 낯선 신입사원들을 위해!
첫 직장생활 3년간 활용하면 좋은 내용으로
알차게 구성한 신입사원 기본 입문서

저자 임영균
한국능률협회와 캐논 코리아 등에서 약 15년간 기획 업무를 담당했으며, 현재는 대기업에서 기획서 관련 컨설팅과 강의활동을 하고 있다.

최신 자격 정보

SNS광고마케터
자격 정보 소개!

SNS광고마케터(Social Network Service Advertisement Marketer)란?
SNS를 통해 상품을 홍보·판매하고 소비자 반응을 분석하는 업무를 수행하는 사람

SNS광고마케터 자격은?
- 디지털 광고시장의 고성장을 통한 SNS광고 마케팅 분야 산업활동 영역의 증가로 전문성 및 실무적인 역량을 갖춘 인력 양성을 위한 자격
- SNS광고의 기본지식을 보유하고 기획, 전략, 등록, 운영, 효과분석 등 실무적인 지식 및 역량을 평가하는 자격
- 온라인광고대행사, 기업 홍보부서 등에서 SNS광고 마케팅 및 SNS광고 전문인력을 통한 효율적 마케팅 분석, 전략수립 등의 자격을 갖춘 직무자격 조건으로 활용 가능한 자격

 **시험과목과 응시자격은?**

시험은 한국정보통신진흥협회(KAIT)에서 주관하며 학력, 연령, 경력 등 제한이 없이 누구나 지원할 수 있고, 비대면 검정(온라인)으로 진행됩니다.

구분	과목	검정방법	문항수	시험시간	배점	합격기준
1급	• SNS의 이해 • SNS광고 마케팅	객관식 (4지택일)	80문항	100분	100점	70점 이상

SNS광고마케터 자격이 필요한 이유는?

SNS 이용량이 급증하면서 검색광고나 배너광고 등으로 대표되던 온라인 광고시장 역시 빠르게 변화하고 있습니다. 특히 최근 두드러지게 나타나고 있는 SNS광고는 이용자들이 유튜브, 인스타그램, 틱톡, X(엑스, 옛 트위터) 등을 통해 랜덤으로 노출되는 광고를 자연스럽게 접할 수 있도록 하는데요. SNS 제공자는 사용자들이 광고에 보인 반응을 분석해 얻은 자료를 토대로 타겟팅할 대상을 정교화시켜 광고의 효율을 극대화할 수 있습니다.

사실 SNS광고는 충분한 지식 없이도 자본만 있다면 광고를 만들고 집행할 수 있습니다. 하지만 판매하고자 하는 상품에 적합한 SNS 채널과 소비자층을 설정하고, 이를 토대로 한 마케팅 계획을 수립한 후 판매현황을 지속적으로 분석 · 평가하며 꾸준히 관리해야만 소기의 목표를 달성할 수 있습니다. 그런 의미에서 SNS광고마케터는 SNS광고 마케팅에 필요한 기본지식과 기술을 효과적으로 평가할 수 있는 자격입니다.

SNS광고마케터 자격 전망은?

국가공인자격이 아닌 자격기본법 규정에 따라 등록된 민간자격인 만큼 활용범위에 다소 한계가 있을 수는 있습니다. 그러나 SNS광고 마케팅의 기본지식과 실무와 관련된 내용을 배울 수 있고, 인사고과에 반영되거나 취직 시 우대해주는 기업도 증가하고 있습니다. 또한 SNS광고의 활용도가 증가하고 있는 만큼 온라인광고대행사나 기업 홍보부서 등에 지원하고자 하는 취업준비생들에게 도움이 될 것으로 전망됩니다.

회차	원서접수기간	시험일자	합격자발표
2501회	01.06.(월) ~ 01.17.(금)	02.22.(토)	03.14.(금)
2502회	04.07.(월) ~ 04.18.(금)	05.24.(토)	06.13.(금)
2503회	07.07.(월) ~ 07.18.(금)	08.23.(토)	09.12.(금)
2504회	10.06.(월) ~ 10.17.(금)	11.22.(토)	12.12.(금)

SNS광고마케터 1급 7일 단기완성

한눈에 살펴보는 시험안내와 기출분석표를 바탕으로 효과적인 학습진행을 위한 7일 완성 합격플랜을 제공해 수험생들이 단기 학습계획을 세우는 데 도움이 되도록 했습니다. 개정사항이 반영된 핵심이론과 OX문제, 출제예상문제의 단계별 구성으로 효율적인 학습이 가능하며, 기출복원문제를 통해 실전에 대비할 수 있습니다.

상식 더하기 +

생활정보 톡톡!	**154**
초보자를 위한 말랑한 경제	**156**
유쾌한 세계사 상식	**158**
세상을 바꾼 세기의 발명	**160**
지금, 바로 이 기술	**162**
잊혀진 영웅들	**164**
발칙한 상상, 재밌는 상식	**166**
일상을 바꾸는 홈 스타일링	**168**
문화가 산책	**170**
3분 고전	**172**
독자참여마당	**174**

WHY?

과도하면 큰일 나요!
올바른 목 스트레칭

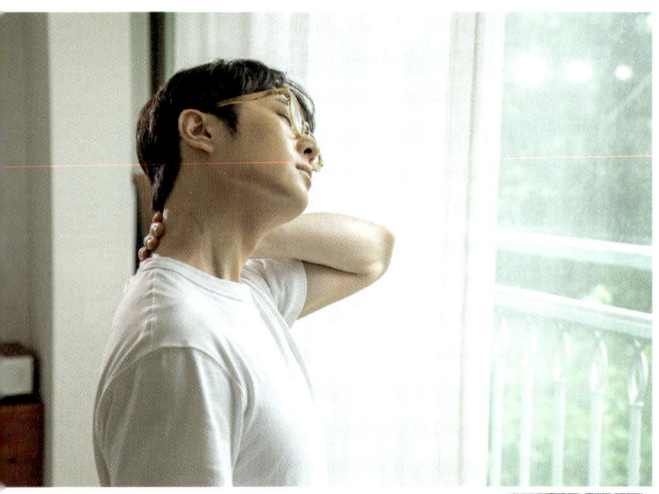

겨울철 몸 움츠려 더 잘 굳는 목과 어깨

스마트폰과 컴퓨터 사용이 많은 현대인. 고개를 푹 숙이거나 머리를 앞으로 쭉 뺀 자세로 화면을 보다 보면 목 주위가 뻐근해지곤 하는데요. 특히 겨울철 차가운 날씨에 몸을 움츠리면 목과 어깨 근육에 통증이 더 잘 생길 수 있다고 합니다.

그런데 얼마 전 태국의 한 여성가수가 목을 비트는 마사지를 받은 뒤 숨지는 일이 있었는데요. 이 때문에 '우두둑' 소리가 나게 하는 목 스트레칭에 대한 불안감도 커졌죠. 겨울철 유독 잘 뭉치는 근육을 올바르게 풀어주려면 어떻게 해야 할까요.

소리 날 정도로 과도한 스트레칭은 좋지 않아

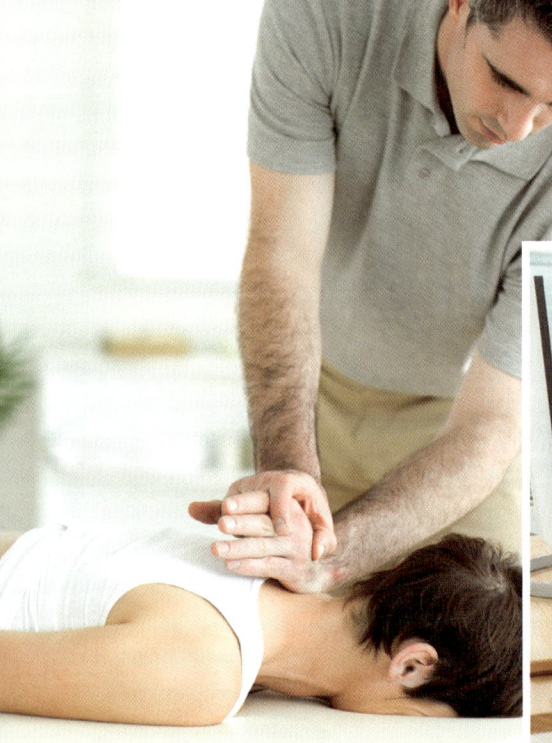

박중현 강남세브란스병원 재활의학과 교수는 "날씨가 추워지면 몸이 열을 보존하려고 근육을 수축시키

고, 또 근육으로 혈액순환이 잘 안되기 때문에 뻐근함이 더 심해질 수 있다"면서 "겨울에는 억지로라도 몸을 움직여서 근육을 부드럽게 해주는 것이 중요하다"고 설명했습니다.

박 교수는 스트레칭 방법에 대해 "소리가 날 정도로 과도한 스트레칭은 좋지 않다. 목뼈와 인대, 근육에 과도한 스트레스를 줄 수가 있고, 디스크에 불필요한 압력이 가해지기 때문에 디스크가 튀어나온 경우에는 신경을 압박할 수 있다. 심한 경우에는 척추동맥이 손상되면서 뇌졸중이나 사지마비로까지 진행될 수 있으니 절대로 추천하지 않는 방법"이라고 말했습니다. 목을 비트는 마사지를 받은 뒤 전신마비 등 후유증을 겪다 숨진 태국 여성가수도 이 같은 경우라고 할 수 있죠.

올바른 스트레칭 방법과 바른 자세가 필요해

목은 우리 몸이 곧은 자세를 유지하게 하고 머리를 지탱하는 중요한 역할을 하는데요. 뭉친 목 근육을 안전하게 풀어주려면 어떻게 해야 할까요. 첫 번째 스트레칭 방법은 '두 턱 만들기'. 말 그대로 턱이 두 개가 되도록 당기는 것으로, 허리를 곧게 펴고 5초 정도 가볍게 자세를 취하는 동작을 반복합니다.

두 번째는 'TWTY 운동'으로 우선 두 팔을 올려 몸을 T자 모양으로 만들어줍니다. 귀와 어깨, 팔이 옆에서 봤을 때 완전히 일(一)자로 보이도록 자세를 잡아야 하죠. 그런 다음 천천히 팔을 내려 W자를 만들고 다시 T자 동작을 한 이후 팔을 위로 쭉 뻗어 Y자를 만들어 주면 됩니다. 한편 박 교수는 목 근육 통증 해소를 위해 가장 중요한 것은 평소에 자세를 바르게 유지하는 것이라고 덧붙이기도 했습니다.

허리도 바른 자세로 …
S라인 꼭 유지하세요!

우리의 척추는 각각 부드러운 곡선을 그리면서 스프링처럼 외부충격을 흡수합니다. 하지만 척추에 문제가 생기면 본래의 S자 모양이 뻣뻣한 일자로 변하거나 비정상적으로 구부러지기도 하는데요.

척추가 앞으로 굽는 전만증은 몸의 무게중심이 앞으로 쏠리는 상태를 지속할 때 생깁니다. 무게중심이 앞으로 쏠리면 균형을 잡기 위해 상체를 뒤로 젖히게 되고, 허리뼈가 앞으로 과도하게 쏠리기 때문이죠. 이때 엉덩이는 반대방향으로 튀어나와 '오리궁둥이'처럼 됩니다. 반대로 뒤로 굽는 후만증은 선천적 척추 이상이나 노화, 쪼그려 앉아 일하는 생활습관 등에 의해 나타날 수 있죠. 척추가 일자 모양이 되는 일자 허리 증후군은 평소 앉아 있는 시간이 긴 학생이나 운전직 종사자 등에게 잘 나타납니다. 일자 허리 증후군이 발생하면 골반이 아래로 내려가 엉덩이가 납작해지고 허리가 길어 보이게 됩니다.

이러한 척추 변형을 방지하기 위해 척추를 S라인 모양으로 유지하는 것이 중요한데요. 세수하거나 물건을 들어올릴 때는 허리와 함께 무릎을 구부려주고, 쪼그려 앉는 자세는 가급적 피하는 게 좋습니다. 함태웅 중앙대 정형외과 교수는 "척추를 건강하게 유지하기 위해선 코어근육과 척추의 유연성이 중요하다"면서 "플랭크 같이 집에서 할 수 있는 코어운동을 추천한다"고 말했습니다.

이슈&시사상식
말랑한 경제

급격한 환율상승
우리 경제에 미치는 영향은?

최근 달러강세 현상과 고금리·고물가에 따른 내수부진, 여기에 국내 정국불안까지 겹치면서 원/달러 환율이 1,480원대 후반까지 급등했습니다. 지난해 말 전문가들은 도널드 트럼프 미국 대통령의 취임 등과 맞물려 조만간 환율이 1,500원을 넘을 것이라 예상하기도 했는데요. 특히 정치적 혼란이 장기화될 경우 실물경제가 영향을 받아 대외신인도가 악화할 수 있고, 1,500원이 '환율의 뉴노멀'이 될 위험도 있다며 우려를 표했습니다.

달러강세 속에 비상계엄 사태와 탄핵정국 등으로 정치적 혼란이 지속되면서 원화가치가 2024년 12월 한 달 새 5%나 추락했습니다. 환율이 1,480원대 후반까지 오른 것은 금융위기이던 2009년 3월 16일(1,488.0원) 이후 처음인데요. 전문가들은 외교적 공백과 대외신인도 하락이 당분간 불가피하고 1%대인 경제성장률 전망 등을 고려했을 때 단기적으로 환율이 1,500원을 넘을 것이라고 예상했습니다.

한국은행은 이러한 환율상승 현상을 대내외 변수가 복합적으로 작용한 결과라는 입장인데요. 현 상황이 외환시장의 변동성 확대로 이어지지 않도록 정부와 함께 모든 수단을 활용해 대응하겠다고 밝혔습니다. 하지만 정치적으로 불안정한 상황이 지속될 경우 고환율이 고착화할 수 있다는 경고도 나오고 있어 이를 해소하는 것이 급선무라는 지적이 나옵니다.

급격한 환율상승이 왜 문제가 되나요?

환율이 변동하는 것은 시장의 흐름에 따른 자연스러운 현상인데 현 상황이 왜 심각하게 받아들여지는 것인지 이해가 잘되지 않을 수도 있는데요. 환율이 계속해서 상승하는 것도 문제지만, 이전과 비교하기 힘들 정도로 그 속도가 너무 빨랐기 때문입니다.

구분	환율급등 원인
대외적	미국 연방준비제도(Fed)가 매파적(통화긴축 선호) 메시지로 금리인하 속도조절 발표 → 2025년 말 기준금리 수준 3.9%(+0.5%p)로 예상. 달러강세 지속
대내적	계엄선포와 탄핵사태 등으로 정치적 불안정성 커짐 → 외국인 투자자들에게 한국시장을 불안정한 투자처로 각인시킴(원화약세)

지난해 12월 3일 계엄선포 직전 1,402원이던 환율은 하루 만에 1,427원으로 급등했고, 12월 26일에는 1,487원을 기록하며 금융위기 이후 최고치를 경신했습니다. 이러한 단기급등세는 금융시장 변동성 확대, 물가상승, 가계·기업 부담 증가 등 경제 전반에 큰 충격을 주었는데요. 특히 환율이 급등하면 일부 수출기업은 원화가치가 하락해 단기적으로는 가격경쟁력을 확보할 수 있지만, 장기적인 관점에서는 원자재 상승, 투자비 증가 등 리스크가 나타날 수밖에 없습니다. 또 원자재 수입 비중이 높은 대부분의 기업도 수익성 악화가 불가피합니다.

불안정한 정국이 장기화할 경우 국가신인도에 영향을 줄 수 있다는 것도 문제입니다. 대외의존도가 높은 국내 산업계 특성상 국가신인도가 하락하면 고객(외국인 투자자) 불안으로 이어져 향후 거래에 악영향을 미칠 수 있기 때문입니다. 정국이 안정된다고 하더라도 이를 이전 수준으로 다시 회복하기까지 많은 어려움이 따를 것으로 예상되는 만큼 정부와 한국은행이 적절한 정책을 통해 시장안정화와 국민경제에 미치는 부정적 영향을 최소화해야 한다는 의견이 나옵니다.

환율(Exchange Rate)이란?
자국통화와 외국통화 간의 교환비율
→ 두 나라 통화의 상대적 가치

환율의 단기적 변동요인

❶ 환율에 대한 시장참가자들의 기대가 변하면 자기실현적인 거래에 의해 환율이 변동함
　예 대부분의 시장참가자가 환율상승을 예상할 경우 환율이 오르기 전 미리 외환을 매입하면 이익을 볼 수 있으므로 외환에 대한 수요가 증가
　→ 실제 환율 상승

❷ 주요 교역 상대국의 환율이 변동할 경우 시장기대에 따라 자국통화도 영향
　예 수출경쟁관계에 있는 나라의 통화가 절하할 경우 자국의 수출경쟁력 약화로 외환공급이 감소할 것이라는 시장기대가 형성돼 자국의 통화도 절하됨

❸ 각종 뉴스에 따른 시장기대 변화
　예 2010년 5월 천안함 침몰 합동조사 결과 발표 이후 지정학적 위험이 부각되자 원/달러 환율이 일시적으로 급등함

❹ 은행의 외환포지션(외화자산-외화부채)이 매도초과(부채〉자산) 혹은 매입초과(부채〈자산) 중 어느 한 방향으로 크게 노출될 경우 포지션 조정을 위한 거래 발생
　→ 환율 변동

환율상승의 부정적 영향

❶ 원화가치 하락(평가절하)
　→ 수입가격 상승, 수출가격 하락

❷ 외환시장 불안으로 외국인 투자 감소
　→ 외환위기(IMF) 현실화 위험

❸ 물가상승으로 가계·기업 부담 증가

거대한 배의 등장
대홍수 신화

"여호와께서 사람의 죄악이
세상에 가득함과
그의 마음으로 생각하는 모든 계획이
항상 악할 뿐임을 보시고"

- '창세기' 6장 5절

세계 곳곳에는 신의 노여움으로 발생한 대홍수를 이겨낸 다양한 신화가 존재한다. 대홍수와 관련된 여러 이야기 중 가장 잘 알려진 내용은 아마 '노아(Noah)의 방주(方舟, Ark, 네모난 배)'일 것이다.

성경에 기록된 '노아의 방주'

기독교 신자가 아니더라도 성경 창세기에 기록된 '노아의 방주'는 누구나 한 번쯤은 들어봤을 것이다. 내용을 요약하면 다음과 같다. 하나님이 아담과 하와(이브)를 창조한 이래 번성하기 시작한 인간세계가 타락하자 신은 이를 심판하고자 했다. 다만 노아가 선함을 알고 그에게 미리 배를 만들어 대홍수를 대비하라고 이른다. 이에 노아는 방주를 만들었고, 완성된 방주에 탄 노아의 가족과 동물들만 무사하게 된다. 노아와 동물들은 1년 이상 배에 머물게 되는데, 세상의 물이 다 빠졌는지 확인하기 위해 까마귀를 먼저 날렸지만 돌아오지 않았다. 이후 다시 비둘기를 날렸는데 비둘기가 올리브 가지를 물고 돌아와 물이 빠진 것을 알게 됐다. 이에 노아는 아라랏산 정상에 배를 대고 땅으로 나와 신께 감사의 제를 올린다. 그러자 하나님이 노아에게 "다시는 물로 세상을 심판하지 않겠다"라며 그 징표로 무지개를 만들어주었다고 한다.

일각에서는 신화 속 노아의 방주가 초고대문명 기술로 만든 잠수함이었다거나 공룡들을 실은 두 번째 배가 가라앉았다고 하는 등 공식기록에서 확인할 수 없는 내용을 주장하기도 하지만, 어쨌거나 지금도 'Noah'라는 이름은 그 상징성 때문인지 유럽에서 특히 인기가 많다고 한다.

신화가 상징하는 것

이외에도 인류 최초의 대홍수 기록으로 알려진 수메르의 '길가메시 서사시'나 인도의 베다 경전에 나오는 '마누 대홍수 설화', 그리스신화의 '데우칼리온 이야기' 등 중동과 그리스, 인도에는 노아의 방주처럼 신이 선택한 선량한 인간이 거대한 배를 만들어 대홍수에서 살아남았다는 이야기가 전해진다.

반면 동아시아에는 남매만이 살아남아 다시 새로운 세상을 만들었다는 이야기가 여럿 존재한다. 우리나라를 비롯해 중국, 일본에서 전해지는 '해와 달이 된 오누이 이야기'는 대홍수나 배와 관련된 내용은 없지만 둘만 남겨진 남매가 새로운 세상을 만들었다는 '천지 재창조 신화'로 여겨진다. 중국의 '복희와 여와 남매 이야기', 일본의 '이자나기와 이자나미 건국신화', 베트남 므엉족 '투 타, 투 티언 남매 이야기'가 바로 그것이다. 아메리카 대륙 태평양 해안의 원주민 사이에서는 신비로운 새로 추앙받던 큰 새가 위기에 처한 인간을 구해주었다는 '선더버드(Thunderbird, 천둥새) 이야기'가 전해진다. 또 남아메리카 페루 해안 지역에 존재한 치무 문명에서는 큰 파도로 거주지가 파괴되자 신의 노여움을 풀어야 한다면서 어린이의 심장을 빼내 공양했다고 한다.

이처럼 신의 심판에서 살아남은 인간들은 그 고통을 후대에 전하면서 늘 하늘을 쳐다보며 미래에 닥칠 재앙을 알아내기 위해 애쓰게 된다. 그러면서 우리 눈에는 똑같은 크기로 보이는 태양과 달을 통해 이 세상은 밝음과 어둠이 공존한다는 이분법적 사고가 절대적 진리로 받아들여지게 됐고, 문명이 발달하며 선과 악이란 개념도 발전해 종교와 철학, 도덕적 가치에 깊이 자리잡게 됐다.

지금은 세계 각국의 신화들이 공유되며 매체를 통해 재해석되기도 하지만 과거만 해도 문자기록이나 유물 등 뚜렷한 증거가 남아 있지 않던 시기의 신화는 그 실체를 파악하는 게 쉽지 않았다. 때문에 여러 지역에서 이어져 온 신화나 전설을 바탕으로 추정할 수밖에 없었는데, 다행히 최근 과학기술이 발달하면서 '대홍수 신화'처럼 인류의 옛 역사가 실체를 서서히 드러내고 있다. 시대

알아두면 쓸데 있는 유쾌한 상식사전 -사라진 세계사편-

내가 알고 있는 상식은 과연 진짜일까?
단순한 호기심에서 출발할 수 있는 많은 의문들을 수많은 책과 연구 자료를 바탕으로 파헤친다!

저자 조흥석
아폴로 11호가 달에 도착하던 해에 태어났다.
유쾌한 지식 큐레이터로서
'한국의 빌 브라이슨'이라 불리길 원하고 있다.

이슈&시사상식 — 세기의 발명

인간을 부품으로 전락시키다
컨베이어벨트

**5%가 아닌
95%를 위한 물건을 만들어야 한다.**

20세기 자동차 왕 헨리 포드(Henry Ford)가 한 말이다. 매일같이 물 긷는 일이 귀찮아 수도관 연결 계획을 세우고, 동네의 고장 난 시계란 시계는 모두 제 손으로 고치며, 마차를 타는 게 일상이었던 때에 스스로 움직이는 증기기관차에 흠뻑 매료됐던 어린 시절 포드의 고민은 언제나 한결같았다.

어떡하면 더 편해질 수 있을까?

포드는 열다섯 살에 학업을 포기하고 기계공으로의 삶에 뛰어든 후 13년 동안 연구에 매진해 내연기관 개발을 마침내 이뤄낸 인물이다. 그러나 그가 자동차의 왕으로 불리는 이유는 바로 자동차 대중화를 이뤄냈다는 데 있다. 그리고 그것은 '컨베이어벨트(Conveyor-Belt)'가 있었기 때문에 가능했다.

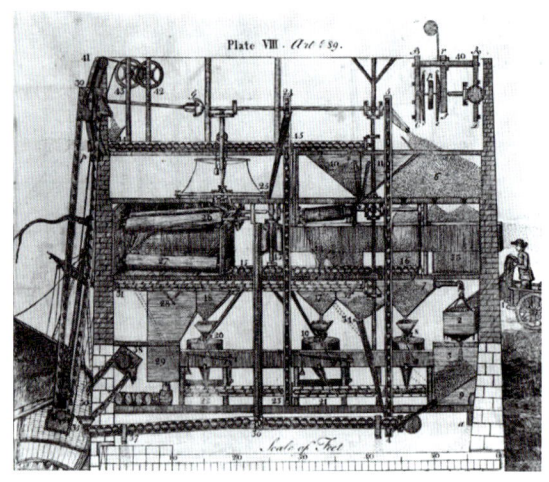

컨베이어벨트가 적용된 에반스의 제분기

포드자동차의 설립자 헨리 포드

포드 이전에 컨베이어벨트가 없었던 것은 아니다. 간단하나마 컨베이어 시스템이 사용되었던 건 고대로 거슬러 올라간다. 물론 이때의 시스템은 수동으로 작동됐다. 무거운 물체를 옮기기 위해 통나무나 롤러를 사용하는 것도 일종의 컨베이어 시스템이기 때문이다. 그랬던 컨베이어벨트의 혁신은 산업혁명과 맞물려 이루어졌다. 산업혁명은 공장과 광산에서의 자재 취급방법에 대한 개선을 요구했고, 18세기 올리버 에반스(Oliver Evans)가 제분기에 컨베이어벨트를 개량해 사용하고 조지 케일리(George Cayley)가 가황고무를 도입하면서 도약을 위한 발판이 마련됐다.

발명가 토머스 로빈스

그리고 마침내 1892년 토머스 로빈스(Thomas Robbins)가 석탄, 광석 및 기타 제품용 컨베이어벨트에 강철 케이블을 적용해 사용하기 시작했다. 그의 컨베이어벨트는 아주 견고해서 광산의 가혹한 조건도 버텨냈다. 게다가 자동화까지 되어서 생산성 향상은 물론 인건비를 크게 절감시킬 수 있었다. 이러한 개발은 효율적인 자재운송이 중요한 광산업에 특히 도움이 됐다.

이후 스웨덴 엔지니어링 회사인 샌드빅AB의 강철 컨베이어벨트와 리처드 서트클리프(Richard Sutcliffe)의 지하 컨베이어벨트, 그리고 하임 고다드(Hymle Goddard)의 롤러 컨베이어벨트를 거치면서 컨베이어벨트는 산업분야 및 다양한 현장에서 널리 사용되기에 이르렀다. 그래서 훗날 자동차 왕으로 불릴, 아직은 신생 자동차회사의 대표일 뿐인 청년의 고민 가득한 눈에 도살한 소의 고기를 이동시키면서 부위별로 고기를 발라내는 데 사용 중이던 도축장의 컨베이어벨트가 들어올 수 있었다.

포드는 노동에 있어 무엇보다 효율을 중시하던 인물이다. 효율에 대한 그의 집념은 집착에 가까운 수준이었다고 한다. 덕분에 세상 빛을 본 자동차가 바로 '포드 모델 T형'이다. 2,900cc, 20마력, 직렬 4기통 엔진, 그러나 사각의 투박한 외형, 온통 검은색. 외형은 오늘날의 기준으로는 도통 아름답다고 할 수 없었지만, T형은 1927년까지 20여 년 동안 1,500만대가 팔리면서 포드사를 업계 최고로 끌어올렸다. 그야말로 많이 만들고, 많이 판 것이다. 그리고 이는 포드가 어느 날 도축장에서 본 컨베이어벨트에서 아이디어를 얻어 창안한 컨베이어벨트 기반의 자동화 생산시스템이 있었기 때문에 가능한 일이었다.

포드는 컨베이어벨트를 조립라인에 통합해 전례 없는 수준의 생산효율성을 달성했다. 노동자가 작업대에 가서 일하는 것이 아니라 작업물이 컨베이어벨트를 따라 이동해 정해진 위치에 있는 작업자들에게 흘러가게 한 것이다. 그러자 제조공정이 간소화됐을 뿐만 아니라 자동차 생산에 소요되는 시간과 비용이 크게 절감됐다. 대량생산도 가능해졌다. 이러한 혁신은 컨베이어벨트 시스템을 대중화하는 데 중추적인 역할을 했으며, 이를 현대 제조의 필수 구성요소로 만들었다.

포드사의 자동차 조립라인

그러나 컨베이어벨트의 이동속도는 곧 노동자들의 노동강도가 됐다. 기업은 속도를 높여 노동력을 착취했고, 노동의 가치는 추락했다. 1936년 전설적인 배우 겸 감독 찰리 채플린의 영화 '모던타임스'에서처럼 인간은 마치 거대한 기계 속 작은 부품으로 전락하고 말았다는 씁쓸한 자조가 나오는 이유다.

잘 썩거나, 썩게 만들거나
플라스틱 분해 기술

1월 2일 김경진 경북대 교수 연구팀과 CJ제일제당 연구팀이 폴리에틸렌 테레프탈레이트(PET) 플라스틱을 분해하는 세계최고 성능의 바이오촉매(효소)를 개발했다는 소식이 나왔다. 연구팀은 자연환경에서 나무가 썩는 과정처럼 바이오촉매가 분해반응을 매개하는 생물학적 재활용에 주목해 PET 플라스틱을 생물학적으로 분해하는 고성능 바이오촉매를 개발했다. 이 바이오촉매는 PET에 선택적으로 반응하고 순수한 반응물을 생성하는 등 플라스틱 분해과정에서 환경에 미치는 부정적 영향이 거의 없는 것으로 알려졌다.

대표적인 인공 고분자 물질인 플라스틱은 우리생활 어디에나 쓰이고 있으며, 이제는 플라스틱이 없는 세상을 상상할 수조차 없다. 그러나 플라스틱은 산업화의 축복이면서 동시에 애물단지가 되어 버린 지 오래다. 매년 4억톤 가량이 버려지는 플라스틱은 썩는 데 500년이 걸린다고 한다. 사실상 우리는 플라스틱이 썩는다는 것을 상상하기 어렵다. 왜냐하면 썩은 플라스틱 자체를 본 일이 없기 때문이다. 파묻고 500년을 기다려야 썩는다는데, 매년 파묻는 양보다 많은 플라스틱이 버려지고 있다. 게다가 플라스틱을 무작정 파묻는다고 잘 썩는 것도 아니니 플라스틱은 결국 영구적으로 지구상에 남을 공산이 큰 것이다.

보통 생활 플라스틱이 폐기될 때에는 재활용을 위해 분리수거가 된다. 이후 플라스틱에 부착된 라벨 등을 제거하고 잘게 분쇄하고 세척한 뒤, 재활용을 위한 원료화를 거친다. 이러한 기계적 재활용을 통해 '중간 제품'으로 다시 이용되고 있지만 재활용된 소재의 품질이 떨어져 결국 소각 또는 매립되는 점이 문제로 지적됐다. 그래서 화학촉매를 이용해 PET 플라스틱을 열로 녹이거나 용매제로 분해해 원료를 만들어 내는 화학적 재활용이 등장했다. 그러나 이 과정에서 원료가 오염돼 적용할 수 있는 폐기물이 제한됐고, 환경에 미치는 영향 때문에 완벽한 대안으로 자리 잡지는 못했다. 그래서 이런 점들을 극복할 다른 방안들도 등장하기 시작했다.

플라스틱? 잘 썩는 재료로 만들면 되지!
사람들이 플라스틱 분해를 위해 고안한 방법 중 한 가지는 플라스틱 자체를 잘 분해되는 재료로 만드는 것이다. 바이오플라스틱(Bioplastic)이라고 하는데, 석유에서 추출한 물질로 만드는 기존 플라스틱과 달리 생물에서 유래한 물질로 만드는 것이다. 바이오플라스틱에는 생분해성 플라스틱, 산화생분해성 플라스틱 등이 있다. 물론 장점은 기존 플라스틱보다 훨씬 쉽게 분해되고 탄소저감 효과도 뛰어나다는 점이다.

플라스틱 가루를 재활용해 만든 화분

이중 우리에게 익숙한 것은 생분해성 플라스틱이다. 옥수수 전분 등 식물성 물질로 만들어져 미생물에 의해 분해된다. 얼마 전부터 커피전문점이나 편의점에서 흔하게 볼 수 있는 옥수수 빨대가 이러한 생분해성 플라스틱의 일종이다. 또 식당에서 계산을 마치고 나오면서 쉽게 접할 수 있는 녹말 이쑤시개도 여기에 해당한다고 할 수 있다.

다만 옥수수 빨대를 사용하다보면 기존 플라스틱 빨대보다 내구성이 매우 떨어진다는 느낌을 지울 수 없다. 쓰다보면 잘 쪼개지기도 하고 음료에 금방 눅눅해지기 십상이다. 이렇듯 물성이 약하다는 한계가 있는데, 이밖에도 공장에서 대량으로 생산되는 일반 플라스틱에 비해 제작비용도 비싸고, 아이러니하게도 잘 분해되다보니 유통기간도 짧은 편이다.

그래서 생분해성 플라스틱에 대해 비판적인 시각도 존재한다. 그중 가장 눈에 띄는 주장은 생분해성 플라스틱을 다른 일반 플라스틱과 구분해 회수하기 어렵다는 점이다. 생분해성 플라스틱을 처리하려면 퇴비화해야 하는데, 우리나라엔 이를 위한 시설도 부족한데다가 일반 플라스틱·쓰레기와 대중없이 버려지기 때문에 결국 함께 소각되는 경우가 많다.

그렇다면 미생물로 잘 썩게 만들자!

2015년 미국의 한 연구진이 스티로폼을 먹는 밀웜을 발견했다는 소식이 들렸다. 그런데 알고 보니 실은 밀웜이 스티로폼을 먹는 것이 아니라 밀웜 내부의 미생물이 스티로폼을 분해하도록 돕는다는 것이었다. 이처럼 플라스틱을 분해하는 효소나 미생물을 발견했다는 소식은 계속해서 들려오고 있다. 미생물이 연이어 발견될 때마다 더 뛰어난 분해능력이 보고됐다. 그러다보니 플라스틱을 분해하는 미생물 공정을 찾고 개발하는 연구가 주목받고 있다.

습도나 온도, 수소이온농도 등 효소 같은 미생물이 좋아하는 환경을 만들고 특정 플라스틱에 반응하게 만드는 것이 미생물 공정의 골자다. 이러한 기술적 조작을 통해 효소가 안정적이고 빠르게 플라스틱을 분해하게 만든다는 것이다. 그러나 아직까지 한계점은 많다. 이 미생물을 상용화하는 것이 쉽지 않다는 것이다. 연구개발 비용도 만만치 않은데다가, 무엇보다 매년 4억톤가량 쏟아지는 플라스틱 쓰레기를 처리하기에 미생물들의 능력이 미미한 탓도 있다. 아직 기술적으로 극복해야 할 점이 많은 것이다. 그래서 분해기술의 발전도 중요하지만, 결국 당장은 플라스틱 사용부터 줄이고, 쓰더라도 재사용·재활용에 더욱 집중해야 한다는 의견도 많다.

이슈&시사상식 - 잊혀진 영웅들

나는 펜으로 싸운다
이길용 지사

잘못한 것을 잘못한 것이라고, 잘한 것을 잘한 것이라고 왜곡하지 않고 균형감 있게 그대로를 전달하는 것은 쉬운 일이 아니다. 그래서 우리는 오랫동안 언론 종사자를 지식인으로 우대해왔다. 그러나 오늘날 많은 언론은 다른 것과 틀린 것을 기계적 잣대로 동일하게 취급한다. 자신과 조직의 이익을 위해 펜을 휘두르는 이익집단으로 전락했다는 평가를 받는다. 과거 나라가 없던 시절 목숨을 걸고 신념과 정의를 위해 싸웠던 분들에게 부끄럽지 않을까?

1936년 8월 9일 독일 베를린에서 소식이 전해졌다. 제11회 베를린올림픽 마라톤 경기에서 손기정이 우승, 남승룡이 3위에 입상했다는 것이었다. 전국이 뜨겁게 달아올랐다. 손기정이 나온 신의주제일보통학교 학생 600여 명은 깃발을 들고 신의주 시내를 행진했다. 각지에서 성금이 모이고 기념관을 짓자는 얘기도 넘쳐났다. 아이들은 손기정을 본받겠다며 거리를 뛰기 시작했으며, 시인 심훈은 자신의 시로 격정을 토해냈다.

지금처럼 다양한 매체가 없던 시절 올림픽과 관련된 주요한 소식은 신문을 통해서만 알 수 있었는데, '동아일보', '조선일보', '조선중앙일보' 등 당시 한글신문들의 보도를 위태하게 주시하던 조선총독부 검열 당국자의 보고서에서도 그 열기를 느낄 수 있다.

1936년 8월 13일자 '조선중앙일보'

> 그대들의 첩보(捷報)를 전하는 호외 뒷등에
> 붓을 달리는 이 손은 형용 못 할 감격에 떨린다!
> 이역(異域)의 하늘 아래서
> 그대들의 심장 속에 용솟음치던 피가
> 이천삼백만의 한 사람인
> 내 혈관 속을 달리기 때문이다.
> …
> 오오, 나는 외치고 싶다!
> 마이크를 쥐고 전 세계의 인류를 향해서 외치고 싶다!
> 이제도 이제도 너희들은 우리를
> 약한 족속이라고 부를 터이냐!
>
> - 심훈의 '오오, 조선의 남아여!' 중에서

손기정이라는 인물이 올림픽 마라톤 경기에서 우승하자 한글신문 각지는 미친 듯 기뻐하며 이를 '우리의 승리'라고 보도하였고 민중은 이에 자극받아 민족의식이 자못 대두하였다.

신문들은 사진 없이 손기정의 성장과 운동경력, 주변 지인들의 인터뷰로 지면을 채웠다. 당시 통신기술의 수준으로 사진은 독일에서 찍고 현상한 것을 일본을 거쳐 한반도로 들어와야 했기 때문이다. 결국 월계관을 쓴 우승자의 모습은 경기가 있은 지 5일이 지난 8월 13일에야 볼 수 있었다. 그런데 선수들 가슴에 일장기가 없었다. 의도적으로 지운 것이다. 화가이자 사진부 기자에게 일본신문에 실린 사진을 구해 전달하면서 가슴의 일장기를 지워달라고 한 기자가 있었기 때문이었다. 이길용 지사다.

이길용 지사
(1899.8.15.~?)

이길용 지사는 인천에서 태어났다. 영화학교를 거쳐 배재학당 본과를 졸업하고 일본으로 유학을 갔지만 집안사정으로 중도 귀국한 후 대전역 개찰계에 근무하면서 직업적 특성을 이용해 상하이 대한민국임시정부(임정)와 국내를 잇는 연락책 역할을 했다. 그러다 임정에서 인쇄한 반일격문 '대한독립 일주년 기념 축하 경고문'을 수송하다 검거(1920년 2월)돼 옥살이를 했고, 출소 후 '동아일보' 대전지국 기자로 채용되면서 정식으로 언론사에 첫발을 내디뎠다.

당시 이 지사는 조선운동기자단을 발족하고 기자이자 전천후 체육인으로 활약하면서 대전의 물산장려운동에 참여했고, 인천지국으로 자리를 옮긴 후에는 제물포청년회 회장을 맡는 등 다양한 사회활동을 했다. 이후 이 지사는 동아일보의 체육 전담기자이자 조선일보의 특파원 기자로 전국을 누비며 현장르포, 기획연재물 기사를 출고하는 한편 국토 현장을 소개하는 기사로 나라의 실상을 알리는 데 힘을 쏟았다.

그런 그에게 손기정·남승룡 선수의 올림픽 제패는 민족적 자긍심을 일깨우고 키우는 일대 사건이었다. 그러나 일본인과 조선인을 구분하고 차별해온 일제가 두 선수의 성과를 "우리(일본)들의 우승, 20여 년의 숙망 달성"으로 대서특필하고 선전도구로 사용하는 것에 분노할 수밖에 없었다. 손기정 선수의 가슴에서 지워진 일장기는 그렇게 탄생했다. 그러나 일장기가 말소된 사진을 본 조선총독부의 검열 당국자는 바로 대응에 나섰다. 연행이 시작됐고, 고문이 이어졌다.

격검(擊劍)대로 맞기도 하고 그놈들이 타고 올라앉아서 짓누르는 것도 당하고 이놈 저놈의 발길에 죽게 채이기도 하고 따귀 맞기 등 갖은 악형을 당하였다.

경찰은 이 지사를 고문하며 사건을 몇몇 기자 개인의 행위가 아닌 동아일보사 자체의 행동으로 그림을 만들려고 했다. 그러나 이 지사의 입에서 그들이 원하는 답은 나오지 않았고, 결국 사건은 중간간부의 책임을 묻는 선에서 일단락됐다. 하지만 일제는 8월 27일 오후 5시, 동아일보에 대해 무기발행정지, 곧 정간 명령서를 교부했다. 오래전부터 한글신문들을 당국의 통제 아래 두고 싶었던 일제가 일장기 말살사건을 한글신문사 압박의 기회로 삼은 것이다. "성냥개비로 고루거각(高樓巨閣)을 태워버렸다"는 질책도 있었지만, 일장기 말살사건은 행동하는 양심으로서의 기자정신의 발로였음은 부인할 수 없다.

대한민국정부는 1990년에 와서야 건국훈장 애국장을 추서했다. 6·25전쟁 때 인민군에게 체포·납북됐다는 이유에서였다.

독사도
제 독에 죽을까?

미켈란젤로의 '아담과 이브' (로마 바티칸의 시스티나성당 천장화)

지구에는 사람이 사는 섬보다 살지 않는 섬이 더 많다. 그런 섬들 대부분은 식수로 쓸 물이 없거나 집을 짓고 살 만한 터가 없을 정도로 척박하거나 작다. 사방이 천애 절벽이어서 상륙 자체가 힘든 경우도 있다. 그런데 배를 댈 만한 해변도 있고, 작으나마 샘도 있어 마실 물이 부족할 리 없는데도 여전히 무인도로 유지되는 섬이 있다.

그 섬에도 사람이 살던 때가 있었다. 그러나 1920년 부임해 온 등대지기와 그의 가족이 이주 일주일 만에 사망한 채 발견된 이후로 '살지 않는'이 아니라 '살 수 없는' 곳이라는 부정적인 명성을 얻어버렸다. 브라질 상파울로주 해변에서 약 33km 떨어진 바다 한가운데 위치한 섬, 케이마다 그란데다. 섬의 소유권을 주장하고 나설 주인은 없다. 하지만 사실상 주인행사를 하는 존재가 있어 아무나 마음대로 상륙할 수가 없다. 혹여 상륙한 사람이 있더라도 그를 맞는 건 살벌한 팻말뿐이다.

"무단상륙을 강력히 금지한다."

섬 주인 자리를 차지하고 있는 은밀한 존재들은 바로 4,000여 마리의 보스롭스 인수랄리스라는 독사들이다. 섬의 1평방미터(m^3)마다 서너 마리꼴로 서식한다는 이 뱀, 보스롭스 인수랄리스의 길이는 7cm 정도밖에 되지 않는다. 하지만 그 독은 대륙의 뱀보다 무려 다섯 배나 강해서 사람의 피부를 녹여버릴 정도란다. 설치류마저도 멸종해버린 섬에서 한 번의 공격으로 새들을 잡기 위해 독성이 강해졌다고 한다. 먹고 살기 위한 진화였다는 의미다.

그런데 한정된 공간에 과밀한 데다가 먹이마저 부족한 상황이면 대부분의 생명체는 살기 위해 종족을 가리지 않고 공격한다. 인간도 다르지 않다. 2012년 시베리아의 극한지에서 조난당한 남자들이 생존을 위해 동료를 살해한 후 시신을 먹은 것이 그 예다. 특히 동면하는 뱀을 제외하고는 대부분 단독생활을 하는 뱀의 특성을 고려할 때 1m^3마다 서너 마리가 똬리를 튼 상황에서 먹이마저 부족하다는 것은 뱀에게는 그야말로 극한 상황이다. 그런데도 여전히 그 개체 수는 4,000여 마리 넘게 유지 중이다. 별난 종족애로 서로를 공격하지 않아서? 아니다. 그들의 독이 서로에게는 아무런 해가 되지 않기 때문이다.

일단 뱀은 다른 종에 물릴 경우 해독에 어려움을 겪기도 하지만 죽기까지 하는 일은 드물다. 면역력을 가지고 있기 때문이다. 물론 성인을 15분 만에 사망케 하지만 다른 뱀들 다 가진 그 면역력이 없어서 동종 간이라도 물리면 죽는 코브라도 있긴 하다.

그런데 뱀독의 특이한 점은 혈관에 침투하면 사망을 부르지만 위장에서는 대부분 분해가 가능하다는 점이다. 뱀독을 먹어서는 웬만하면 죽지 않는다는 말이다. 뱀독의 유효성분인 펩타이드(단백질)가 여타의 단백질처럼 위와 장에서 분해되기 때문이다. 분해, 즉 분자구조가 파괴되면서 독으로서의 위상을 잃고 일개 단백질 성분으로 전락하는 것이다. 종일 제 독을 삼키고, 또 제 독에 중독된 먹이를 먹으면서도 뱀이 죽지 않는 이유도 이 때문이다. 물론 충치라든가 구내염, 또는 입 안에 상처가 있다면 독은 소화 이전에 혈관으로 퍼져 본래 역할을 완벽하게 수행할 수도 있다. 하지만 뱀은 혀와 치아가 서로 맞물려 있는 구조여서 혀를 깨물 수도 없거니와 설사 제 독니에 찔린다고 해도 굳건한 면역력 때문에 죽을 리도 없다. 2025년, 정치적으로나 경제적으로나 맹독에 대한 뱀의 면역력만큼이나 강한 면역력이 필요해 보인다. 과거로 인해 생긴 면역력이 오늘의 버거움을 이겨내는 힘이 되어줄 것이라 기대해본다.

이슈&시사상식
홈 스타일링

우리 집의 첫인상을 결정하는 공간
현관

지저분한 신발 수납, 어떻게 하면 좋을까?

현관은 집에 들어설 때 가장 처음 맞이하는 곳인 만큼 정갈하고 깨끗해야 집에 대한 긍정적인 첫인상이 생긴다. 현관 바닥에 신발이 여러 켤레 꺼내져 있다면 손님뿐만 아니라 매일 집을 드나드는 자신조차 쾌적한 기분을 느낄 수 없고, 발 디딜 틈이 없어 불편할 것이다.

기존의 신발장만으로 부족하다면 신발장 옆으로 수납을 추가 확보하는 것이 좋은데 꼭 신발장, 수납장과 같은 가구일 필요는 없다. 여유 공간이 있는 현관에는 낮은 선반을 추가해서 자주 신는 신발 위주로 정리하고, 신발을 신고 벗을 때 앉을 수 있는 벤치로 사용하면 편하다. 반면 좁은 현관에는 '틈새신발장'이나 '좁은 현관 신발장' 등을 검색해서 면적을 적게 차지하는 제품을 둘 수 있다.

낮은 신발장 위에 추가 선반이나 신발정리함을 두면 신발을 정리할 수 있는 곳이 늘어난다. 신발이 노출되지 않는 수납장이 가장 깔끔하겠지만 예산을 줄이기 위해 저렴한 오픈선반을 추가했다면 패브릭으로 가려도 된다. 만약 현관에 추가할 자리가 전혀 없다면 실내공간 중 현관과 가까운 영역에 신발장을 추가하거나 현관문에 부착하는 신발거치대를 활용하면 된다. 수납을 추가 확보하지 않더라도 신발정리대를 활용하면 같은 공간에 더 많은 수납이 가능하다. 정리대를 사용하는 것도 여의치 않다면 신발의 앞뒤를 지그재그로 넣으면 여유가 생긴다.

또 신발장 내부에 마련된 소화기나 우산을 두는 자리에 플라스틱으로 된 오픈형 신발정리 선반을 넣으면 신발을 더 수납할 수 있다. 자리를 잃은 우산은 현관에 우산 거치대를 두거나 부착식 걸이, 자석형 우산 거치대 등을 활용해 자리를 차지하지 않고도 해결할 수 있다.

반대로 신발장 내부에 수납공간이 남을 땐 화장실과 가깝다면 화장실 청소용품을, 주방과 가깝다면 주방 청소용품을 수납한다. 또, 집을 수리할 때 사용하는 공구나 도구, 종이가방이나 장바구니를 넣어 두기도 적절하다.

자투리 공간 활용해 외출 시 필요한 물건 정리하기

현관 근처에 외출 시 챙겨야 하는 물건이나 집에 돌아온 후 손에 들고 있던 물건을 올려 둘 자리를 마련하면 식탁이나 소파에 물건을 두는 습관을 고칠 수 있다. 차 키나 음식물쓰레기 배출카드 등 나가는 동선에 따라 챙길 것들을 둔다면 나갈 때 찾아 헤매지 않고, 돌아와서도 바로 정리할 수 있다. 외출 전 점검할 수 있는 거울이나 섬유탈취제, 향수 등도 현관에 두면 좋다. 또 택배를 뜯을 칼이나 가위, 박스 테이프도 현관에 있으면 유용하다.

오픈선반이 있는 신발장은 오픈 영역에, 낮은 신발장은 그 위에 물건을 올려 둘 자리를 만들면 된다. 키 큰 신발장이나 붙박이 신발장 내부에 넣기엔 매번 문을 여닫는 불편함이 있어서 틈새수납장, 패브릭수납장 같은 저렴하고 가벼운 수납도구를 추가하는 것이 편하다.

현관 근처에 분리수거함이나 빨래 바구니를 둘 경우 그 위를 출입 물건 자리로 정하면 된다. 이때 깔끔하게 신발장 옆 라인을 맞춰 배치하거나 동선에 방해되지 않는 위치와 크기를 선택한다. 공간이 좁아서 자리가 마땅치 않다면 현관문에 부착하는 자석선반, 자석수납, 자석후크 또는 신발장 옆에 붙이는 고리나 선반으로 해결할 수 있다. 고리나 자석을 대신해서 월 포켓을 걸어두면 지로용지나 우편물을 넣는 자리도 된다.

셀프 홈 스타일링

누구나 손쉽게 해볼 수 있는 인테리어 가이드북! 변화를 시도하고 싶지만 저마다의 이유로 망설이는 사람들에게 맞춤형 솔루션을 제공한다.

저자 심지혜
실내디자인 전공 후 인테리어 회사에서 공간기획 및 브랜딩 일을 한다. 유튜브 채널 '심지썸띵'을 통해 시작한 홈 스타일링 활동을 병행하고 있다.

이슈&시사상식
문화가 산책

영화와 책으로 보는 따끈따끈한
문화가 소식

브로큰

〈브로큰〉은 동생의 죽음을 둘러싼 한 남자의 추적을 그린 영화다. 동생의 죽음을 예견한 베스트셀러 소설의 작가, 주인공 '민태'가 과거에 속해 있던 조직의 보스 등 다양한 인간 군상과 충돌하는 과정이 펼쳐진다. 범인은 누구이며, 소설 모방 범죄의 이유는 무엇인지 '민태'가 진실을 파헤치며 긴장이 고조된다. 짧은 장면에서도 느껴지는 거친 분위기와 시선을 사로잡는 배우들의 카리스마가 작품 속에서 아우라를 발산한다. 한편 이번 영화에서 베테랑 배우인 하정우와 신인감독의 조합이 시너지를 발휘할지에도 관심이 쏠렸다.

장르 범죄, 드라마   **감독** 김진황
주요 출연진 하정우, 김남길 등
개봉일 2025.02.05

라파치니의 정원

소설가 너새니얼 호손의 단편작 〈라파치니의 딸〉을 원작으로 한 뮤지컬 〈라파치니의 정원〉이 국내 초연을 맞는다. 주인공 베아트리체는 몸에 흐르는 독으로 인해 태어날 때부터 정원에 갇혀 지냈다. 예술가 지오바니를 만나 그녀는 정원 밖으로 나오게 되지만 세상 사람들은 베아트리체를 마녀로 몰아 점점 잔인하게 공격하기에 이른다. '2024 공연예술창작산실 올해의 신작'으로 선정된 〈라파치니의 정원〉은 18세기 이탈리아 파두아를 배경으로 사랑과 비극의 서사가 펼쳐지며 진정한 인간성 회복이란 무엇인지를 보여주는 여정을 그렸다.

장소 플러스씨어터
주요 출연진 한재아, 김대종 등
날짜 2025.01.30~2025.04.20

호외요, 호외!

〈호외요, 호외!〉 전시는 신문배달원의 사료를 아카이브 자료, 구술 채록, 사진 등으로 소개한다. 한때 신문배달원은 고학의 상징이자 전국에 뉴스를 전하는 주역이었다. 호외가 나온 날이면 신문을 가득 안고 시내를 뛰어다니며 사람들에게 소식을 전하는 전령이 됐고 이러한 모습은 대중문화에서도 낯설지 않게 발견할 수 있다. 미디어 변천사에서 메신저의 역할이 중요한 의미를 가진다는 점에서, 이번 전시를 통해 근현대사의 한 켠에 자리한 신문배달원의 일, 일상, 이들이 전해준 정보를 살펴보며 신문의 대중화가 어떤 모습인지 엿볼 수 있다.

장소 신문박물관 **날짜** 2024.12.20~2025.03.02

AI 앞에 선 경영자의 선택 리버럴 아트

경영과 인문의 융합을 추구한 르네상스형 지식인 송경모의 신작 〈AI 앞에 선 경영자의 선택 리버럴 아트〉가 출간됐다. 그는 AI 시대에 새로운 경영을 추구하며 경영자에게 리버럴 아트가 왜 중요한지, 어떻게 성찰하고 적용할 것인지를 고민한다. 본문에서 리버럴 아트는 인문학이라는 용어 대신 사용되며 저자는 리버럴을 앎에, 아트를 실천과 연결짓고 함께 완성해야 함을 강조한다. 급변하는 경영 환경 속에서 지식, 예술, 도덕, 소유, 단절(소통), 정의, 사회, 종교, 시간, 변화라는 9개 주제를 중심으로 경영 해법으로서의 리버럴 아트를 제시한다.

저자 송경모 **출판사** 트로이목마

사람들이 내 말에 집중하기 시작했다

20년 경력의 BBC 뉴스 앵커 로스 앳킨스가 말하기 노하우를 담은 〈사람들이 내 말에 집중하기 시작했다〉를 세상에 선보였다. 전 세계 수많은 사건들을 명확하게 전달해 온 저자는 몸소 갈고닦은 자신만의 요령을 7단계로 제시한다. 그는 생각을 구조화하는 구체적인 스킬과 디테일을 통해 상대방에게 신뢰와 호응을 얻을 수 있는 말하기 가이드를 안내한다. 이 책은 '상대방에게 필요한 정보를 최대한 이해하기 쉽게 제공한다'는 기본 원칙과 10가지 핵심 원칙을 바탕으로 비즈니스 현장부터 일상생활까지 적용할 수 있는 일종의 커뮤니케이션 가이드가 되어 준다.

저자 로스 앳킨스 **출판사** 월북

내 인생을 바꾸는 모멘텀
박재희 교수의 마음을 다스리는 고전이야기

뭉치면 산다

천시불여인화(天時不如人和) - 〈맹자(孟子)〉

정치가 혼란스러운 만큼 경제도 추락하고 있습니다. 그러나 더 걱정스러운 것은 세대 간 또는 조직 내 소통의 단절이라는 지적입니다. 소통을 맹자는 '인화(人和)'라는 단어로 설명했습니다. 맹자는 적에게 포위당한 성(城)을 지키는 중요한 요소로 3가지를 제시합니다. 첫째는 천시(天時), 기상조건을 말합니다. '하늘이 얼마나 나를 도와주는가?' 하는 것으로 조직의 외부적 환경을 의미합니다. 두 번째는 지리(地利), 지형적 이점을 짚었습니다. 성의 높이, 군량미 등 조직의 내부적 역량을 의미합니다. 세 번째로 꼽은 것이 인화(人和)입니다. 아무리 운이 따라주고 물질적 조건이 완비되어 있더라도 그 성을 지키고자 하는 병사들의 화합과 단결이 없다면 그 성은 쉽게 무너지고 말 것이란 지적입니다. 요즘으로 말하면 경제가 악화되고 실업과 실직이 많아져도 모든 조직의 구성원들이 똘똘 뭉쳐 화합하면 어떤 상황에서도 살아남을 수 있는 희망이 있다는 것입니다. 배로 따지면 바람이 불어주지 않아도 배에 탄 사람들에게 앞으로 나아가자는 일체된 목표가 있다면 그 배는 반드시 앞으로 나아간다는 것입니다.

> 天時不如地利, 地利不如人和
> 천시불여지리, 지리불여인화
>
> 천시가 지리만 못하고,
> 지리는 인화만 못하다.

맹자는 "성이 높지 않은 것도 아니고, 병기와 갑옷이 견고하고 예리하지 않은 것도 아니고, 군량미가 적은 것도 아닌데도 이것을 버리고 병사들이 도망가는 것은 결국 물질적 조건이 인화보다 못하다는 증거다"라고 논리를 확장했습니다. 세상을 결국 이겨내는 것은 물질적 요소만이 아니라 일체화된 꿈과 의지에 달렸다는 의미입니다.

모두의 꿈은 현실이 됩니다.

天 時 不 如 人 和
하늘 천 때 시 아니 불 같을 여 사람 인 화합할 화

이야기로 읽는 고사성어

출전 / 《사기(史記)》〈열전(列傳)_유협전(遊俠傳)〉

자승자박(自繩自縛)

제 잘못을 덮으려다 걸려들 짓만 하거나 꾀를 내어 남을 속이려다 그 꾀에 도로 제가 피해를 입는 경우가 숱합니다. '제가 제 뺨을 친다'거나 '제가 제 무덤을 판다'는 등 관련 속담이나 한자성어가 많은 이유입니다. 지혜의 왕 솔로몬(Solomon)도 잠언(箴言)에서 이렇게 꾸짖었습니다.

**네 입의 말로 네가 얽혔으며
네 입의 말로 인하여 잡히게 되었느니라.**

자기의 줄로 자기 몸을 옭아 묶는다는 의미를 가진 '자승자박(自繩自縛)'도 그중의 하나입니다.

한나라 때 원섭(原涉)이라는 사내가 살고 있었습니다. 어느 날이었습니다. 원섭이 부리는 노비 한 명이 시장에서 푸줏간 주인과 말다툼을 하다 살인을 하고 말았습니다. 사건은 그 지역의 태수 윤공(尹公)에게 곧바로 알려졌고, 윤공은 사령들에게 명령을 내렸습니다.

"살인을 저지른 노비의 주인인 원섭을 잡아 오라."

"어찌 원섭을 잡아 오라 하십니까?"

"노비가 살인을 저지른 것은 주인이 단속을 제대로 하지 못한 탓이니 원섭을 죽여 죄를 묻고자 하려 한다."

"원섭의 노비가 법을 어긴 것은 주인인 원섭이 부덕한 탓이기는 하나 원섭이 직접 살인은 한 것이 아닌 만큼 죽음으로 죄를 묻는 것은 과한 것이 아닐까 싶습니다."

"그러면 원섭에게 어떤 벌을 내리는 것이 좋겠는가?"

"원섭의 웃옷을 벗기고 스스로 옭아 묶은 다음[使肉袒自縛] 화살로 귀를 뚫고 법정에 나가 사죄하도록 하는[箭貫耳 詣廷門謝罪] 것이 타당하지 않을지요? 직접 살인은 하지 않았으니 죽음으로 죄를 묻지 않음이요, 노비를 단속하지 못했으니 스스로 죄를 고하고 벌을 청하게 하는 것이지요. 원섭은 스스로 반성하는 것일 뿐만 아니라 태수님의 관대함을 보이는 것이니 일거양득(一擧兩得) 아니겠습니까?"

그날 원섭은 자기 집 노비의 잘못으로 궁지에 몰리긴 했지만 그것을 인정하고 반성함으로써 관용을 구해 목숨을 이어갈 수 있었습니다.

웃통을 벗어 상체의 일부를 드러내고 가시나무 매를 등에 지는 것은 스스로 지은 잘못의 책임을 지고 엄한 처벌을 받기를 원하는 행동으로서 고대 중국에서 군주가 적국에게 항복할 때 행하는 형벌인 육단부형(肉袒負荊)입니다. 훗날 여기에 자기가 엮은 노끈이 더해지면서 자신의 말과 행동이 스스로를 옥죄는 결과를 낳을 것이라는 뜻으로 변했습니다.

불교에서는 몸 · 입 · 뜻으로 짓는 말과 동작과 생각이 그냥 지나쳐 버리는 일 없이 업(業)으로 저장되고, 이런 모든 업이 미래의 삶을 만드는 씨앗이 된다고 경고합니다. 당장 죄를 부인하고 다른 사람의 탓을 해도 업은 사라지지 않습니다. 미수도 엄연한 범죄인 것을 전 국민에게 생중계된 범죄행위를 저 혼자만 아니라고 해봤자 그 뻔뻔함은 결국 스스로를 옭아매는 더 큰 올가미가 될 뿐입니다.

自	繩	自	縛
스스로 자	노끈 승	스스로 자	묶을 박

이슈&시사상식
독자참여마당

완전 재미있는 낱말퀴즈

가로
❶ 전시·사변 등 국가 비상사태 시 법률이 정하는 바에 따라 대통령이 선포하는 국가긴급권
❸ 1904년 일본에 의해 강제적으로 체결된 조약으로 조선에 대한 정치적·군사적 간섭을 합법화함
❺ 윗옷과 아래옷이 붙어서 한 벌로 된 옷
❻ 입상을 기념하기 위해 수여하는 일종의 기념품
❼ 학교에서 교과과정에 따라 주된 교재로 사용하기 위해 편찬한 책

세로
❷ 눈 내리는 깊은 겨울의 심한 추위
❹ 어떤 의미나 내용을 시각적으로 전달하기 위해 사용되는 삽화
❺ 사물이나 상태를 변화시키거나 일으키게 하는 근본이 되는 일 또는 사건
❼ 가르치고 이끌어서 좋은 방향으로 나아가게 함

참여방법: 문제를 보고 가로세로 낱말퀴즈를 풀어보세요. 낱말퀴즈의 빈칸을 채운 사진과 함께 <이슈&시사상식> 206호에 대한 감상평을 이메일(issue@sdedu.co.kr)로 보내주세요. 선물이 팡팡 쏟아집니다!
❖ 아래 당첨선물 중 받고 싶으신 도서와 이름, 주소, 전화번호를 함께 남겨주세요.

<이슈&시사상식> 205호 정답

¹을	사	년		⁸기	
파			⁷타	산	적
²소	프	³트	파	워	
		레			
		⁴이	데	올	⁵기
⁶바	코	드			독
탕					교

참여해주신 모든 분들께 감사드립니다. 당첨되신 분께는 개별적으로 연락드립니다.

당첨선물
정답을 맞힌 독자분들 중 가장 인상적인 감상평을 남기신 분께는 <날마다 도시락 DAY>, <가볍게 읽는 부동산 왕초보 상식>, <냥꽃의 사계정원>, <미국에서 기죽지 않는 쓸만한 영어 : 일상생활 필수 생존회화> 등 푸짐한 선물을 드립니다!
❖ 참여하실 때는 반드시 희망 도서를 하나 골라 기입해주세요.

마음의 양식을 쌓고 싶을 때

 양X준(서울 노원구)

〈이슈&시사상식〉은 바쁜 현대인의 일상 속에서 여러 가지 사건사고 소식들을 일목요연하게 정리해주는 도서로 주요 시사이슈를 일일이 찾아봐야 하는 수고로움과 시간을 아낄 수 있어 좋다. 이 책을 읽다 보면 마음의 지식이 쌓이는 것이 느껴져 왠지 모르게 마음이 안정되고 편안해진다. 국내외 이슈를 포함한 다양한 자료가 모여 있는 만큼 여러 분야의 지식을 습득할 수 있고 요즘 유행하고 있는 트렌드도 알 수 있어 최신상식의 요체로서 책을 보는 독자들이 마음의 양식을 쌓을 수 있도록 도와주는 도서라는 생각이 든다.

빠르게 시사감각 키우기

 고X석(서울 중구)

시사상식은 단순히 시험을 위해 공부하는 것이 아니라 우리가 살아가는 데 꼭 필요한 정보다. 다양한 분야에서 일어나는 사건들은 우리의 일상과도 밀접하게 연결되어 있다. 이 책은 시사상식을 빠르게 습득할 수 있도록 도와주는데, 가장 큰 장점은 핵심이슈를 정리해준다는 것이다. 요즘의 이슈는 복잡하고 방대해서 어디서부터 파악해야 할지 막막할 때가 많다. 하지만 이 책은 중요한 시사이슈를 간결하고 명확하게 정리해주고, 구성도 체계적이라 쉽게 접근할 수 있다. 이슈의 배경과 의미를 이해할 수 있도록 서술돼 있어 사고의 폭을 넓히는 데에도 도움이 된다.

읽을거리가 풍부한 〈이슈&시사상식〉

 김X희(경기 용인시)

격월로 발간되고 있는 〈이슈&시사상식〉은 최신 주요 뉴스와 시사상식 등 읽을거리가 풍부한 도서로서 취업을 준비 중인 수험생들이 풀어볼 수 있는 상식문제가 많이 수록된 것을 차별점으로 꼽을 수 있다. TV뉴스로만 흘려듣던 내용을 활자를 통해 정독해볼 수 있고, 중요한 부분은 따로 형광펜으로 표시되어 있어 핵심내용을 한눈에 파악할 수 있다. 또 전체적으로 이미지가 많이 포함돼 있고 디자인 색감도 다양해서 읽는 재미가 있다. 여러 분야의 이슈와 시사용어가 정리되어 있으니 이 책 한 권만 읽어도 시사정보는 충분히 습득할 수 있을 것 같다는 생각이 든다.

따끈한 최신뉴스를 확인하고 싶다면!

 김X영(서울 강남구)

사회적으로 중대한 사건에 대해 하루에도 수많은 기사가 쏟아지고 있지만, 취업준비로 바쁜 이들이나 대학입시로 바쁜 수험생들은 여러 기사를 찾아서 볼 시간적 여유가 없다. 그런 의미에서 〈이슈&시사상식〉은 우리가 꼭 알아야 할 중요한 최신뉴스와 취업 및 대입을 위해 필요한 핵심상식을 한 권에 담은 책이다. 특히 취업준비생들을 위해 최신이슈뿐만 아니라 기업별 최신기출문제와 한국사능력검정시험 등 관련 문제를 비롯해 면접에서 활용할 수 있는 코너 등도 수록되어 있어 실전에 대비할 수 있도록 했다는 점이 주목할 만한 부분이다.

독자 여러분 함께해요!

〈이슈&시사상식〉은 독자 여러분의 리뷰를 기다리고 있습니다. 분야·주제 모두 묻지도 따지지도 않습니다. 보내주신 리뷰 중 채택된 리뷰는 다음 호에 수록됩니다.

참여방법 ▶ 이메일 issue@sdedu.co.kr
당첨선물 ▶ 정답을 맞힌 독자분들 중 가장 인상적인 감상평을 남기신 분께는 〈날마다 도시락 DAY〉, 〈가볍게 읽는 부동산 왕초보 상식〉, 〈냥꽃의 사계정원〉, 〈미국에서 기죽지 않는 쓸만한 영어 : 일상생활 필수 생존회화〉 등 푸짐한 선물을 드립니다!
❖ 참여하실 때는 반드시 희망 도서를 하나 골라 기입해주세요.

나눔시대

함께 배우고 성장하는 배움터! (주)시대고시기획 시대교육(주) 입니다.
앞으로도 희망을 나누는 기업으로서 더 큰 나눔을 실천하겠습니다.
나눔은 행복입니다.

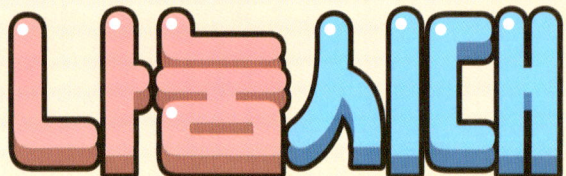

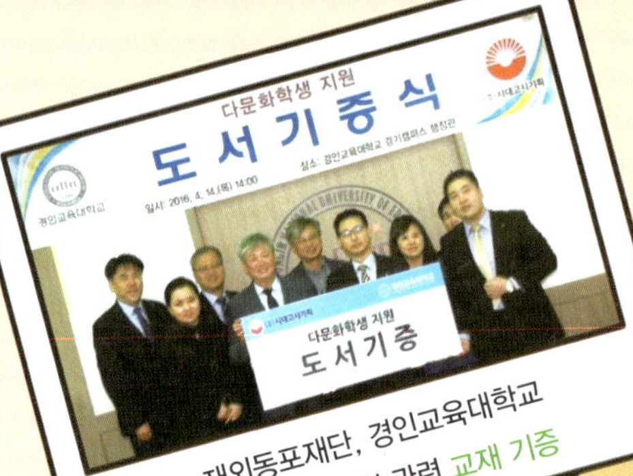

재외동포재단, 경인교육대학교
한국어능력시험 관련 교재 기증

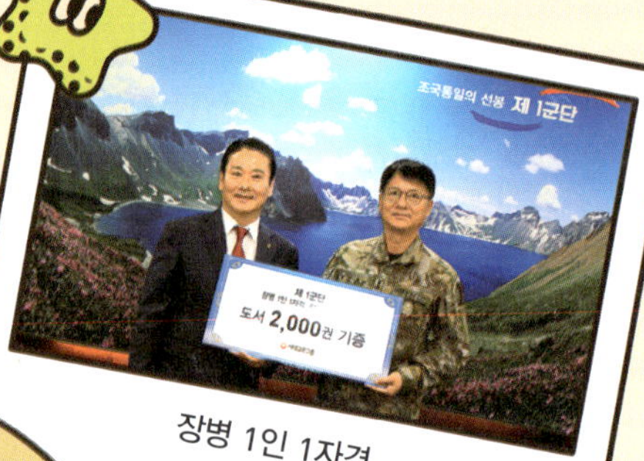

장병 1인 1자격,
학점 취득 지원

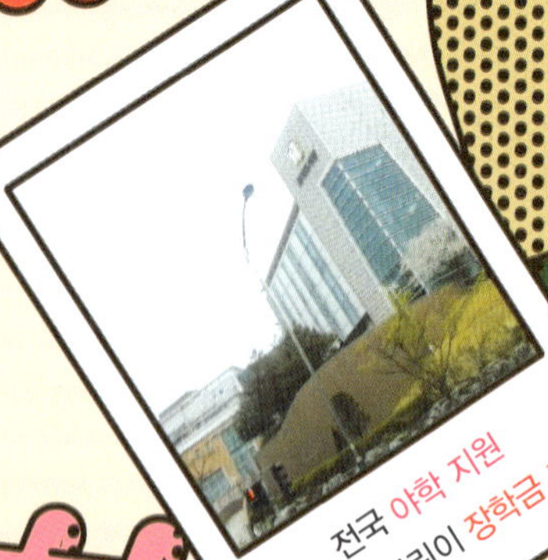

전국 야학 지원
청소년, 어린이 장학금 지원

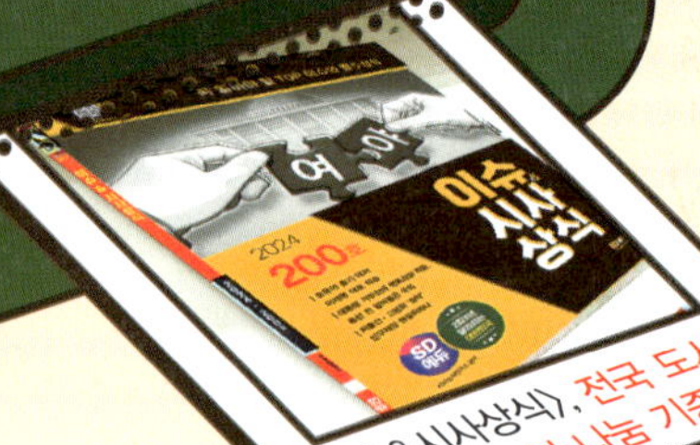

〈이슈&시사상식〉, 전국 도서관
및 희망자 나눔 기증

"숨은 독자를 찾아라!"

〈이슈&시사상식〉을 함께 나누세요.

대학 후배들이 하루의 대부분을 보내고 있을 동아리 사무실에
〈이슈&시사상식〉을 선물하고 싶다는 선배의 사연
마을 도서관에 시사잡지가 비치된다면 그동안 아이들과 주부들이 주로 찾던 도서관을
온 가족이 함께 이용하게 될 것으로 기대한다는 희망까지…

시대에듀

양서가 주는 감동은 나눌수록 더욱 커집니다. 저희 〈이슈&시사상식〉도 힘을 보태겠습니다.
기증 신청 및 추천 사연을 보내주세요. 사연 심사 후 희망 기증처로 선정된 곳에 1년간 〈이슈&시사상식〉을 무료로 보내드립니다.

★ 보내주실 곳 : 이메일(issue@sdedu.co.kr)
★ 희망 기증처 최종 선정은 2025 나눔시대 선정위원이 맡게 됩니다. 선정 여부는 개별적으로 알려드립니다.

나는 이렇게 합격했다

당신의 합격 스토리를 들려주세요
추첨을 통해 선물을 드립니다

베스트 리뷰
갤럭시탭 / 버즈 2

상/하반기 추천 리뷰
상품권 / 스벅커피

인터뷰 참여
백화점 상품권

이벤트 참여방법

합격수기
시대에듀와 함께한 도서 or 강의 선택 ▷ 나만의 합격 노하우 정성껏 작성 ▷ 상반기/하반기 추첨을 통해 선물 증정

인터뷰
시대에듀와 함께한 강의 선택 ▷ 합격증명서 or 자격증 사본 첨부, 간단한 소개 작성 ▷ 인터뷰 완료 후 백화점 상품권 증정

이벤트 참여방법
다음 합격의 주인공은 바로 여러분입니다!

QR코드 스캔하고 ▷▷▷
이벤트 참여하여 푸짐한 경품받자!

합격의 공식
시대에듀

각종 자격증, 공무원, 취업, 학습, IT, 상식부터 외국어까지!
이 시대의 모든 **합격**을 책임지는 시대에듀

 **보장! 각종 '자격증' 취득 대비 도서**

각 분야의 전문가들과 집필! 각종 기능사/기사/산업기사 및 국가자격/기술자격, 경제/금융/회계 분야 자격증 등 각종 자격증 '취득'을 보장하는 도서!

직업상담사 2급

사회조사분석사 2급

스포츠지도사 2급

사회복지사 1급

영양사

소방안전관리자 2급

화학분석기능사

전기기능사

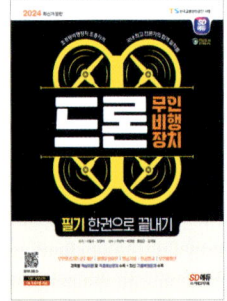
드론 무인비행장치

운전면허

유통관리사 2급

텔레마케팅관리사

"100만명 이상 수험생의 선택!"

독자의 선택으로 검증된 시대에듀의 명품 도서를 소개합니다.

 보장! 각종 '시험' 합격 대비 도서

각 분야의 1등 강사진과 집필! 공무원 시험부터 NCS 및 각종 기업체 취업 시험, 중졸/고졸 검정고시와 같은 학습 관련 시험 및 매경테스트, 그리고 IT 관련 시험 및 TOPIK, G-TELP, ITT 등의 어학 시험 등 각종 시험에서의 '합격'을 보장하는 도서!

지텔프(G-TELP)

NCS 기출문제

SOC 공기업

대기업·공기업 고졸채용

ROTC 학사장교

육군 부사관

한국사능력검정시험

영재성 검사

일본어 한자

토픽(TOPIK)

영어회화

엑셀

시사특강
면접·논술·인적성
취업준비를 한 번에!

매회 업데이트 되는
이슈&시사상식
무료 시사특강!

 언제 어디서나 수강
 매회 신규 업데이트
 실물 도서로도 확인
 쉽게 공부하는 시사상식

시대에듀 무료특강 ▶
기업체/취업/상식 ▶ 상식
▶ 이슈앤상식

유튜브 시대에듀 이슈&시사상식 검색 ▶
해당 강의 클릭 ▶ 무료 강의 수강

www.sdedu.co.kr

시대에듀